rowohlt
BERLIN

Helmut Lethen

Denn für dieses Leben ist der Mensch nicht schlau genug

ERINNERUNGEN

ROWOHLT · BERLIN

2. Auflage November 2020
Originalausgabe
Veröffentlicht im Rowohlt · Berlin Verlag, November 2020

Satz aus der Legacy
Gesamtherstellung CPI books GmbH, Leck, Germany
ISBN 978-3-7371-0088-5

Meinen fünf Söhnen

Was irgend das Ich introspektiv als Ich zu erfahren vermag, ist auch Nichtich ... Eingeholt wäre das Grauen von Depersonalisierung erst von der Einsicht ins Dinghafte der Person selbst.

Theodor W. Adorno, Negative Dialektik

INHALT

TEIL III

TEIL IV

Im Rauch des Marc Aurel

Im Sommer 2018 besuchte ich mit meinen Söhnen die Time Travel Magic Vienna History Tour, eine Touristenattraktion in Wien. Höhepunkt der Zeitreise durch die vergangenen zweitausend Jahre ist ein 5D-Film, bei dem man, festgeschnallt wie im Flugzeug, die Geschichte Wiens hautnah erfährt: Rattenschwänze streifen die Fußknöchel, wenn Bilder der pestverseuchten Stadt vorbeiflimmern, Windstöße wehen die Nackenhaare auf, die Kamera zoomt, aus dem Weltraum hinunterfahrend, in eine Rauchwolke, um auf der Brandstätte zu landen, auf der der Leichnam des römischen Kaisers Marc Aurel im März des Jahres 180 nach Christus verbrannt wird.

An den Reichsgrenzen im Osten hatte Marc Aurel nach einer längeren Friedenszeit militärisch intervenieren müssen, der Donauraum war durch Germanenstämme bedroht. Das letzte Lebensjahrzehnt verbrachte er vorwiegend im Feldlager. Teile seiner «Selbstbetrachtungen» mit ihren berühmten Maximen und autobiographischen Reflexionen, die zu stoischem Verhalten anleiten sollten, schrieb er in den Militärlagern von Vindobona und Carnuntum. Die Physik des Lebens, die unausweichlichen Verkettungen von Ursachen und Schicksalsschlägen, lehrte er mit Gleichmut betrachten. Als Sterbeort Aurels galt aufgrund der Aufzeichnungen des späteren Statthalters in Pannonien, Aurelius Victor, lange Zeit Vindobona; dem steht die Aufzeichnung Tertullians entgegen, der Sirmium nennt. Die Time Travel

Magic Vienna History Tour hatte sich aus naheliegenden Gründen für Wien als Sterbeort entschieden. So konnten wir also in den Rauch, der vom Scheiterhaufen Marc Aurels aufsteigt, eintauchen.

Die History Tour bot noch ein weiteres historisches Erlebnis. Die Besucher werden in einen dunklen Luftschutzraum geführt, man schließt die Türen, Sirenen warnen vor dem im Winter 1944 zu erwartenden Bombardement. Ein tiefes Wummern simuliert das nahende Bombengeschwader, der Boden unter den Füßen vibriert, als die Bomben einschlagen ... Aber da hatte ich den Raum bereits fluchtartig verlassen. Die Simulation war von einer Hautnähe, die ich schwer ertragen konnte. Die Söhne fanden, dass ich spinne.

Während strittig ist, ob Marc Aurel in Vindobona oder im Lager Bononia bei Sirmium starb, scheint festzustehen, dass der Leichnam des Kaisers auf dem Campus Martius in Rom verbrannt wurde. Das ändert nichts daran, dass ich mich für einen Augenblick im Rauch der Stoa geborgen fühlte. Vom Rascheln der Ratten, von den Ausdünstungen der Pest und den Rabenvögeln, die Leichenberge umkreisten, konnte ich mich leicht distanzieren. Beim Luftschutzkeller war das nicht der Fall; die Simulation griff direkt ins Körpergedächtnis ein.

Mein Lebensbericht berührt beide Pole, den erfundenen Rauch, die Theatermaschine der Lebenskunst, des Selbstschutzes und der Distanz, die Vogelperspektive der Stoa und das, was das Körpergedächtnis hergibt; es wird durch den stoischen Blick von oben nicht aufgelöst.

Der Titel des Buches zitiert eine Zeile aus Bertolt Brechts «Lied von der Unzulänglichkeit menschlichen Strebens» aus der «Dreigroschenoper». Walter Benjamin schrieb sie als Widmung in Baltasar Graciáns «Handorakel», das er seinem Freund 1933 schenkte.

TEIL I

Die Bergdohle

Anfang Januar 2019 bin ich auf 2061 Metern Höhe in der Speiereck-Hütte im Lungau von einem Schneesturm eingeschlossen. Der Betrieb der Gondel vom Großeck her ist eingestellt, die Pisten aufgrund der Lawinengefahr gesperrt. Karin fährt mit meinen drei Söhnen im Tal Ski. Das Gepäck abreisender Gäste wird auf eine Schneeraupe geladen, auf die ich für die im Tal Abgeschnittenen noch einen Rucksack mit Wäsche packe. Mit Neid sehe ich die rauen Jungs aus Berlin trotz Lawinenwarnung auf Skiern im Schneestaub verschwinden. Jetzt bin ich der letzte Gast.

Da der Schneesturm mit über hundert Stundenkilometern um die Hütte fegt, verhängt die Bergwacht Ausgangssperre. Der dichte Schneefall erlaubt keinen Ausblick nach draußen. Ich lege Holzscheite auf das Feuer, das schlecht brennt, weil der Wind auf den Kamin drückt, und bin allein; der Wirt und die Kellnerin wollen sich von der Panik der Berliner Gäste, die überstürzt die Flucht ergriffen haben, erst einmal erholen. Jetzt hätte ich den Abenteuerroman «Die Eingeschlossenen vom Speiereck» schreiben können, aber aufgrund der ungewohnten Höhenlage leide ich unter leichtem Schwindel.

Weil nicht zu erwarten war, dass sich das Wetter bessern würde, stellte der Wirt den Gestrandeten im Tal sein Dachgeschoss in Mauterndorf zur Verfügung. Für unbestimmte, aber sicherlich überschaubare Zeit verlassen, was für ein Glück.

Abends unerwarteter Besuch in der von der Außenwelt isolierten Hütte: fünf leicht vereiste Hiesige mit, so scheint mir, Bergarbeiterlampen auf den Helmen. Sie versammeln sich um das Kaminfeuer, in der Finsternis brechen sie wieder auf zum Abstieg ins Tal. Der Koch brät Lachs, der dem einzigen Gast der Hütte auf einem raffinierten Risottobett serviert wird. In der Sauna wird für den Aufguss gesorgt, und alle sind offensichtlich bester Laune.

«Jeder etwas breitere Riss im Alltäglichen dient als Einfallstor für das Fest», tröstet mich per E-Mail eine Freundin aus dem noch schneefreien München, ein Satz aus Roland Barthes' «Wie Paris nicht unterging». Tatsächlich ist die Frühstücksstimmung am nächsten Morgen im Kreis der Hüttenmannschaft festlich heiter: Der Koch entdeckt eine Bergdohle am Himmel, das verspricht Aufhellung. Zu erkennen ist sie am schwarzen Gefieder, den roten Beinen und dem gelben Schnabel, zumindest für die Bergbewohner. Im Feld sei sie durch ihren akrobatischen Segelflug auszumachen, wird der Gast informiert.

Der Bruder des Wirts erzählt, er habe einmal Christian Kracht in Argentinien getroffen, wohin übrigens viele Nazis emigriert seien. In Mauterndorf, unten im Tal, wo jetzt Karin und die Jungs ausharren, sei Hermann Göring fast Ehrenbürger geworden – wenn er sich nicht selbst dazu ernannt hätte. Ausnahmslos alle Einwohner Mauterndorfs hätten für den Anschluss gestimmt, was eine Bedingung Görings gewesen sei, um einen im Dorf allseits beliebten Bürgermeister aus der Haft zu entlassen. Die Gräfin Elisabeth von Epenstein übereignete dem Generalfeldmarschall gar Schloss Mauterndorf. Göring revanchierte sich, indem er ihr ermöglichte, die soeben arisierten Gummiwerke von

Julius Fromm in Berlin für einen äußerst günstigen Preis zu kaufen. Jetzt war die österreichische Gräfin Herrin der größten Präservativfabrik Deutschlands.

Später kommen wir auf die aktuelle Situation in Österreich zu sprechen. Dass die FPÖ gegen eine europäische Armee sei, löst Gelächter in der Frühstücksrunde aus – es interessiere keinen Menschen, höre ich, ob Österreich eine Armee habe oder nicht. Schließlich interveniert Laura: Beim Frühstück bitte keine Politik!

In eine Wolldecke gehüllt und in schönem Regelmaß mit Glühwein versorgt, begann ich zu lesen. Ein gutes Pensum auf den ersten Blick, das Buch von Thomas Medicus über Melitta Gräfin von Stauffenberg, eine mir bisher unbekannte Sturzkampfbombertestpilotin im NS-Staat, Schwägerin Claus von Stauffenbergs, Ehefrau Alexander von Stauffenbergs, des Altphilologen aus dem George-Kreis. Ich sollte bei einem Workshop in Berlin einen Vortrag halten. Die Frage war, ob man die Denkfigur der «kalten persona», die ich in den «Verhaltenslehren der Kälte» entworfen hatte, auf Frauen übertragen könne. Diese Möglichkeit hatte ich, als ich das Buch schrieb, nicht bedacht. Nun tauchten aus dem blinden Fleck der «Verhaltenslehren» unversehens Pilotinnen der NS-Zeit als «kalte personae» auf.

Bald war ich ganz im Bann einer militärisch-wissenschaftlichen Lebensform, die die Pilotin wie eine eiserne Lunge umhüllte. Dem Laster dieser Faszination durfte ich mich drei Tage lang hingeben. «Bist du in einen falschen Schein geraten», rät der Dadaist Walter Serner in seinem «Handbrevier für Hochstapler» von 1927, «so bekämpfe ihn dadurch, dass du in einen andern falschen Schein dich begibst.»

Melitta Schiller, so ihr Mädchenname, Tochter eines jüdischen Vaters, war als Wissenschaftlerin eine Ausnahme unter männlichen und weiblichen Fliegern. Im Gegensatz zu den meisten Piloten, die sich auf die praktischen Aufgaben des Flugzeugführers konzentrierten und komplizierte technische Details über Regelungsvorgänge ausblendeten, war der technische Mantel des Stukas für Melitta von Stauffenberg wissenschaftlich transparent. Sie brauchte sich nicht auf die Automatisierung der Flugkontrolle und die notwendigen Habitualisierungen der Handgriffe zu verlassen, war ein Ausbund von Geistesgegenwart, eine Person, in der sich wissenschaftliche Erkenntnis und manuelle Fertigkeit durchdrangen, eine moderne Kriegerin. Sie war Wissenschaftlerin und Testpilotin in einer Person, Diplom-Ingenieurin und Flugkapitänin. Ab 1934 unterstand die «Ingenieurspilotin» der Luftwaffe, für die sie die Fronttauglichkeit neuer Flugzeugtypen testete. Im Labor und am Schreibtisch berechnete sie, wie die Bombe während eines Sturzflugs möglich präzise ins Ziel gelenkt werden kann. Es kam vor, dass Melitta von Stauffenberg an einem Tag unter extremer körperlicher Belastung elf Sturzflüge und vierzehn Messflüge ausführte und abends im Büro bis spät in die Nacht ihre Erfahrungen wissenschaftlich auswertete. In ihrem Tagebuch bezog sie das lakonische Verfahren der Datenmessung auch auf ihre emotionalen Zustände. Doch die Verschmelzung mit der Maschine wollte nicht gelingen. Die Erschöpfung erzwang Pausen, regelmäßig traten Depressionen auf.

Durch das Leseabenteuer in der Schneehöhle Speiereck präpariert, traf ich kurz darauf in Berlin auf einen illustren

Kreis von Expertinnen und Experten, die Sabine Kalff nach glänzender Vorarbeit für ihre Tagung «Male and Female Heroism in the European Bombing War» versammelt hatte. Einer von ihnen war der britische Historiker Richard Overy, der nur beiläufig von den hundertsechsundvierzig englischen Frauen als Kampfpilotinnen berichtete; das Hauptaugenmerk seines Vortrags galt dem eher unspektakulären Einsatz von dreihunderttausend Engländerinnen in der *civil defense*, dem Luftschutz. Die Besatzungen der britischen Bomber beim *strategic bombing*, dem Flächenbombardement auf deutsche Städte zum Zweck einer Demoralisierung der Bevölkerung, seien aus dem Heldendiskurs der Flieger in Großbritannien herausgefallen. Weil diese Besatzungen im Team arbeiteten? Oder war ihr Einsatz moralisch nicht geheuer?

Overys Vortrag war für mich ein glänzendes Beispiel der britischen Militärgeschichtsschreibung, die mich schon früher in den Büchern von John Keegan über den Ersten Weltkrieg fasziniert hatte. Im Gegensatz zu deutschen Militärhistorikern können die Briten ihre Kriegsgeschichten fern vom Schulddiskurs des Holocaust erzählen, sodass sie ihre «Fakten» mit kälterem Blick, der Objektivität verspricht, registrieren. «Wir waren die Sieger», erklärte Overy auf meine Frage nach dem Unterschied der Sichtweisen ganz trocken.

Ich selbst konzentrierte mich in meinem Vortrag auf den Sturzflug-Junkie Melitta von Stauffenberg, die offenbar vom Absturz lebte, der für die meisten Menschen ein Albtraum ist. Die Beschreibung der Testflüge hatte am Kaminfeuer im Speiereck die Erinnerung an das Gedankenexperiment einer Absturzszene wachgerufen, an Ernst Jüngers Skizze «Das Entsetzen» im «Abenteuerlichen Herzen». Jünger beschreibt darin eine Installation, in der mehrere Bleche in regelmäßigen Abständen übereinander angebracht sind. Der eigene Körper fällt auf das oberste Blech, das krachend reißt:

«Du stürzt, und stürzest auf das zweite Blatt, das ebenfalls und mit heftigerem Knalle zerbirst. Der Sturz trifft auf das dritte, vierte und fünfte Blatt und so fort, und die Steigerung des Falles läßt die Schläge in einer Beschleunigung aufeinanderfolgen, die einem an Tempo und Heftigkeit anwachsenden Trommelwirbel gleicht. Immer noch rasender werden Fall und Wirbel, in einen mächtig rollenden Donner sich verwandelnd, der endlich die Grenzen des Bewußtseins sprengt.»

Man glaubt, in Jüngers Vergegenwärtigung des Sturzes eine Verarbeitung der traumatischen Erfahrungen von Soldaten des Ersten Weltkriegs im Trommelfeuer erkennen zu können. Der Knall eines Granateinschlags in unmittelbarer Nähe konnte einen *shell shock* mit schwer zu heilenden Schäden der Psyche verursachen. Hatte Melitta von Stauffenberg als Stuka-Testfliegerin das Innere der traumatischen Situation zu ihrem technischen Handwerksraum gemacht? Ein Sturz aus viertausend Metern Höhe auf eine Bombenauslösehöhe von tausend Metern dauert etwa dreißig Sekunden. Im Gegensatz zum Soldaten in Jüngers Sturz-Installation verliert die Pilotin nicht das Bewusstsein. Im Hohlraum des Lärmtraumas sitzen ihre Handgriffe in Perfektion. Die technische Beschreibung des Vorgangs lässt staunen:

«Vier Sekunden bevor der Sturzkampfbomber die Abfanghöhe passiert, ertönt ein Signalhorn. Wenn der Ton auf der Auslösehöhe aufhört, drückt die Pilotin einen Knopf an seiner Steuersäule, um eine starke Feder zu betätigen, die

die Trimmklappe am Höhenruder in die neutrale Stellung zurückbringt. Das Flugzeug, das nun schwanzlastig getrimmt ist, beginnt automatisch sich selbst aus dem Sturzflug aufzurichten ...»

Mein Vortrag in Berlin endete mit dem lakonischen Hinweis auf die totale Erschöpfung der Testpilotin. Die Verschmelzung von Mensch und Maschine war gescheitert. Letzten Endes sollte Bertolt Brecht recht behalten: «Der Mensch ist der Fehler.»

Unter den Teilnehmerinnen der Tagung befanden sich zwei Pilotinnen. Reina Pennington, hieß es, «served more than nine years as a Soviet analyst with F-4 and F-16 fighter squadrons». Die Künstlerin Simone Aarberg Kaern war im Kampfeinsatz in Libyen gewesen. Mit einem so massiven Erfahrungsblock hatte ich nicht rechnen können. Bücher wie Melitta von Stauffenbergs Biographie erzeugen die Illusion, die Heldin berühren zu können. Die realen Gestalten der beiden Pilotinnen, die ich als charmant-zivile Damen erlebte, drangen nicht ins Kopfkino ein, sie blieben Teil der Außenwelt. Ironisch lächelnd blickten sie auf den Freak, der keinen blassen Schimmer vom Realraum des Cockpits hatte.

Auch von anderen Pilotinnen der Deutschen Luftwaffe wurde berichtet. Sie erlitten das gleiche Schicksal wie die berühmten «Nachthexen», die von der deutschen Wehrmacht gefürchteten sowjetischen Pilotinnen. Nach dem Krieg versanken sie alle erst einmal in der Versenkung – mit Ausnahme von Beate Uhse, die zu einer unwahrscheinlichen Karriere abhob. Im Rang eines Hauptmanns der Luftwaffe hatte sie Sturzkampfbomber und Jagdmaschinen zu den Fliegerhorsten überführt. Aus militärischer Sicht war ihre zivile Karriere ein Absturz in die Niederungen ehelicher Kampfzonen: Bald nach dem Krieg gründete sie ein «Versandgeschäft für Ehehygiene». Ein Erfolg auf Anhieb trotz kirchlicher und juristischer Anfeindungen. Der Mensch, selbst der Soldat nach der Niederlage, brauchte kein Fehler zu sein, wenn man ihm einige praktische Handgriffe beibrachte, die den Austausch der Geschlechter in «geheimnisfreier Sexualität» erleichterten, wie Beate Uhse in einer ihrer Werbebroschüren verriet. Sie übertrug die Kenntnis vom richtigen Umgang mit der Mechanik der Flugkörper auf den Körper im Handlungsraum der Sexualität. Das wurde als Befreiung empfunden.

Die aus dem Krieg heimkehrenden Soldaten waren nicht als Inbegriff der Manneskraft zurückgekehrt, sie wurden im besten Fall als ältester Sohn der Familie toleriert. Ahnte ich das, als Vater 1947 aus englischer Gefangenschaft kam und geduldet wurde? Als Kinder waren wir mit unseren Müttern in andere Ängste eingebettet gewesen. Das Bewusstsein des Kindes durchstreifte weder den Gefahrenhimmel der Stuka-Pilotinnen noch die leisen, wie eine Uhr vor sich hin tickenden Kümmernisse des Sexuallebens von Vater und Mutter. (Für uns Kinder galt sowieso das ungeschriebene Gesetz, dass wir Vater und Mutter nicht nackt sehen durften.) Prägend waren andere Situationen: Angst im Luftschutzkeller, Angst vor Tieffliegern im Brennnesselfeld, Angst vor Kindermördern in Ruinenkellern, Angst vor der Leiche im Gladbacher Münster. Warum erinnere ich mich trotzdem an meine Kindheit als eine angstfreie Zeit?

Flakscheinwerfer

«HR» stand in fluoreszierend weißer Farbe an der kleinen Mauer vor unserem Haus, Rubensstraße 39 in München-Gladbach, was heute Mönchengladbach heißt. Sollten die Einwohner bei einem Bombenangriff verschüttet werden, konnten sie im Schutt des eingestürzten Luftschutzkellers «hinten rechts» gesucht werden. Ein Holzverschlag mit provisorisch hineingestellten Bänken und einem Zeichen an der Ziegelwand, wo notfalls ein Durchbruch zum Nachbarhaus geschlagen werden konnte, das war unser Luftschutzkeller. Es gab weder eine Stahltür noch Luftfilteranlagen wie in den Luftschutzbunkern der Stadt. In diesem Verschlag, dessen Decke jeder Granateinschlag leicht hätte zerreißen können, zitterten meine Mutter, mein älterer Bruder Hanswilli und ich, bis Sirenen das Ende der Gefahr signalisierten. Eine Zeitlang wohnten wir bei Verwandten in Krefeld, dort konnten wir bei Luftalarm in einem naheliegenden Luftschutzbunker mit drei Meter dicken Betonwänden Zuflucht suchen.

Vielleicht ist das die früheste Kindheitserinnerung: schlafend aus den Kissen gerissen, durch die Kälte des Treppenhauses zum Bunker geschleppt zu werden. Später las ich bei dem ungarischen Psychoanalytiker Sándor Ferenczi, der «Kälteschock» der Geburt fördere den Wirklichkeitssinn; so war selbst das kurze Frieren bei der Flucht in den Krefelder Bunker von Nutzen.

Erinnerungen an Bombenangriffe können die Tiefe traumatischen Schreckens berühren, postkartenleicht waren

sie in meinem Fall. Ich erschrak daher, als ich im Heeresgeschichtlichen Museum in Wien auf einen tonnenschweren Flugabwehrscheinwerfer traf und ich mich plötzlich an eine Situation erinnerte, die mir als Kind große Angst eingeflößt haben muss. Nach Einbruch der Dunkelheit hatte uns das Brummen von Flugzeugmotoren, das die Luft vibrieren ließ, in gereizte Aufmerksamkeit versetzt. Trotz Verbot liefen wir nach draußen, um die Lichtsäulen der Flakscheinwerfer zu beobachten, die in der Nähe der Dürerstraße in Stellung gebracht waren. Sie grasten den Nachthimmel nach Beute ab, bis sie eines der silbrigen Dinger aufgespürt hatten, das sich nun zappelnd dem Spinnennetz zu entwinden suchte.

War es Fernstenliebe, die Besatzung des britischen Bombers heil heimholen zu wollen, kindliches Mitgefühl, für das die Körper der «Feinde» noch nicht im Säurebad des Feindbilds aufgelöst waren? Mit dieser Empathie war man als Kind allein, sie durfte nicht nach außen treten, wo die Bewohner der Rubensstraße den für wahrscheinlich gehaltenen Abschuss eines Feindes, der ihre Häuser zerstören wollte, mit lautem Klatschen bejubelten. Wollte ich nicht in die Affektgemeinschaft der Nachbarn hineingezwungen werden? War es ein Albtraum oder nachträglich für die Erinnerung korrigiert?

Die Angst der Mütter war jedenfalls begründet. München-Gladbach lag etwa vierzig Kilometer von Köln entfernt, das im Mai 1942 den ersten Luftangriff ungeahnten Ausmaßes hatte aushalten müssen. 1047 Bomber der Royal Air Force waren zum Angriff auf Köln aufgebrochen, 868 Besatzungen hatten, wie ich später bei Richard Overy nachlas, ihr Ziel erreicht und 1455 Tonnen Bomben, davon zwei Drittel Brandmunition, abgeworfen, es gab 486 Tote und 5000 Verwundete; 59 100 Menschen waren vorübergehend obdachlos. Bis Ende des Krieges musste Köln mehr als 250 Bombenangriffe über sich ergehen lassen. München-Gladbach lag auf der Route des Rückzugs, auf der die Bomber Restbestände entsorgten. Am 31. August 1943 zerstörte dann ein mehr als einstündiger britischer Bombenangriff die halbe Stadt, 413 Menschen starben.

Schon nach dem ersten Angriff im Mai 1942 hatten bis zu 150 000 Einwohner Köln verlassen. Die Welle der freiwilligen oder behördlich angeordneten Evakuierungen erreichte auch die kleineren Städte. Mutter floh mit uns zu einem entfernten Verwandten in Jünkerath, in der Eifel. Was sie nicht wusste: Jünkerath besaß einen strategisch günstig gelegenen Knotenbahnhof, der seit 1942 immer wieder Ziel von britischen Tieffliegern war. Im Sommer 1944 schien die Lage allerdings so ruhig, dass wir mit Holzspielzeugen, die sowjetische Kriegsgefangene hergestellt hatten, herumspazieren konnten und mit Inbrunst sangen: «Winter ade / Churchill sitzt auf'm AB / Chamberlain steht vor der Tür / Warte, bald komm'n wir zu Dir.»

Bei einem der Luftangriffe auf die Gleisanlagen wurde auch ein Zug mit sowjetischen Kriegsgefangenen getroffen. Am 12. September 1944 beschädigte eine außer Kontrolle geratene und abgestürzte V1 den Bahnhof. Was die Chronik der Eisenbahner von Jünkerath verzeichnet, berührt sich nur an einem Punkt mit meiner Kindheit: Mutter geht im Oktober 1944 mit mir über die Dorfstraße zum Bäcker, zeigt plötzlich zum Himmel und ruft: «Die wird uns befreien!» Als ich aufsah, war die V2 nimmer da.

Klüger als die Flucht nach Jünkerath war im Februar 1945 die Übersiedlung nach Oberwesel, einer Kleinstadt bei Sankt Goar am Mittelrhein. Die Schwestern meiner Mutter wohnten in Krefeld, und die jüngste war mit einem Seidenfabrikanten verheiratet, der für die ärmere Verwandtschaft aus der Baumwollstadt Gladbach Zimmer in einem Oberweseler Hotel reservierte.

Im Gewölbekeller dieses Hotels heulte Mutter vor dem Volksempfänger, als sie, die mit allen Tricks versuchte, meinen Bruder vor dem Panzerfausteinsatz als Hitlerjunge zu schützen, hörte, dass der Führer in «heldenhaftem Kampf» gefallen war. Mit aufgeschreckten Augen sah ich tags darauf Soldaten der Wehrmacht, ungeordnet und in Lumpen, auf dem Rückzug durch die Stadt. Sie marschierten nicht, sondern schleppten sich wie erschöpfte Pferde dahin, von mitleidigen Frauen, die ein paar hundert Meter neben den geschlagenen Kriegern liefen, mit Broten versorgt.

Tief sitzt immer noch der Schrecken eines Vorfalls, der sich im April 1945 zugetragen haben muss. Tiefflieger rasen in etwa hundert Metern Höhe über die Felder, um, wie die Mütter uns erzählten, pflügende Bauern abzuknallen. Ein Tiefflieger nähert sich unserer Badestelle an einem Flussgraben, den versprengte deutsche Soldaten kurz zuvor auf ihrem Rückzug passiert hatten. Die Kindheitserinnerung ist klar: Eines der Flugzeuge macht über der Badestelle halt, die Bodenluke öffnet sich, der Pilot lugt heraus, entdeckt drei Badende und wirft eine Handgranate, die uns verfehlt, weil Mutter die Kinder geistesgegenwärtig in ein Brennnesselfeld gestoßen hat. Dass die US-Piloten ausnahmslos aus dem Gefängnis Sing Sing entlassene Kriminelle waren, wussten wir von unseren Müttern und konnten es jetzt an den infernalischen Gesichtszügen des Piloten, der durch die Luke sah, auch direkt erkennen. Authentisch und surreal wie ein Albtraum – jedenfalls brannten sich die Brennnesseln dem Langzeitgedächtnis ein.

Stollen, schwarz und tropfnass, in die nahen Schieferberge getrieben, waren der letzte Zufluchtsort in der Winzerstadt vor Ankunft der Feinde. Und dann kamen sie, die Invasoren, leibhaftig, überlebensgroß. Amphibienpanzer verdunkelten die schmalen Straßen, das Klirren der Panzerketten war zu hören, sonst war es totenstill.

Trotz des strikten Verbots, durch die Gardinen nach draußen zu schauen, registrierte ein älterer Parteimann, was auf der Straße vor dem Hotel passierte. Zu sehen war ohnehin nicht viel; es gab aber eine Situation, die von allen

Hotelgästen, die der Nazi zusammengerufen hatte, mit angehaltenem Atem beobachtet wurde. Tagelang hatten US-Panzer die Felsen am gegenüberliegenden Rheinufer beschossen, bis sich drei Landser, die als letzte Mohikaner die Felsen verteidigten, ergaben. Nun wurden sie mit erhobenen Händen, wir drängten alle zum verhängten Fenster, vor eine Häuserwand gestellt. Der Parteimann sagte voraus, was nun geschehen würde, und war sichtlich enttäuscht, als nur eine Leibesvisitation folgte, bevor die Gefangenen abgeführt wurden.

Als kulturlos empfand ganz Oberwesel, wie die fremden Soldaten Fische fingen: Sie schmissen Handgranaten in den Rhein und schöpften tausend silbrige Fischleiber mit Netzen von der Wasseroberfläche. Unseren Müttern war klar: Zur deutschen Kulturnation gehörte die Geduld des Angelns, davon hatten die Besatzer keine Ahnung. Wir sollten uns auf die Verwilderung der Sitten gefasst machen, warnten sie.

Rostige Barkassen schaukelten geschichtsleer an den Pontons des Hafens von Oberwesel. Das war vorläufig alles, was die Welt in den Schweigeminuten der Kapitulation bewegte.

Doch bald kam Bewegung in den Stillstand. Die Aufklärung begann, als Mutter, die die Wäsche der GIs waschen durfte oder musste, eines Tages entgeistert verkündete: «Sie färben gar nicht ab, die Schwarzen!» Vor der Kapitulation waren wir monatelang mit Sandseife gewaschen worden; jetzt durften wir im Schaum der Palmolive-Seife baden, die die Amerikaner mitgebracht hatten. Obwohl der Schmerz beim Abschmirgeln der Haut mit Sandseife sicherlich authentischer war als das Schaumbad, stand meine Westorientierung von nun an fest. Daran sollte auch die Wiederkehr der deutschen «Kernseife» nichts ändern.

Anfang Juni kehrten wir nach Gladbach zurück. Eine Zwischenwand der Wohnung in der Rubensstraße 39 war eingestürzt; das Bad wurde durch ein weißes Laken abgetrennt. Die britischen Besatzungssoldaten wurden verdächtigt, die Einmachgläser der deutschen Hausfrauen vollgeschissen zu haben, aber wir konnten in unserem Umkreis kein Indiz für dieses Verbrechen ausfindig machen. Wir hatten Glück gehabt. Zwei Kinder der Nachbarfamilie Seelmann waren im Luftschutzkeller andernorts erstickt. Vater, der schon im September 1939 eingezogen und später an der Westfront eingesetzt worden war, befand sich, wie Mutter aus seinen Mitteilungen wusste, unversehrt in Gefangenschaft, irgendwo in England. Er bildete vorerst eine Leerstelle in der Familie. Ich bastelte einen kleinen Maialtar mit einem Foto von ihm als Soldat.

An den Hungerwinter 1946/47 erinnere ich mich nicht; wohl aber daran, dass Mutter, da die auf Lebensmittelkarten rationierten Zuteilungen nicht reichten, mit einem Bollerwagen zu Hamsterfahrten ins Umland aufbrach. Ein Bauer, den sie widerlich fand, mit «einer Visage wie ein Slawe», wollte seine Kartoffeln nur gegen einen Kuss herausgeben; Mutters Ekel prägte sich uns Kindern tiefer ein als der Hunger.

Mit ihrem Liebhaber noch aus Vorkriegszeiten trat Mutter eine abenteuerliche Reise in die sowjetisch besetzte Zone an, um Filzstumpen von Vaters Hutgeschäft, die in Thüringen ausgelagert waren, zurückzuholen. Der Freund war ein schmächtiger Turner, ein Passant in hellgrauem Anzug, kein Zugreifer, so selbstlos für alles zuhanden und der Mutter hörig, dass es für mich schwer ist, ein prägnanteres Bild von ihm zu zeichnen. Er hatte schon den Ersten Weltkrieg überstanden, indem er sich, wie er erzählte, nach einer Schlacht tot gestellt hatte, um den «Roten Kommissaren, die das Schlachtfeld mit der Pistole nach Überlebenden durchkämmten», zu entgehen; im Zweiten war er, Angestellter der Deutschen Bank, als «unabkömmlich» vom Wehrdienst befreit worden. Er war also Kassierer und alarmierte seine Geliebte, als Vater Anfang der fünfziger Jahre Wettschulden auf der Trabrennbahn in Neersen machte.

Eigentlich begannen nun glückliche Nachkriegszeiten; unsere Spielplätze waren Ruinenkeller, die vom Geruch defekter Gasleitungen, schimmelnden organischen Substanzen und ätzenden Ausdünstungen der Überreste von Brandbomben erfüllt waren. Schwer nachvollziehbar, dass wir in diesem Dunstkreis erste Doktorspiele wagten mit Hanneke Mund, die ich liebte, und Rita Körber, die unser Treiben misstrauisch beobachtete (oder war es umgekehrt?). Der böse Armin Fleischer spionierte uns durchs Kellerfenster aus und drohte danach, mich zu verraten. Ich erinnere mich an den Fund eines Bombenmantels, dessen Innenseiten mit einer schneeweißen Paste bestrichen war. Die erfahreneren Jungs identifizierten das Zeug sofort als «Karbid» und empfahlen, einen Eimer Wasser darüberzuschütten, wir würden unser blaues Wunder erleben. Ich weiß nicht mehr, wie ich auf der Flucht vor der zischend-knallend-schäumenden Substanz aus dem Keller herausgekommen bin. Stunden irrte ich durch die Stadt und erwartete ein Strafgericht. Als ich zurückkam, hatte die Feuerwehr das Feuer gelöscht und sich nicht weiter nach den Tätern erkundigt; zumindest hatte sie keinen Sechsjährigen in Verdacht.

Eine kleine Sensation war jede Woche die Ankunft des Eistransporters. Unser Eisschrank wurde mit Hilfe von Natureis gekühlt, das in einem Zinkblechbehälter an der Rückseite gelagert wurde. Er hatte eine Ablaufrinne, damit das Schmelzwasser nicht in den Schrank lief. Die vom Eisblock gekühlten Lebensmittel lagen auf einem Rost, so konnte die Luft gut zirkulieren. Als Eisschrankbesitzer hatten wir Anspruch auf einen halben Eisblock pro Woche. Das eben hatte die Sensation zur Folge: Mit einem Beil wurde der Block halbiert, Eissplitter flogen auf das Pflaster, und wir stürzten uns auf die Köstlichkeiten.

Das Unheimlichste in den Ruinenkellern waren nicht die Munitionsreste. Ein Kriegsgespenst erregte anhaltend Furcht: der «Kohlenklau». «Ein Bösewicht, vor dem wir uns sehr hüten müssen, weil er uns und unsere Kriegswirtschaft gefährdet» stand unter dem Plakat, auf dem uns ein pechschwarzer Unhold mit erbeuteter Kohle im Sack anblickte. Eine geniale Grafik, wie ich heute denke, die mit der Kinderschreckfigur des «Schwarzen Mannes» arbeitete, sich von der Warnung vor der Gefährdung der Energieressourcen löste, die Richtung änderte, weg von der Kohle, hin zu uns: ein Gespenst, das uns in die Keller der Ruinen hineinziehen wollte, um uns dort zu zerstückeln. Der Kohlenklau war Stephen Kings «Es» für Ruinenkinder. Vielleicht wollte uns Kardinal Frings aus Köln von dieser Kinderfurcht befreien, als er unseren Müttern in seiner Silvesterpredigt 1946 das Kohleklauen als lässliche Sünde zugestand.

An die Währungsreform kann ich mich nicht erinnern. Warum Onkel Willy mit vierzig Deutschen Mark wedelte und Vater strahlte, war mir ganz rätselhaft. Immerhin hatte die Kirche aus Anlass der Kommunionsfeier Ostern 1948 noch eine Tonne Weißkohlköpfe am Fuße der Rubensstraße abladen lassen, damit die Familien feiern konnten.

In die Kirche zu gehen war Pflicht, weil Vater schon 1928 Mitglied der NSDAP gewesen war und nach seiner Rückkehr aus der Kriegsgefangenschaft um seine Reintegration in die katholische Umwelt kämpfen musste. Ich kann mich nicht daran erinnern, auch nur ein einziges Wort über die Verbrechen des NS-Staats von der Kanzel der Franziskanerkirche gehört zu haben. Der Orden der Franziskaner hatte die dunkle Zeit ohne größere Reibung überstanden («ein in nationalsozialistischer Wolle gefärbter Orden», gestand mir später ein in Kreuzberg zur Krankenseelsorge «strafversetzter» Franziskanerpater – ich habe das Urteil nicht überprüft). Stattdessen predigte Pater Rektor gegen die Hauptfeinde der Menschheit: Freimaurer und Bolschewiken, die Freimaurer in Brasilien und die Bolschwiken vor der Tür im Osten. Weiß der Teufel, was das für Leute waren. Aber die Predigten waren sowieso Nebensache. Wir Kinder versanken in der für uns bedeutungsleeren Tiefe der gregorianischen Wechselgesänge, angestimmt von den Klosterinsassen der St.-Barbara-Pfarrei. Die Ferne Gottes war im Latein der Liturgie gewährleistet; das Latein des Stufengebets war für mich ein Stolperstein, weil ich es nicht auswendig lernen konnte, was zur Folge hatte, dass ich als Messdiener nur bedingt und nur für kurze Zeit einsatzfähig war.

Ich weiß nicht, warum ich noch heute auf meine «katholische Kindheit» schwöre. War es der Hallraum des Kirchengewölbes? Der auferlegten Langeweile, in die mich der Singsang der Mönche versetzte, habe ich möglicherweise einiges zu verdanken. Vielleicht ein Fenster zur Transzendenz?

Baumwolle oder Seide

Unter einem Himmel frei von britischen Bombenflugzeugen und Luftalarm heiterte Mutters Gemüt sich auf. Weihnachten 1946 fanden wir uns glücklich unter Mistelzweigen und bunten Lampions bei einem englischen Major, der alle Kinder der Rubensstraße zum Kakaotrinken in die besetzte Villa eines Gladbacher Tuchfabrikanten eingeladen hatte. Hier konnte Mutter mit dem Feind Frieden schließen und ihre Form der Emanzipation genießen. Vater war noch weit weg. In seiner Ferne fand sie das Glück des weiten Feldes. Durch die Ruinen wehte bald transatlantischer Wind.

Es war die Illustrierte «Constanze», die Mutter zivilisierte. Als es mit der Illustrierten in den sechziger Jahren schon zu Ende ging, lasen wir in Adornos «Minima Moralia» den Aphorismus «Constanze», der uns in Verwirrung stürzte: Wer in Sachen Treue Sicherheit zu gewinnen suchte, blieb ratlos zurück. «Liebe ist Fähigkeit, Ähnliches an Unähnlichem wahrzunehmen», lasen wir in Adornos Handorakel. Folglich schien uns das Unähnliche so attraktiv, dass wir verführt waren, die Flucht vor den Ähnlichkeiten der Treue in die Fremde der Untreue zu riskieren, wozu uns Adorno auch in erster Instanz ermutigte, um es in zweiter Instanz zu verbieten, weil der Befreiungsakt lediglich einem Gesetz der Mode folge, das uns nur tiefer in die Verblendung des Warentauschs führe, in dem das jeweils Neue reizvoller ist als das Alte, sodass die Treue eigentlich das wahre Feld der Liebe sei, wenn nicht im Immergleichen auch der Teufel stecke.

So oder so ähnlich wurden wir belehrt. Wolfgang Fritz Haug vom Argument-Club erkannte 1966 in den Windungen von Adornos «Constanze» eine «laokoonische Figur», die den Ratsuchenden bis zur Lähmung verstricke. Es fragt sich nur, wer hier, umschlungen von Adornos Schlange komisch-auswegloser «Dialektik», unhörbar schrie. War es die begehrte oder die bereits verlassene Frau?

Dagegen waren die Ratschläge für die moderne Frau in der «Constanze», der Mutter zu folgen suchte, handfester. Das auflagenstärkste Frauenmagazin der Nachkriegszeit zelebrierte förmlich den Frauen zuliebe die Krise des Mannes in seiner Niederlage, gab Scheidungstipps und Hinweise, wie die Frau selbstbewusst in den Strömen neuer Waren navigieren konnte. Wert und Arbeitsintensität der Hausarbeit hob die Illustrierte in den Himmel. Die Mutter war nicht nur Ernährerin, sondern unversehens Säule des historischen Geschicks.

In Harald Jähners Buch «Wolfszeit» erfahre ich, dass die Frau in den Nachkriegsjahren zur «Antipodin des von Todestrieben beherrschten Mannes» wurde. Eine unheimliche, da psychoanalytische Formel. Auf meine Eltern kann ich sie schlecht übertragen. Mutter konnte das fadenscheinige Gewand der «Nazisse» augenscheinlich im Handumdrehen abstreifen, um das Kleid der Trümmerfrau (Glied einer Menschenkette zur Beseitigung des Schutts war sie allerdings nie gewesen) oder das der fast mondänen Dame der «Constanze» anzuziehen; Vater, den Milden, der mit einem als Soldat wahrscheinlich kaum eingesetzten Aggressionspotenzial den Krieg überlebt hatte, kann ich mir als Verkörperung des Todestriebs schwer vorstellen. Die «Constanze» nährte sich von der Imagination einer unverdorbenen Mutterwelt. Restaggressionen konnten sich in der Verachtung der Männerwelt ergehen.

Während sich Mutters Horizont weitete, hinkten die Routinen der Volksschule hinterher. Vielleicht speichern Institutionen die Stickluft eines gescheiterten Regimes länger. Zwar hörten wir nicht mehr wie mein Bruder zu Beginn des Unterrichts: «Heil Hitler, Frollein Wismann!» – das war verboten worden. Auch rochen wir Kleinen natürlich nicht das Fortwesen der Funktionselite des NS-Staates, die war geruchsfrei und für Kinder ohnehin nicht greifbar. Aber vielleicht führt ein Tagebucheintrag von Carl Schmitt, der Publikationsverbot hatte, auf die richtige Spur. Am 9. Oktober 1949 notiert er: «In ‹Christ und Welt› ist eine schöne

Glosse von mir abgedruckt, mit Einschaltung einer Reklame für Nivea-Creme. Das ist gut so. In der Zarenzeit hüllten die russischen Nihilisten ihre Bomben in Blumenbuketts ein. Warum soll ich nicht meine analogen Anliegen mit Nivea-Reklame umrahmen? Oder umgekehrt als Umrahmung von Nivea-Creme auftreten, um die Verfolger nicht zu reizen?» Schmitt nutzte die Werbung für Nivea-Creme als Tarnung für seine Glosse, die er trotz Publikationsverbot einschmuggeln konnte. Neuschnee, der als Maske der jungen Republik den Schnee von gestern bedeckte.

Die Erinnerung an die Volksschule haftet am Geschmack der Schulspeisung: Kraftbrühe, die nach den metallischen Kanistern schmeckte, in denen sie transportiert worden war; Biskuitsuppe, die von Mal zu Mal lehmartiger wurde. Kein Zweifel, wir brauchten die Verpflegung und mussten dankbar sein.

Schrecklich war der Volksschullehrer Zunder. Schön mit Kreide einen Schwan malen, das konnte er, und wir übertrugen sein Tafelbild mit Griffel auf unsere Schiefertafeln (das kalkige Kratzen ist mir immer noch im Ohr). Berüchtigt war Zunder allerdings für eine spezielle Strafaktion, die er mit sichtlichem Genuss exekutierte. Sie hatte nichts mit dem NS-Regime zu tun, sondern konnte sich auf eine ehrwürdige Tradition der Pädagogik berufen. Darunter litten vor allem Kinder aus dem Arbeiterviertel Eicken, wo ich später mit meinem Bruder im Stadion am Bökelberg die Borussia spielen sah. Nach jeder Schulstunde mussten die Bösewichte am Pult des Lehrers antreten, damit Zunder sein hölzernes Lineal mit Wucht auf Zeige- und Mittelfinger schlagen konnte. Mich erwischte es nur einmal, aber ich kann bezeugen: Es tat irrsinnig weh.

Der Wüterich hatte jedoch nicht mit der Klugheit des Proletariats gerechnet. Die Eickener Eltern rieten ihren Kindern, die Finger vor der zuverlässig zu erwartenden Prozedur mit Zwiebelsaft einzureiben. Die geschundenen Glieder schwollen nach den Hieben so an, dass ärztliche Behandlung angezeigt schien und die kleinen Proleten sich krankmelden und nach Hause gehen konnten. Der Trick hat uns einerseits Respekt eingeflößt, andererseits Furcht vor dunklen Energien, die in anderen Bezirken der Stadt zu Hause waren.

Seltsamerweise verlagerte sich die Angstlust des Kindes aus dem Luftschutzkeller in die paar Bücher, über die der Lethen-Haushalt verfügte. Das reich illustrierte Buch «Mein Weg nach Scapa Flow» imponierte mir. Scapa Flow war ein Stützpunkt der britischen Kriegsmarine vor der schottischen Küste. Der «Befehlshaber der U-Boote», Konteradmiral Karl Dönitz, überließ den Angriff, der als Selbstmordkommando galt, seinem Kommandanten Kapitänleutnant Günther Prien, der am 14. Oktober 1939 mit seinem U 47 in die britische Flottenbasis eindringen und das Schlachtschiff «Royal Oak» versenken konnte. Ich nahm nur die U-Boot-Fotos wahr. Man musste untertauchen, um die Festung zu sprengen. So also sah ein «Durchbruch» aus, der Zukunft versprochen hatte.

Vom Nibelungenlied dagegen, das Mutter vorlas, blieb nur das Gemetzel an Etzels Hof hängen. Und bis heute muss ich, wenn von «Gemetzel» die Rede ist, an den Namen «Etzel» denken, das «tz» schärft sich immer ein, selbst in Roman Polanskis Film «Der Gott des Gemetzels» aus dem Jahr 2011 mit Christoph Waltz (tz!) war Etzels Hof präsent.

Angst war der Grundbestand von Kesselschlachten, auch

wenn wir von der furchtbarsten erst 1959 im Film «Hunde, wollt ihr ewig leben» erfuhren: Die Falle Stalingrad schnappte nicht mehr zu, wir gehörten jetzt zum Westen. Die Einbildungskraft nährte sich dennoch von Vorstellungen der Einkesselung, mit deren Grundmuster uns Jugendbücher versorgten: die Belagerung des Floßes durch die unsichtbaren Waldgeister der Irokesen, lauernd auf die Skalpe der Mädchen auf dem Floß, in James Fenimore Coopers «Lederstrumpf»; die Verteidigung des Blockhauses gegen die Piraten in Robert Louis Stevensons «Schatzinsel»; später die Serie von Eingeschlossenen in Horror- und U-Boot-Filmen; und immer wieder Etzels Hof – selten entkam ihm einer.

Im Spätsommer 1947 stand, mit einer Büchse Kakao in der Hand, ein Mann vor unserer Haustür in der Rubensstraße 39. «Rosig» vom Überfluss an Hammelfleisch, wie Mutter später spitz bemerkte, «während wir an Fleisch nicht denken konnten.» Vater wurde fortan toleriert, presste und appretierte die Filzstumpen, die Mutter heldenhaft aus Thüringen, russische Grenzkontrollen umgehend, zurückgeschmuggelt hatte, unter dem Balkon unserer Wohnung im Erdgeschoss.

Vater war Leichtathlet gewesen: 1924 mit der 4 × 100-m-Staffel von Preußen Krefeld Deutscher Meister auf der Aschenbahn. Als Hubert Houben, 1923 Weltrekordler über hundert Meter, das Zielband durchriss, hatte Vater, der Startläufer, schon wieder den Trainingsanzug angezogen, sodass er den Schlussläufer auf den Schultern tragen konnte. Trotz des Sieges *Underdog*! Und auch als Soldat im Zweiten Weltkrieg von der Degradierung zur Niederlage eilend. Sein letztes Kriegserlebnis: Belgier bespucken ihn, als er in

einem Trupp Gefangener nach England überführt wird. Im Ersten Weltkrieg fünfmal verwundet, seit 1934 selbständiger Einzelhändler, wurde er aufgrund einer Denunziation im September 1939 eingezogen.

Er war kein «Märzgefallener», der sich 1933 schnell der NSDAP angeschlossen hatte; schon 1928 sah man ihn, den bekannten arbeitslosen Athleten, auf den Höfen der Tuchfabriken unserer Stadt für die Bewegung agitieren. Nach dem Tod seines Vaters übernahm er 1934 das Hutgeschäft und stellte mit Erstaunen fest, dass die Schulden bei der inzwischen arisierten Deutschen Bank zu hoch waren, um sie je tilgen zu können.

«Hitler und Krupp in der Villa Hügel», soll er in einer Skatrunde bemerkt haben, «eine Schande.» An dieser Stelle vermischt sich die Familiengeschichte mit der Legende von der «nicht vollendeten Revolution», die in der SA kursierte, sodass er vielleicht sogar Glück hatte, die Röhm-Mordnacht vom 30. Juni 1934 zu überleben. Es blieb bei der Denunziation mit Langzeitfolgen bis 1947.

Nach seiner Rückkehr durfte Vater Starter beim TV 48 sein. Bruder Hanswilli trat in seine Fußstapfen und wurde in Delmenhorst Westdeutscher Jugendmeister über zweihundert Meter, das war wahrscheinlich der größte Glücksmoment im Leben meines Vaters. Ich brachte es als Mittelstreckler der A-Jugend auf mäßige zwei Minuten neununddreißig Sekunden auf tausend Meter, laborierte an einem Muskelriss und gab auf, als ich erfuhr, dass mein Konkurrent täglich hinter dem Mofa seines Vaters rennend trainierte. Mein Vater meinte ohnehin, ich sei «zu ironisch» für den Sport. Dabei liebte ich die einsamen Trainingsläufe an Winterabenden durch den Park. Ich weiß nicht, über was ich dabei nachgedacht habe, auf jeden Fall waren meine Runden Exerzitien der Langeweile. Kein Wunder, dass Alan Sillitoes «Die Einsamkeit des Langstreckenläufers» später ein Kultbuch für mich wurde. Allerdings trug es auch zur Romantisierung der englischen Arbeiterkultur bei, die später merkwürdige Blüten treiben sollte.

In der Verwandtschaft meines Vaters gab es durchaus markante Gestalten. Tante Toni, seine Zwillingsschwester, war, wie Vater fand, so hexenhaft, dass er sie bei jedem Besuch fragte, ob sie den Papagei auf ihrer Schulter vergessen habe. Im Krieg, ihrer wahrscheinlich großen Zeit, wie die Familie vermutete, hatte sie die Arbeiter der Organisation Todt auf eine verschwiegene Art beglückt, vielleicht aber auch nur als Buchhalterin gearbeitet, das blieb ihr Geheimnis. Nach dem Krieg arbeitete sie als Kassiererin in einer Hamburger Badeanstalt.

Onkel Paul, von mächtig-schmerbäuchiger Statur und mit eminenter Hakennase ausgestattet, war in der katholischen Kleinstadt isoliert. Nachdem er verdächtigt worden war, sich als Trainer einer Jugendmannschaft «versündigt» zu haben, wurde er aus der Kirche ausgeschlossen. In solchen Fragen war die katholische Kirche – wie wir inzwischen wissen – rigoros, und Onkel Paul fristete als auffällig unsichtbare Person der Stadt ein Schattendasein. Tante Helene, die Fromme, betreute den Exkommunizierten bis zum Lebensende. Zum Abitur schenkte mir Onkel Paul zwei Bücher aus seinem kleinen Bestand: Theodor Haeckers «Tag- und Nachtbücher. 1939–1945», Dokumente eines widerständigen Katholiken, solche hatte es also auch gegeben, und Alexander Mitscherlichs «Medizin ohne Menschlichkeit», das sich mir schmerzlich einprägte.

Auf der Rubensstraße gab es noch einen anderen Ausgeschlossenen der Stadt, Wilhelm Elfes. Er war als «Kommunist» von der katholischen Kirche exkommuniziert und von der Nachbarschaft der Tuchfabrikanten geächtet worden. Die Briten hatten ihn nach dem Krieg als Bürgermeister eingesetzt. Der einzige Vorposten eines Bildungsbürgertums humanistischen Formats auf unserer Straße, scheint mir heute. Ein Fremdkörper im Milieu eines Katholizismus, der sich nur zugutehalten konnte, so biegsam gewesen zu sein, dass er ohne große Verluste überlebte. Die Kirche hatte fast alles zugelassen, das ist das Günstigste, was man über sie sagen kann.

Elfes hatte, wie ich später erfuhr, 1921 bis 1933 dem Preußischen Staatsrat angehört. Er war an der Gründung der CDU beteiligt, wurde aber aufgrund seiner Opposition gegen die Politik der Westintegration von Konrad Adenauer 1951 aus der Partei ausgeschlossen. Das alles konnten wir Kinder der Rubensstraße nicht wissen. Wir starrten nur auf das Haus von Elfes, das merkwürdig kalt und unbehaust in der Leere der Ächtung stand, und erschraken, als wir von den Eltern erfuhren, dass diesem Mann mit schlohweißem Haar verboten worden sei, die Kirche der St.-Barbara-Pfarrei zu betreten, um die heilige Kommunion zu empfangen. «Was er doch allzu gerne wollen täte», meinte Mutter, die froh war, dass ihre eigene Familie der Ächtung entkommen war. Als ich 1961 zum ersten Mal an einer Wahl teilnehmen durfte, stimmte ich für den Kandidaten der Deutschen Friedensunion (DFU): Wilhelm Elfes.

Ja, die frommen Tuchfabrikanten hatten bald wieder das Sagen, seufzte Vater manchmal. 1932 hatte er für den NSDAP-Gau von ihnen großherzige Tuchspenden in Empfang genommen, ohne Quittung. 1947 ließen sie Gnade vor Recht walten; als Beisitzer einer Entnazifizierungskommission stuften sie Vater als nur geringfügig belastet ein. Sie selbst befanden sich fraglos im Unschuldsfeld.

Zur Familienlegende zählte auch eine Tante, die 1937 endlich das Geheimnis des Namens «Lethen» gelüftet zu haben glaubte und der Familie bei einem Kaffeekränzchen die Sensation ihrer Nachforschung verkündete: «Lethen» komme vom althochdeutschen «leitan», was «führen» bedeute. Es soll sie enorm verwirrt haben, dass die Familie nach dieser Aufdeckung schallend lachte. Unsterblich machte sich die Tante mit dem aufschraubbaren Hörrohr zum Geburtstag meiner Mutter mit dem Vers: «Ilse, fleißig wie eine Biene, treppauf, treppab.»

Einer der Brüder meines Vaters, Onkel Peter, war Rektor einer katholischen Volksschule nahe der niederländischen Grenze. Er hatte mit seiner Frau Maria zehn Kinder. Wir besuchten sie nicht ohne Angst, denn beim sonntäglichen Mittagsgebet las Onkel Peter, den Tisch mit seiner Frau, den aufrecht stehenden zehn Kindern und vier Verwandten umrundend, das Evangelium des Tages. Und mehr als ein Mal passierte Folgendes: Einer seiner Jungs riss einen Furz, was Onkel Peter nicht innehalten ließ. Er setzte die Lesung fort, verpasste aber dem Übeltäter, als er an dessen Platz vorüberging, eine schallende Ohrfeige. Das konnte ein anderer seiner Söhne nicht tolerieren; ein Furz aus einer anderen Ecke solidarisierte sich mit dem ersten ... Wir Gastkinder hatten Angst, es könnte uns erwischen. Mit der väterlichen Verwandtschaft war seinerzeit weiß Gott kein Staat zu machen.

In Krefeld dagegen wohnte die Verwandtschaft mütterlicherseits. Als Bewohner einer Seidenstadt sahen sie auf die ärmeren Verwandten in den Niederungen der Baumwollstadt Gladbach herab. In ihren Villen spielten sich andere Dramen ab, die Stoff für mehrere «Tatorte» abgegeben hätten, die seit den siebziger Jahren die Beklemmungen der fünfziger Jahre verarbeiteten. Ein Chirurg als heimlicher Geliebter, der Strick in der Tasche des Steuerberaters, ein aus Kostengründen gähnend leerer Swimmingpool im Keller der Villa, der rätselhafte Selbstmord des Seidenfabrikanten, die Erblindung eines genialen Sohnes, der lärmende Auszug des Jägers aus dem Haus seiner reichen Schwiegereltern und seine verschwiegen stumme Rache an ihrem schönen Kind. Die Seidenstadt besaß tragische Klasse, wogegen sich aus dem Grau meiner Vaterstadt keine Fernsehfunken schlagen ließen.

Mit Ausnahme eines spektakulären Falls, den selbst Krefeld nicht überbieten konnte. Am Morgen des 24. April 1952 ging das Gerücht eines Mordfalls durch München-Gladbach. Der Küster des Gladbacher Münsters St. Marien sollte, wie man erst munkeln und tags darauf öffentlich verlautbart hörte, seine Ehefrau mit dem Beil erschlagen und die Leichenteile unter den sterblichen Überresten des Propstes versteckt haben, der zu dieser Zeit im Münster aufgebahrt wurde.

Dass sich das Gerücht um Helpenstein, so der Name des Küsters, in der Stadt wie Gestank verbreitete, kann ich selbst bezeugen. Wir Kinder konnten uns nicht dagegen wehren, es erfüllte uns mit bilderlosem Schrecken.

Ein Bericht vom 28. Mai 1952 aus dem Archiv des «Spiegel» zeigt allerdings, dass es nicht ganz so war, wie es mir meine Erinnerung eingeflüstert hat. Der Fall wird hier mit leichten Anklängen einer Moritat dargestellt, was nahelag: Schon einige Tage nach der Entdeckung der Leiche hörten wir die Erwachsenen ein Lied summen, das nach der Hinrichtung des Serienmörders Fritz Haarmann 1925 die Runde gemacht hatte. Jetzt hieß es: «Warte, warte nur ein Weilchen / Dann kommt Helpenstein auch zu dir. / Mit dem kleinen Hackebeilchen / Macht er Hackefleisch aus dir ...» Ich zitiere den Bericht, weil die Atmosphäre meiner Heimatstadt in den fünfziger Jahren wie Dunst daraus aufsteigt:

«Als seine Eminenz der Weihbischof von Aachen, Dr. h. c. Johannes van der Velden, am 18. April 1952 in der Hauptpfarrkirche St. Mariä zu München-Gladbach das feierliche Totenamt für den am 15. April an Leberkrebs verstorbenen Probst Ferdinand Koenen hielt, wobei ihm der Küster Hans Hubert Helpenstein die liturgischen Geräte reichte, ahnten weder der Bischof noch die Kriminalpolizei, dass sich unter demselben Kirchendach noch eine zweite, bis dahin unentdeckte Leiche befand: die der jungen Küsterfrau Elisabeth Helpenstein.»

Die Frau des Küsters war seit dem 27. Januar vermisst worden, und man hatte bis in die Sowjetzone hinein vergeblich nach ihr gesucht. Dass man die Verschwundene dorthin verschleppt haben könnte, war im Zeichen des Kalten Kriegs nicht unwahrscheinlich. Der Verdacht war nicht auf den Küster gefallen; es hatte die Kriminalpolizei nur irritiert, dass sich sehr spät ein kleiner Junge gemeldet hatte, der am Sonntag, dem 27. Januar, «auf dem mittagsstillen Kirchplatz unter der Sakristei» einen Schrei gehört haben wollte.

Am 23. April, nachmittags gegen fünfzehn Uhr, war es dann so weit. Zwei Putzfrauen fegten die Halle der Hauptpfarrkirche:

«Eine von ihnen ging zum linken Chorflügel hinüber, vermutlich, um hinter der dicht beim Marienaltar stehenden geschnitzten Chorbank ihre Kehrichtschaufel auszukippen. Da bemerkte sie, dass die Chorbank etwa fünfundzwanzig Zentimeter von der Wand weggerückt war. In dem Zwischenraum aber, am Boden, lag etwas, was die Putzfrau zuerst für eine umgestürzte Heiligenfigur hielt. Es war die Leiche der Elisabeth Helpenstein. Die Zeiger ihrer Armbanduhr waren auf 18.40 Uhr stehen geblieben.»

Bis zur Entdeckung der Ermordeten hatte es also drei Monate gedauert. Sie war das Ergebnis eines Zufalls, die Kriminalpolizei war vollkommen im Dunkeln getappt. Ihr Versagen wurde zum politischen Skandal. Zwar hatten die Beamten auch die Kirche «visitiert», doch beschränkten sich ihre Untersuchungen auf den Dachstuhl, den Glockenturm und die Kellerräume. «Vor dem Gedanken, den sakralen Ort durch Polizeistiefel und schnubbernde [sic] Suchhunde entweihen zu lassen, schreckte der protestantische Oberinspektor Birkhahn aus Fingerspitzengefühl zurück. Umso mehr, als sein Vorgesetzter, München-Gladbachs Polizeichef, Oberrat Schwiete, als gutgläubiger Katholik bekannt ist. ‹Die Gladbacher hätten mich gesteinigt, wenn ich die vermisste Frau in der Kirche mit Hunden gesucht hätte›, argumentiert Birkhahn.»

So etwas konnte also selbst in der Baumwollstadt München-Gladbach passieren. An einem Punkt aber war Krefeld unschlagbar. Onkel Hans, der sich gegen Ende des Krieges um unsere Unterbringung in Oberwesel gekümmert hatte, besaß das erste Fernsehgerät weit und breit. Die Gladbacher Verwandtschaft durfte in seiner Villa die Fußballweltmeisterschaft 1954 mitverfolgen – zwanzig Stühle rund um das Gerät. Ansonsten profitierten die Gladbacher Kinder insofern von Krefeld, als sie zu jedem Weihnachtsfest eine Krawatte mit unverkäuflichen Fehlfarben als Geschenk erhielten.

Ich weiß nicht, ob die Seidenindustrie der Nachbarstadt schon vor der Baumwollindustrie abstürzte. Gladbach machte aus den aufgelassenen Fabrikhallen in den achtziger Jahren jedenfalls das Beste; hier siedelten sich die großen konkurrierenden Supermärkte an, sodass das Preisniveau, wie mein Bruder mir stolz berichtete, eine Zeitlang das niedrigste in der BRD war und sogar die Niederländer aus Venlo in die Stadt strömten.

Die Einsamkeit des Langstreckenläufers

Die Wahl des Mathematisch-Naturwissenschaftlichen Gymnasiums lag 1950 nahe, weil das Humanistische Gymnasium den Söhnen der nobleren Gesellschaftsschicht der Notare, Apotheker, Tuchfabrikanten, Ärzte und Studienräte vorbehalten schien. Der Geruch von Bohnerwachs in deren Gründerzeithallen bewies mir, dass ich nicht dazugehörte.

Der Studienrat, der die Sexta am MatNat übernahm, wurde bald entlassen, weil er es nach dem Tod seiner Frau, wie man uns mitteilte, mit seiner Haushälterin getrieben habe. Der Abschied von ihm fiel uns leicht, denn wir hassten seine Strafmaßnahmen: Er zog seine Opfer so lange an den Schläfenhaaren, bis eine Wange für den Schlag frei lag. Später, nach meinem Abitur 1959, stürzte der Rektor des Gymnasiums über sein Verhältnis mit der rothaarigen Hauswartstochter, die immer Milch in Tetrapaks ins Klassenzimmer gestellt hatte. Die fünfziger Jahre waren eben hochmoralisch.

Wer als Schüler einen Drang zu Höherem verspürte, ging in den Tennisclub. Der Einzige, der in meiner Klasse Tennis spielte, war Jörn Könke. Seine Karriere führte über eine schlagende Verbindung bis zu einer leitenden Position im Springer-Konzern Ende der sechziger Jahre, von dort zum Süddeutschen Verlag, später zu Burda. Als ich aus der Sicht des Springer-Konzerns zur Gruppe der «Terroristen» gehörte und beklommen zusah, wie Molotowcocktails in den

Wagenpark vor dem Springer-Hochhaus geworfen wurden, saß er in der Hamburger Chefetage.

Ansonsten gaben eher Handballer den Ton an, nur Walter Pontzen spielte Fußball. Er studierte Medizin, war Mitte der sechziger Jahre dem Kabarett «Das Bügelbrett» in Berlin locker assoziiert. Als ich ihn nach dem Tod meiner Schwägerin traf, empfahl er, Tolstois «Der Tod des Iwan Iljitsch» zu lesen. Das half mir, auch wenn es für Literaturwissenschaftler damals geradezu verboten war, Trost in der Literatur zu suchen. Später, als ich Assistent an der Freien Universität in Berlin war, verabschiedete Walter sich, um als Facharzt für psychosomatische Medizin Leiter einer Klinik in Nürnberg zu werden. Danach verlor ich seine Spur.

Rolf Wittke war der Benjamin der Klasse; mit ihm unternahm ich riskante Tramptouren durch England bis nach Scapa Flow. In den Bergen Schottlands klammerte ich mich an Halteseile auf der offenen Ladefläche eines Lkws. Ein Matrose wollte mir die Geheimnisse von Edinburgh zeigen; als Bauarbeiter mich in kurzer Lederhose mit dem offenkundig ortsbekannten Unhold sahen und zur Warnung pfiffen, ergriff ich die Flucht. In einem Gutshof in Südengland, wo ich mit Rolf Erntearbeit leisten wollte, weigerten wir uns, an einem Pfänderspiel des Gutsherrn teilzunehmen. Wir wurden daraufhin aus dem Herrenhaus mit Kristallgeschirr und herrlichem Roastbeef mit Pfefferminzsoße in die Heuscheune ausgelagert. Tags darauf zerstörte ich aus reinem Versehen mit dem Jeep eine Begrenzungsmauer, was der Gutsherr reumütig hinnahm. Rolf Wittke wurde Arzt und starb als Erster von unserer Klasse.

Der Abenteuerlichste war Werner Krüger. 1946/47 war er im strohgepolsterten Viehwaggon mit Bruder und Großmutter nach Westen zum Vater ins Rheinland geflüchtet. Später brach er das Studium ab, um als Tramp Griechenland, Indien, Afghanistan und Marokko kennenzulernen, sich der Malerei und der Fotografie zu widmen, Kunstkritiken zu schreiben und 1980 eine Filmproduktionsfirma in Köln zu gründen. Von 1994 bis 2002 war er Herausgeber und Chefredakteur der «Weltkunstmoderne». In der Einschätzung des Fluxus-Künstlers Wolf Vostell sind wir uns bis heute nicht einig.

Nach dem Abitur verlor sich die Einheit der Klasse schnell in die Himmelsrichtungen verschiedener Studien und Berufe: Die Mitschüler wurden Kernchemiker, Kaufmann, Filmproduzent, Physiker, Studienrat, Elektrotechniker, Tiefbauingenieur, EDV-Experte, Stadtverwalter, Volksschullehrer, Patentanwalt, Mediziner ... Das Mathematisch-Naturwissenschaftliche Gymnasium war ein gutes Sprungbrett. Der größte Sohn der Stadt ist aber Walter Moers; nächtelang hat meine Frau den Söhnen «Käpt'n Blaubär» vorgelesen, und «Adolf, die Nazi-Sau» erfreut mich immer noch.

Die Lehrer bildeten einen sehr gemischten Haufen. Authentisch schienen uns die älteren nur als ausgemusterte Soldaten des vergangenen Krieges. Die jüngeren hatten keine Geschichte zu erzählen.

Ein Musiklehrer, der uns einige Monate quälte, war ein besonders krasser Fall. Es muss sich um einen früheren Intendanten des Gladbacher Symphonieorchesters gehandelt haben, der die Entnazifizierungsprozedur knapp bestanden hatte und nur zeitweise aus dem Staatsdienst entlassen worden war. Irgendeine Instanz hatte ihn zur Bewährung an unser Gymnasium geschickt. Von ihm hat sich mir ein Spruch eingebrannt, den zu wiederholen er nicht müde wurde: «Ich hasse am Krieg zwei Dinge, *Insubordination* und von einer Granate getroffen zu werden, wenn ich auf dem Scheißhaus sitze.» Das Ekel war schnell wieder weg.

Es muss so etwas wie eine Selbstreinigung des Kollegiums gegeben haben. Die aber traf womöglich auch einen dunkelhaarigen Assessor, der uns unvorsichtigerweise Brechts «Der Jasager» und «Der Neinsager» nahelegen wollte und prompt verschwand. Der Kalte Krieg ließ das Gymnasium nicht unberührt.

Zum Glück gab es schräge Vögel unter den Lehrern, Exzentriker, vom Kollegium gerade noch geduldet. Ein Biologielehrer mit halber Lunge und dem Ruf, medizinische Selbstexperimente durchgeführt zu haben, empfahl mir, Wolfgang Borcherts «Draußen vor der Tür» zu lesen, und der Kunstlehrer Fritz Achterfeld befand, ohne die Kenntnis von Stendhals «Rot und Schwarz» und John Lockes «Abhandlung über den menschlichen Verstand» würde aus mir nichts werden. Im Düsseldorfer Atelier, in das er mich einlud, malte er wie Kandinsky. Ich erinnere mich an ein großformatiges Bild mit dem Titel «Die Falschmünzer». «Kein schlechtes Buch von André Gide», meinte er, unentwegt Rheila Veilchen-Pastillen lutschend.

Einmal schleppte Achterfeld die Klasse ins Wallraf-Richartz-Museum in Köln. Unglückseligerweise fanden Schulkameraden im Schutt des Trümmergrundstücks vor dem Museum das abgerissene Blatt eines Pornoheftes. Das wird sie mehr gefesselt haben als das Ziel unseres Lehrers: Wir sollten das Gerstenkorn im Auge des Jägers auf einem Gemälde Wilhelm Leibls entdecken. Mehr Zuspruch fanden Achterfelds Erläuterungen zum «optischen Grau», mit dem

Peter Paul Rubens dem Fleisch seiner Frauen Tiefe verliehen habe. Die Brücke-Maler (vor allem Kirchner und Pechstein) versuchte er uns mit den Worten zugänglich zu machen, sie hätten «mit der Farbe zu schreiben begonnen», um die «Faktur» sichtbar zu machen. So lernten wir einen neuen Begriff für die Materialität des Malaktes kennen. Achterfelds Liebling war der «Zigeuner-Müller»: Hier springe einen das Material an, «Leimfarbe auf Sackleinen, das fetzt». Heilige Unschuld, als man sich an Kirchners Selbstporträt mit einem Modell – er in orangeblau gestreiftem Bademantel, das Mädchen abwartend im Hintergrund – noch erfreuen durfte.

Achterfelds Kollege, der Zeichenlehrer Otto Koenen, wurde jeden Montag durch die Lektüre des «Spiegel» in Schwermut versetzt, die seinen Weltschmerz noch vertiefte, der vor allem daher rührte, dass sich in der westdeutschen Orthographie die Kleinschreibung nicht durchgesetzt hatte. Stattdessen habe der Reißverschluss seinen Siegeszug angetreten. Im Militär, klagte er – er war in Norwegen stationiert gewesen –, seien kaputte Reißverschlüsse eine Katastrophe gewesen, während Knöpfe leicht hätten angenäht werden können. So machten wir Bekanntschaft mit dem Funktionalismus des Bauhauses. Handwerklich lernten wir bei ihm Techniken des Pointillismus, des Linolschnitts, Grundzüge der japanischen Kalligraphie und den Laternenbau fürs Martinsfest. In den sechziger Jahren ließ Koenen sich im Kölner Fotoatelier von August Sander in der Pose des Guten Hirten ablichten. Da hatte ich ihn schon fast vergessen.

Der aus Sicht des Kollegiums schlimmste Fall muss Willy Lenzen gewesen sein, unser katholischer Religionslehrer. Von den Schülern wurde er als «Sexualfrosch» verspottet, weil er auf Schritt und Tritt mit der Sexualaufklärung rang, was wir höchst peinlich fanden. Später wurde er exkommuniziert. Doch ausgerechnet von ihm ging ein Impuls aus, der mein Leben steuern sollte.

1957 nahm Lenzen die Klasse zu einer Filmvorführung im Großen Union-Kino am Bahnhof mit. Praktisch schulfrei, dachten wir und erwarteten einen Aufklärungsstreifen, in dem die Kamera naturgemäß an den entscheidenden Stellen zum Himmel schwenkt, um Krähen über Baumwipfeln einzufangen. Doch es sollte ein schreckliches Erwachen geben. Der Kinovorhang öffnete sich, auf der Leinwand der abgebrochene Schienenstrang, der ins KZ Auschwitz führte, und Hanns Eislers Klarinette verdichtete alle Säfte der Melancholie, die im Schülerkörper steckten. Wir sahen Alain Resnais' «Nacht und Nebel».

Die *atrocity*-Bilder sanken wie Steine in meine Seele. Aus dem Bauch des Wolfes hätten sie herausgeschnitten, das Biest hätte in den Brunnen geworfen werden können. In mir aber rumpelten die Bilder von da an wie Wackersteine. War das Aufklärung? Resnais' Dokumentation veränderte für mich das Gewicht der Welt. Keine Variante der historischen Phantasie konnte mich von der Schwerkraft dieser Steine erlösen. Bei Adorno las ich, dass die «somatische, sinnferne Schicht des Lebendigen» Schauplatz des Leidens in den Konzentrationslagern gewesen sei. Vielleicht hallt die Stummheit der somatischen Erkenntnis (die man «Empathie» nennt) im Bild der Wackersteine nach.

Das alles geschah achtzehn Jahre nach meiner Geburt und zwölf Jahre nach Kriegsende. Durch keine *reeducation* amerikanischer oder deutscher Art vorbereitet, vom verbissenen Schweigen der Lehrerschaft umringt, traf mich der

Streifen aus heiterem Himmel. Was für eine Geschichtsvergessenheit, heute davon zu reden, wir deutschen Kinder seien 1945 durch die Besatzungsmächte einer «Gehirnwäsche» unterzogen worden, die uns die Scham über die Verbrechen der NS-Diktatur eingeimpft hätte. Haar- und Brillensammlungen, Stapel leerer Koffer der Getöteten, Leichenberge, die mit Bulldozern weggeschaufelt wurden – davon hatte ich bis 1957 keinen blassen Schimmer. Woher und auf welchem Wege hätten die Schreckensgeschichten zu uns durchdringen können, solange die verbliebene Funktionselite des NS-Staats die Akten der Verbrechen unter Verschluss hielt?

Da ich aufgrund des Films alles über den Judenmord zu wissen glaubte, sah ich später erst einmal keinen Grund, mich wissenschaftlich damit zu beschäftigen. Immer schrecklichere Befunde der Forschung entnahm ich der Presse. Als Schüler las ich zwar das «Tagebuch der Anne Frank» und «Bitte, die Herrschaften zum Gas» von Tadeusz Borowski, ein Bericht, dessen sarkastisches Verfahren das Grauen nicht erleichtert. Was hat aber verhindert, dass ich mich intensiver mit dem Judenmord auseinandersetzte?

Als Achtzehnjähriger empfand ich, ohne darüber nachzudenken: Die Bildevidenz des Horrors kann nicht überboten werden. Sie blieb im Schock des Schreckens eingekapselt, einer begriffsblind-somatischen Erkenntnis, die sich vorläufig in die Krypta des Bewusstseins zurückzog. Die Gewissheit des Todesschicksals von Millionen Menschen war genug. Die Überreste der Mordfabriken bildeten ein schwarzes Quadrat, in das die Geschichte der Deutschen gestürzt war. In diesem Schreckensszenario wollte ich mich nicht auch noch wissenschaftlich ansiedeln. Scham verbot mir, mich an den Höllenstoff «ranzuschmeißen».

Erst nach den beiden Wehrmachtsausstellungen des Hamburger Instituts für Sozialforschung in den Jahren 1995 und 2001, von denen noch erzählt werden soll, kommentierte ich die Vorgänge, die man inzwischen «Holocaust» nannte. Erst jetzt vergegenwärtigte ich mir den Judenmord als einen Handlungsraum, der tief in das Netzwerk deutscher Familien hineinreichte.

Das einschneidendste politisch bewusste Erlebnis meiner Jugendzeit war der Volksaufstand in Ungarn. Im November 1956 blätterte ich beim Friseur auf der Viersener Straße in einer Ausgabe des «Spiegel» und stieß darin auf ein Foto aus Budapest. Aufständische schleiften die Leiche eines KP-Funktionärs über das Straßenpflaster. Die Leiche im Brennpunkt des Schockfotos, die gerechten Schleifer undeutlich am oberen Rand. Empathie mit dem Geschändeten brannte sich mir ein, obwohl der Kommentar mich dagegen hätte immunisieren sollen. Ebenso prägte sich mir von Resnais' Film «Hiroshima, mon amour» später weniger der Gang der Erzählung von Marguerite Duras ein als der Schädel jener Frau, die, Geliebte eines deutschen Wehrmachtssoldaten, als Kollaborateurin kahlgeschoren worden war.

Ansonsten waren meine ersten literarischen und filmischen Kontakte eher harmlos. Ich stand auf gutem Fuß mit dem Existenzialismus der Müdigkeit, den Heinrich Bölls Erzählungen ausstrahlten. Die Fortsetzungsromane in der «Hörzu», «Ein Student ging vorbei» von Hans-Ulrich Horster und später Josef Martin Bauers Bericht «So weit die Füße tragen» ließen mich nicht los, Kurzfassungen der Romane in den Sammelbänden von «Reader's Digest» brachten mich in Kontakt mit der Weltliteratur, eine Abfolge von Schnellgerichten. Verschlungen habe ich die Bücher von Karl May: drei Winnetou-Bände, mit deren Personal ich bestens vertraut war, während mich die Bücher «Durchs wilde Kurdistan», «In den Schluchten des Balkan» und «Der Schut» so befremdeten, dass ich meine Karl-May-Phase abschloss. Albert Camus' «Die Pest» erzeugte in mir das Gefühl der Ohnmacht; ich konnte mir Sisyphos nicht als glücklichen Menschen vorstellen. Eine Synthese aus all dem Lektürefraß ergab sich nicht.

Irgendwie war der Rundfunk immer noch das Medium, das alle Leseakte überwölbte. Hier hallte in der Stimme von René Deltgen im Krimihörspiel «Paul Temple», damals ein «Straßenfeger», noch immer der Sound der Väter der NS-Zeit nach. Später erholten wir uns davon in Kulenkampffs Fernsehshows, wahren «Feldgottesdiensten der Nation».

Glaubt man meinem Taschenkalender von 1959, so wurde Max Frischs Roman «Stiller» zu einem Wendepunkt in meinem Leben: Ich beschloss, wie Stiller, kein Charakter zu werden. Auf Seite 254 meiner Ausgabe des Romans unterstrich ich den Wunsch, «anders zu sein, als man erschaffen ist». Kein Schweizer sein, das leuchtete mir ein. Aber auf Seite 332 wurde es grundsätzlicher. Stiller wird als ein Mann beschrieben, der das Gefühl hat, keinen Willen zu besitzen. Er will nicht er selbst sein. «Seine Persönlichkeit ist vage; daher ein Hang zu Radikalismen. Seine Intelligenz ist durchschnittlich, aber keineswegs geschult; er verläßt sich lieber auf Einfälle.» Anstreichungen des Jahres 1959!

Wenn auf innere Substanz kein Verlass war, gab es immerhin noch Bewegungsräume. Alan Sillitoes Erzählung «Die Einsamkeit des Langstreckenläufers» wurde, wie schon

erwähnt, das Kultbuch meiner ersten Studienjahre. Der aktive Sport trat nach der kurzen Episode als Mittelstreckenläufer eher in den Hintergrund, die Begeisterung für den Sport aber blieb erhalten: Aus Erschöpfung Energie ziehen, sich plötzlich aus der Gruppe lösen wie in einer *démarrage* bei der Tour de France, Bewegungen in leere Räume antizipieren, über Bande spielen, Teil eines mechanischen Balletts sein ... Vielleicht bildete das die Matrix der Bewegungswünsche, die später meine Teilnahme an der Studentenbewegung grundierten. Mag sein, dass daraus auch die Neigung erwuchs, selbst Literatur auf Bewegungssuggestionen abzutasten.

Aus den letzten Jahren der Schulzeit haben sich mir vor allem Filme eingeprägt. Im Nachhinein kommt mir das Ensemble von Titeln, die mir einfallen, wie die friedliche Gesellschaft an einer Badestelle mit einigen fremden Gästen vor. Stendhals «Rot und Schwarz» hatte mir, wie gesagt, der Kunstlehrer Fritz Achterfeld empfohlen; 1954 sah ich den gleichnamigen Film von Claude Autant-Lara. Jean Delannoys Verfilmung von Sartres «Das Spiel ist aus» sah ich im Großen Union-Kino, «Vom Winde verweht» in einem kleineren Kino auf der Viersener Straße, ebendort «Ein Herz und eine Krone» wegen Audrey Hepburn. Eindruck machten Truffauts «Sie küssten und sie schlugen ihn» und der Krimi «An einem Tag wie jeder andere» mit Humphrey Bogart. «Die Brücke am Kwai» mit Alec Guinness sah ich mit meiner Freundin Agathe in Hannover – beim anschließenden nächtlichen Spaziergang rund um den Maschsee summten wir die Filmmusik. «Hunde, wollt ihr ewig leben» bestimmte eine Zeitlang unser Bild der vor Stalingrad erfrorenen Väter.

Der Filmkosmos entschädigte für den langweiligen Deutschunterricht. Gemessen an den Reizen der Kinoleinwand, blieben die literarischen Aufregungen eher klein. In Karlheinz Deschners «Kitsch, Konvention und Kunst» – einer Streitschrift, die das Sensorium schärfte und Misstrauen gegenüber dem Kanon säte – lernte ich, dass Kitsch vor allem in der Hochkultur zu finden sei.

Einmal immerhin wurde die Langeweile des Deutschunterrichts durch einen hitzigen politischen Streit unterbrochen. Kurz vor dem Abitur im Frühjahr 1959 hörten wir von Erich Kubys Bericht «Nur noch rauchende Trümmer. Das Ende der Festung Brest». Kuby hatte als Wehrmachtsfunker erlebt, wie die Atlantikfestung Brest im September 1944 auf Befehl Hitlers unter dem Kommando eines NS-Generals «bis zur letzten Patrone» verteidigt worden war, was den sinnlosen Tod von zehntausend deutschen Soldaten zur Folge hatte. Sein Bericht und das kontroverse Presseecho darauf lösten in der Klasse erbitterte Reaktionen aus.

Papa Reisig, der Klassenlehrer, verteidigte verbissen die Ehre der Wehrmacht. Dabei stand er auf verlorenem Posten, was uns alle überraschte, da wir bis dahin nie über den Krieg und unsere Väter geredet hatten.

Im Rückblick scheint mir, dass ich meine Film- und Leseabenteuer in fast völliger Isolation von den Mitschülern erlebte; Einsamkeit war mein Lernmilieu. Eine kollektive Lebensatmosphäre war mit Händen nicht zu greifen. Normalerweise hingen wir in den Schulbänken, freuten uns auf Sport, schauten aus dem Fenster zum Mädchengymnasium hinüber, und manchmal blickte eine Schülerin zu uns zurück; da baute sich eine Spannung auf, mit der wir nicht umzugehen lernten.

Größter Schreckensmoment meiner Schulzeit: Ein blonder sechzehnjähriger Leichtathlet aus unserem TV 48 badet an einem herrlichen Samstagvormittag im Schwimmbecken des Vereins, radelt nach Hause, schlingt einen Teller Erbsensuppe hinunter, kehrt zurück und stürzt sich wieder ins Wasser. Minuten später legt man den Leblosen auf den Rasen. Die Stoßbewegungen der Wiederbelebungsversuche sehen aus, als würde der Junge malträtiert. Um die Atemwege freizuhalten, sticht man eine Sicherheitsnadel durch Unterlippe und Zunge. Er stirbt. Aus der Kindheit im Krieg hatte ich keine vergleichbaren Bilder mitgenommen.

Bevor er mich der Studienstiftung des deutschen Volkes empfahl, lud der unnahbare Rektor der Schule mich in seine Privatwohnung ein. Das war ein ungeheures Privileg. Der Besuch bescherte mir ein klaustrophobisches Bild, in dem die Furcht vor dem Schulleiter ganz unterging: Das Wohnzimmer, in das ich gebeten wurde, hatte die Gattin derart mit Kakteen zugestellt, dass der Bewegungsradius ihres

Mannes darin denkbar klein gehalten wurde. Er hatte ohne ihr Wissen sein Handlungsfeld ohnehin ausgelagert.

Meine Abschiedsrede auf der Abiturfeier handelte von der Bedrohung der Baumwollindustrie meiner Vaterstadt durch italienische Importe und von dem Glück, in Westdeutschland zu leben, während den Abiturienten in der «Zone» das Leben schwer gemacht werde. Ein westdeutscher Musterschüler trat ab.

Jetzt zieht Leutnant Jünger seinen Mantel aus

Nach dem Abitur im März 1959 ging ich zur Bundeswehr. Die zwölfmonatige Grundausbildung absolvierte ich in der Emmich-Cambrai-Kaserne in Hannover, später die Offiziersausbildung in Hamburg. Als Fähnrich war ich in Hammelburg, als Leutnant der Reserve 1962 noch einmal in Hannover. Als Adjutant des Bataillonskommandeurs nahm ich an einer Wehrübung in Süddeutschland teil, wo wir in dem «Städtchen mit den meisten Brunnen Deutschlands» Station machten. An den Straßenecken waren Lautsprecher angebracht, über die eines Morgens die Durchsage kam, dass die Witwe XY sofort ihre Schulden beim Finanzamt begleichen müsse. Immerhin widerstand ich einer Dorfschönen, die mich zu einem nächtlichen Trip in ihrem VW einlud. Das überraschte mich, da die Anziehungskraft des Soldaten auf Frauen damals eher gering ausfiel; in der Regel war der «Bürger in Uniform» gegen Ende der fünfziger Jahre für westdeutsche Mädchen unseres Alters eine Lachnummer.

1959 wäre es kinderleicht gewesen, dem Wehrdienst zu entgehen. Noch heute weiß ich nicht, was mich daran angezogen hat: Mein Vater, ein im Zweiten Weltkrieg Degradierter? Die Elendstruppe der Wehrmacht auf dem Rückzug durch Oberwesel Anfang Mai 1945? Auf dem Markt in Gladbach hatte ich abgerissene Kriegsheimkehrer gesehen, die verschiedene Patente wie einen Butterverzierer an den Mann bringen wollten, andere suchten als «ehemalige Kameraden von der Westfront» einen mir nicht geheuren Kontakt zu Mutter. Allein die schwarzen GIs in Oberwesel und der britische Major auf der Rubensstraße hatten mir imponiert. Die müden Helden aus Bölls Erzählungen können mich nicht verlockt haben, Soldat zu werden, und die «Kirschen der Freiheit» von Alfred Andersch verhießen nur Heil in der Desertion von der Truppe.

Als ich meinem Gymnasium in Uniform einen Besuch abstattete, strafte mich der geliebte Kunstlehrer Achterfeld mit Verachtung, und der Biologielehrer mit der halben Lunge machte einen Bogen um mich. Dagegen verschaffte mir die Uniform offenbar Vorteile beim Aufnahmegespräch der Studienstiftung des deutschen Volkes in Hannover. Es ging darin um Eduard Sprangers Gedanken zur Pubertät, und der Pädagoge war ganz meiner Meinung. Worauf wir uns geeinigt haben, daran erinnere ich mich allerdings nicht. Kannte mein Examinator Sprangers Beitrag zur NS-Ideologie? In Japan hatte Spranger 1937 gepredigt, «das Recht des Führers folgt dem Charisma, das heißt aus höherer Begnadigung», es ging ihm um die «rassische Höherbildung des Volkes».

Trotz allem mochte ich das Militär; ich liebte die Proleten meiner Kompanie und genoss, dass wir uns alle in der Anstrengung heimisch fühlen mussten. Wir vermuteten, dass unsere Offiziere in ihren Zivilberufen gescheitert waren, was den Respekt nicht gerade förderte. Es gab jedoch auch Ausnahmen: Im blonden Oberleutnant Prange begegnete ich dem Typ des leidenschaftlichen Soldaten, der, wie man sich erzählte, seine hochgradige Sehschwäche allein durch Willenskraft behoben hatte.

Die wichtigste Erfahrung in meiner Schützenpanzerkompanie beansprucht sogar soziologische Tiefe: Sinnlose Befehle wie Nachtmärsche in voller Ausrüstung besaßen für Abiturienten sportlichen Reiz, bei den Bergarbeitern in der Kompanie stießen sie auf schwere Knochen; die jungen Kumpels, die mit sechzehn eingefahren waren, hielten sie für Energieverschwendung und unterliefen sie, wo es nur ging. Für sie mussten Anstrengungen einem nachvollziehbaren Zweck dienen. Trägheit ermöglicht Vernunft, Müdigkeit schützt vor Pathos – eine Lehre, an die ich mich leider nicht hielt.

In der Militärzeit nahmen zwei Freundschaften ihren Anfang, die auch während des Studiums fortdauerten, obwohl die Freunde in verschiedene Himmelsrichtungen gingen. Eckardt Opitz, Sohn eines Försters, Gymnasiast aus Hamburg und mit allen Wassern humanistischer Bildung gewaschen, schrieb für das Bataillonsfest ein Bühnenstück nach der Musterungsszene in Thomas Manns Roman «Bekenntnisse des Hochstaplers Felix Krull». Ich durfte mit kurzem Hemdchen den Hochstapler verkörpern. Opitz entschied sich, den Wehrdienst in einer Feldjägertruppe in Süddeutschland zu verlängern, sein Studium finanzierte die Bundeswehr. Er promovierte als Historiker, später war er unter anderem Referent und Adjutant des damaligen Verteidigungsministers Helmut Schmidt. 1973 schied er als Oberstleutnant i. G. aus. Als Professor an der Bundeswehrhochschule in Hamburg verfasste er umfangreiche Studien zur Geschichte Schleswig-Holsteins; er ist ein ausgezeichneter Kenner der Gegenwartsliteratur, ein Polyhistor in der Bundeswehr.

Otto Dibelius, Enkel des berühmten Bischofs, lernte ich auf dem Fähnrichlehrgang in Hammelburg kennen. Kur-

ze Zeit später trafen wir uns in der Schlange bei der Einschreibung an der Uni Bonn zum Wintersemester 1960/61. Ich erinnere mich noch an seine strahlenden Augen, als er mir im zweiten Semester mitteilte: Das Jurastudium werde leicht, sobald man begreife, dass es nicht um Gerechtigkeit, sondern um Recht gehe. Seinen Beruf begann er nach der Promotion 1969 als Assessor im Bundesministerium für Arbeit und Sozialordnung, wo er bis 1977 in verschiedenen Positionen blieb. 1984 wurde er Direktor in der EU-Kommission in Brüssel.

In der Rekrutenausbildung erlebte ich keine Erniedrigungen; das meiste nahm ich sportlich. Den Eltern schrieb ich im September 1959: «Beim letzten Nachtschießen wurde ich der schlechteste Schütze, das heißt, ich traf bei achtundzwanzig Schüssen nur einmal. Das Versagen nagte nicht an meinem Ehrgeiz. Ich sagte mir: Ich schieße halt human.» Später, schon als Leutnant der Reserve, fiel ich nur ein Mal bei einer Wehrübung auf: Da es in der Bundeswehr damals noch offiziell verboten war, der Offiziere des Widerstands im Dritten Reich zu gedenken, zwang ich meinen Zug, am 20. Juli vor Dienstbeginn um fünf Uhr morgens aufzustehen, um die Kameraden über die Heldentat von Graf Claus von Stauffenberg zu unterrichten; der Kommandeur erlaubte es. Ich bezweifle, dass meine Schulungsstunde vor Dienstbeginn sehr aufklärend gewirkt hat. Die schlaftrunkenen Soldaten fluchten vor allem über das frühe Wecken.

Von Stauffenberg ging eine besondere Faszination aus. War die Verehrung des mutigen Offiziers die einzige Möglichkeit, ohne Scham Deutscher zu sein? Die Überlebenden des Widerstands durften nach 1945 in der BRD keine politische Rolle mehr spielen, sie wurden vergessen, ihre Kinder waren lange Zeit «Kinder der Verräter». 2019 stieß Thomas Karlauf mit seiner Stauffenberg-Biographie eine neue Diskussion an und thematisierte die Verbundenheit mit dem George-Kreis. In manchen Zeitungsartikeln wurde Stauffenberg daraufhin in die Nähe von Amokläufern oder Terroristen gerückt. Er habe ohne moralischen Impuls gehandelt, es sei ihm im Sinne seines Meisters Stefan George um die «reine Tat» gegangen. 1962 war ich voller Bewunderung für Stauffenberg, die gemischte Motivlage kümmerte mich nicht. Woher der Wunsch nach lupenrein moralischen Beweggründen als einzig legitime Triebkraft notwendiger Taten?

Zeitlebens faszinierte mich Ernst Jünger. Im Studium seines Werks versenkte ich mich in viele Versionen des Soldatischen, vom Ilias-Kämpfer des Ersten Weltkriegs bis zum Beobachter der Verbrechen im Kaukasus 1942 und zu seiner Rolle im Pariser Militärstab. Meine Faszination war reine

Kopfarbeit, einem ironischen Körper mit Bewegungshunger aufgeschraubt.

Erst vor zehn Jahren, als die Tagebücher erschienen, in denen Jünger seine Erfahrungen im Ersten Weltkrieg notiert hatte, die später zum Stoff von «In Stahlgewittern» wurden, dämmerte mir, was mich an diesem Schriftsteller gefesselt hatte: Er war die Verkörperung der Raummotorik. Bisher hatte ich Jüngers These aus dem «Abenteuerlichen Herzen» für richtig gehalten, das 19. Jahrhundert sei im Weltkrieg an der Flamme des 20. Jahrhunderts verbrannt. Die Tagebücher widerlegen sie. Die «Kälte» von Jüngers Beschreibungen stammt aus dem Archiv der Naturwissenschaften im 19. Jahrhundert. Man erlebt den Apothekersohn als einen Abenteurer mit extrem hoher motorischer Intelligenz. Die Denkweise der harten Disziplinen des vergangenen Jahrhunderts, die, wie Gottfried Benn zur gleichen Zeit bemerkte, die «Wirklichkeit erfanden», um die Metaphysik abzuschaffen, regiert seinen Stil. Die «Sachlichkeit» der Protokollsätze, auf die Jünger sich schon 1917 beruft, wirkt wie eine Registriermaschine. Gottfried Benn notiert über den Kult der Evidenz, der Jüngers Denkstil prägte: «Es sammelte sich noch einmal in diesen Jahren die ganze Summe der induktiven Epoche, ihre Methoden, Gesinnungen, ihr Jargon ..., die Kälte des Denkens, Nüchternheit, letzte Schärfe des Begriffs, Bereithalten für jedes Urteil.» Ablesen lässt sich das in den Tagebuchnotizen an den Körperbildern, die Jünger mit der Gelassenheit des Pathologen wahrnimmt.

«Kaltblütigkeit» schreibt er seinem «heiteren Phlegma» zu. Manchmal übt sich Jünger vor einem Angriff in der Attitüde der Entschlossenheit: «Ich hatte mir den Stahlhelm ins Gesicht gezogen, sog an meiner Pfeife und philosophierte mir Courage an.» Manchmal genügen «Aufregung, Blutdurst, Wut und Alkoholgenuß», manchmal die rapide Sinnlosigkeit einer Entscheidung. «In der Hitze des Augenblicks hörte und sah ich nichts mehr als die Kerls, die ich vernichten wollte.» Die klassizistisch geschlossene Kontur des Soldaten mit Stahlhelm hat sich in den frühen Notizen noch nicht herausgebildet. Mich faszinierte die angespannte Wachsamkeit des jungen Kriegers, geistesgegenwärtig und reaktionsschnell, «als ob irgendwo im Körper ununterbrochen eine kleine elektrische Klingel läutete».

Während ich über die Anziehungskraft von Jüngers Werk nachdenke, entdecke ich im Regal meiner in den sechziger Jahren gesammelten Bücher zwischen Georg Groddecks «Psychoanalytischen Schriften zur Literatur und Kunst» und Siegfried Bernfelds «Trieb und Tradition im Jugendalter» den Raubdruck von Wilhelm Reichs «Charakteranalyse. Technik und Grundlage für Studierende und praktizierende Analytiker». 1967 unterstrich ich auf Seite 65 mit rotem Buntstift: «Der charakterliche Panzer ist der formierte, in der psychischen Struktur chronisch konkretisierte Ausdruck narzisstischer Abwehr.» Das war der Ausgangspunkt der «Männerphantasien» von Klaus Theweleit, die mich 1978 überraschten. Die achtzehn Monate beim Militär hatte ich nicht übel gefunden, nun verstörte mich das sardonische Gelächter, dem Theweleit die Soldaten (und erst recht Ernst Jünger) auslieferte. Theweleit entblößte – schamlos, fand ich – die nackte Hinterseite der Freikorpssoldaten. Jahre später begriff ich die ungeheure Schubkraft der Desillusion, die von dem wilden Denker in Freiburg ausging.

Trockenschwimmen in der Alma Mater

Intellektuelle Drogen fand man in der Bonner Universität, an der ich mich zum Wintersemester 1960/61 einschrieb, nur schwer. Ich kann dem oft beschworenen Bild der Universität nach Humboldts Modell kaum eine Träne nachweinen. Es war ein Modell, das dem Massenandrang der Studenten nicht gewachsen war. Kluge fanden ihren Weg, die Mehrheit wurde in den Geisteswissenschaften selten für einen Beruf qualifiziert. Dass die Universität hochsensibel war, erfuhr ich schon am zweiten Tag nach der Einschreibung. Ich ging leise pfeifend durch die Gänge, als ich auf den frisch habilitierten Psychologen C.F. Graumann traf, der mich mit den Worten anherrschte: «Man pfeift nicht in der Alma Mater!» Ich hätte also gewarnt sein sollen.

Im Sommersemester 1961 wurde ich Zeuge eines merkwürdigen Ereignisses. Der Pädagoge Theodor Litt, der 1937 als Rektor der Universität Leipzig von den Nazis abgesetzt und mit Lehrverbot belegt worden war, hielt eine Vorlesung im Hörsaal A. Ich weiß nicht mehr, worüber, aber ich erinnere mich an die weitgespannten Bögen seiner rhetorischen Konstruktionen. Sie stellten selbst den nicht enden wollenden ersten Satz von Thomas Manns «Tod in Venedig» in den Schatten. Nun begab es sich, dass zehn Minuten nach Beginn der Vorlesung - Litt war gerade auf dem Höhenkamm einer seiner Sätze angelangt - die Tür geöffnet wurde. Spürbares Entsetzen im Hörsaal. Litt brach ab und rief mit Stentorstimme: «Halt!» Die Studentin rechtfertigte ihr Zuspätkommen eingeschüchtert und stockend mit dem Argument, sie habe einen Termin bei der Studentenkrankenkasse wahrnehmen müssen. Dies war offenbar derart unter dem Niveau der Alma Mater, dass Litt sie sofort des Saals verwies, eine weitausholende Geste und: «Hinaus!»

Nun kam die Sensation. Kaum war die Studentin entfernt, setzte Litt exakt an der Bruchstelle des rhetorischen Bogens seine Rede fort, um sie nach einer Weile elegant auf dem nächsten Brückenpfeiler niederkommen zu lassen. Dreihundert Zuhörer hielten den Atem an – das war virtuos.

Litt, im NS-Staat einer der wenigen ehrenwerten und mutigen Vertreter seines Fachs, war zu diesem Zeitpunkt schon einundachtzig Jahre alt. Symptomatisch scheint mir der Eklat für alle Beteiligten immer noch zu sein. Auch die Nachgeschichte: Ein Jahr später fragten mich zwei Studentinnen, die am Krankenhaus jobbten und denen ich in der Karnevalszeit erfolglos nachstellte, ob ich nicht einen ihrer Patienten kenne, den sie öfters umbetten müssten, er sei Professor, sei «leicht wie eine Feder» und heiße Theodor Litt. Wenige Monate später starb er.

Es gab auch Lichtpunkte. Ein Glücksfall, dass ich Richard Alewyn erleben durfte, einen der wenigen Emigranten meines Fachs Germanistik. Alewyn war 1932 mit dreißig Jahren außerordentlicher Professor für Neuere deutsche Literatur am Lehrstuhl von Friedrich Gundolf in Heidelberg geworden. Im Juni 1933 wurde er wegen seiner jüdischen Großmutter als Hochschullehrer entlassen. Er verließ Deutschland und ging nach Frankreich, erhielt dort eine von der Rockefeller-Stiftung finanzierte Gastprofessur für deutsche Literatur an der Universität von Paris. Schließlich floh er 1939 in die USA, wo er als Professor am Queens College in

New York lehrte, 1944 nahm er die amerikanische Staatsbürgerschaft an. Im Mai 1949 wurde er als Ordinarius für Neuere deutsche Literatur an die Universität Köln berufen, wo er bis 1955 tätig war. Am 27. August 1954 verzichtete er auf die amerikanische Staatsbürgerschaft und nahm wieder die deutsche an. Von 1955 bis 1959 hatte er eine Professur in Berlin inne, von 1959 bis zur Emeritierung 1967 in Bonn. Dort hörte ich also seine Vorlesungen, und ich wunderte mich, wie er es in einem Kollegium von Professoren, die teilweise den NS-Staat auf dubiose Weise überlebt hatten, aushielt.

Wenn er im Rhythmus der Klopstock'schen Oden die Schwünge des Schlittschuhläufers auf dem Zürichsee wiedererkannte, hing ein großes Auditorium an Alewyns Lippen. In den Schrifträumen der Literatur entdeckte er die Weite des Bewegungssinns. Das kam mir sehr entgegen. 1961 las ich seine Studie «Eine Landschaft Eichendorffs», die kostbarste Mikroanalyse der Literaturwissenschaft. Vierundzwanzig Seiten über einen einzigen Satz von Eichendorff, in dem alle optischen und akustischen Erscheinungen auf ihren Bewegungssinn abgetastet werden. Es scheint darin eine Ferne auf, die als magischer Ort unerreichbar bleibt, aber für das Lebensgefühl eine grundlegende Kategorie ist, «denn jede in Nähe verwandelte Ferne würde aufhören, Ferne zu sein». Eichendorffs Landschaft dehnt sich auf einer Achse aus, die durch Bewegung dargestellt wird, auf der Abstände eingetragen und damit Raumzonen abgesteckt werden, die den Zwischenraum zwischen dem Hier und jenem anderen Rand ausfüllen, an dem die Ferne liegt. Eichendorffs Landschaften sind Schöpfungen aus Raum, «arm an gegenständlichem Inhalt und körperlicher Kontur». Die zwischen den Polen der Nähe und der Ferne drohende Leere wird nicht durch die Identität eines Subjekts, sondern durch Bewegung ausgefüllt. Der Mensch verdunstet förmlich im Parallelogramm der Nähe / Ferne-Dynamik.

Rückblickend erkenne ich in Alewyns Sätzen entscheidende Motive meiner späteren Arbeit. Ich will sie mit Alewyns Analyse nicht nobilitieren. Aber es scheint mir auf der Hand zu liegen, dass die «Verhaltenslehren der Kälte», die ich dreißig Jahre später schrieb, Schöpfungen aus Raum sind, ebenso «arm an gegenständlichem Inhalt und körperlicher Kontur», Konstellationen von Nähe und Ferne im Kampf ums Überleben in der Zwischenkriegszeit. Das «Handorakel» des spanischen Jesuiten Baltasar Gracián, das im Zentrum der «Verhaltenslehren» steht, taxiert unentwegt die Raumdimensionen zwischen den Kombattanten. Und konstruiert nicht Carl Schmitts berüchtigte Schrift «Der Begriff des Politischen» das Verhältnis von Freund und Feind als Bewegung in dem als lebensgefährlich erlebten Raum des Politischen?

Im Lauf des ersten Semesters mussten sich Neuankömmlinge in Bonn entscheiden, ob sie der Fraktion Benno von Wiese oder der Fraktion Richard Alewyn angehören wollten. Mir fiel die Entscheidung nicht schwer.

Benno von Wiese war ein Halbgott der Deutschlehrer, was ihm nicht zum Vorwurf gemacht werden sollte; seinen Band zur Novelle habe ich mit Gewinn studiert. Unbekannt waren mir seine Verwicklungen in den Nationalsozialismus. Von Wiese hatte wie Alewyn bei Gundolf studiert. Am 1. Mai 1933 war er in die NSDAP eingetreten, am 1. Juli 1933 wurde er Mitglied im Nationalsozialistischen Lehrerbund, im

Jahr darauf auch im NS-Dozentenbund. Ab 1936 war er als Lektor in Alfred Rosenbergs Schrifttumskommission im Hauptlektorat Deutsche Literaturgeschichte tätig. Das wusste ich nicht, und ich kann nicht behaupten, es damals gespürt zu haben. Gemessen an der – freilich von nervösen Zuckungen geplagten – aristokratischen Gestalt von Alewyn, war von Wiese einfach zu aufgeschwemmt-behäbig; ein «dicker Bänkelsänger des deutschen Geistes», notierte ich mir damals. Ein Elefant der Germanistik mit Neigungen zum Mystischen der Astrologie, was ja erst einmal nicht gegen ihn spricht. Die Enthüllung seiner NS-Verstrickungen erfolgte ein paar Jahre später. Die Wut der «Demaskierung» entsprach der enttäuschten Liebe eines seiner Schüler, der nun publizistisch gegen den Lehrer zu Felde zog.

Unglücklich verlief meine Kontaktaufnahme mit der Kunstgeschichte in Bonn. Hier regierten kuriose Dioskuren. Herbert von Einems Vorlesung über Albrecht Dürer strahlte die Immunität der Klassik aus. Seine paternalistische Kälte war klassenmäßig nicht für mich vorgesehen. Das lässt sich von seinem Kollegen Heinrich Lützeler nicht behaupten. Er war der Patron der Bonner Volkskultur und verbürgte die ungebrochene Kontinuität heiteren Denkens vor und nach 1945. Immerhin lernte ich in einer Stunde von ihm: Romanik folgt den Gesetzen der Schwerkraft; Gotik der Mathematik. Das vergisst man nicht.

Eine Weile versuchte ich es mit einem Studium der Geographie, weil ich mich für die Kontinentalverschiebung interessierte. Als aber die Hauptvorlesung nach der dritten Sitzung immer noch beim Hopfenanbau in der Holledau verweilte, gab ich auf. Es war mir unmöglich, mich dort heimisch zu fühlen: Die Geographiestudenten trugen ausnahmslos Knickerbockerhosen. An Frauen in dieser Hauptvorlesung kann ich mich nicht erinnern, die überwogen dann in der Shakespeare-Vorlesung der Anglistik, die mir aber zu akademisch klang.

Die Impulse kamen selten aus den Seminaren der Universität. Aus einer Vorlesung von Herbert Singer über die Geschichte der Komödie habe ich behalten, dass der Rhythmus des Geschehens auf der Bühne von auf- und zuschlagenden Türen vorgegeben wird; in einem Proseminar über das romantische Kunstmärchen von Alfred Anger, einem Assistenten Alewyns, hätte ich *close reading* lernen können; Hans Joachim Schrimpf, der Assistent von Benno von Wiese, vermittelte mir die Kunst des Bluffens durch die Geheimhaltung der Archive, aus denen man sein Wissen bezieht.

Ein peinliches Verhör beim Direktorium muss nachgetragen werden. Es ging um den Vorwurf des Abschreibens, den man mit einer Relegationsdrohung verband. Ungefähr zweihundert Studenten waren in einer Klausur unter anderem nach den Namen der Figuren in Brechts Drama «Der gute Mensch von Sezuan» gefragt worden. Die wusste offenbar keiner – außer mir, sodass die ganze Reihe bei mir abschrieb. Dummerweise aber stammten meine Namen aus Brechts «Kaukasischem Kreidekreis». Mein Verwechslungsfehler löste eine Kettenreaktion in der Länge der Bankreihe aus. Und so saßen acht Delinquenten vor dem Institutsdirektor und hörten sich eine moralische Standpauke an. Mit dieser Untat hätten wir die Weichen für ein falsches Leben gestellt! Einer war unschuldig, das war klar – aber der Urheber des Fehlers meldete sich nicht. Es kommt gar nicht darauf an, an welcher Stelle der Ursachenverkettung man steht. Mitgefangen, mitgehangen.

Nicht das Lehrangebot der Universität, sondern selbst gewählte Umwelten des Buchmarkts, des Feuilletons großer Zeitungen und der Museen, dazu ein genialer Literaturwissenschaftler, zwei verrückte, vom Lehrerkollegium gemobbte Kunstlehrer und ein Transistorradio in der Bonner Dachkammer bildeten ein Milieu der Anregung, aus dem sich zweierlei entwickelte: eine Aversion gegen Elitekultur und die Lust an der Einsamkeit.

Im Sommersemester 1961 hörte ich im Transistorradio, wie der kurz zuvor aus der DDR geflohene Schriftsteller Gerhard Zwerenz in einer Sendung des WDR einige Passagen aus dem Essay «Der Erzähler» von Walter Benjamin las. Ich sprang aus dem Bett und suchte die Universitätsbuchhandlung «Bouvier» auf. Dort brachte ich die Buchhändlerin in Verlegenheit: Nein, der Name Walter Benjamin sei ihr nicht bekannt. Vielleicht könne sie den genannten Band «Illuminationen» beim Großhändler in Frankfurt bestellen. War ich der erste Kunde, der sie nach Benjamin fragte?

Ein Geheimnis bleibt bis heute, warum der Funke von wenigen Zeilen Benjamins über den Erzähler Nikolai Leskow auf mich übersprang. Was ich hörte, wirkte wie eine Droge. «Die Geburtskammer des Romans ist das Individuum in seiner Einsamkeit, das sich über seine wichtigsten Anliegen nicht mehr exemplarisch auszusprechen vermag, selbst unberaten ist und keinen Rat geben kann. Einen Roman schreiben heißt, in der Darstellung des menschlichen Lebens das Inkommensurable auf die Spitze treiben.» Unwahrscheinlich, dass diese Zeilen mich aus dem Bett hatten springen lassen, auch wenn mich die Einsamkeit schon in Eichendorffs erlebten Räumen gefangen hatte.

In den «Illuminationen» fand ich dann Sätze, die lange

nachwirkten. «Der destruktive Charakter kennt nur eine Parole: Platz schaffen; nur eine Tätigkeit: räumen. Sein Bedürfnis nach frischer Luft und freiem Raum ist stärker als jeder Haß.» Dieses Diktum verfolgte mich bis in extreme politische Abenteuer. Die Zeitkapsel von Benjamins Sätzen öffnete sich Jahre später und streute in alle Himmelsrichtungen, von den Aktionen der Studentenbewegung bis zu unseren Vorstellungen der Kulturrevolution in China und den Waffengängen der RAF.

In Benjamins Kunstfigur des destruktiven Charakters brennt die Einsicht, «wie ungeheuer sich die Welt vereinfacht, wenn sie auf ihre Zerstörungswürdigkeit geprüft wird». Es sind die Unerbittlichen, ergänzt Benjamin in seinem Essay «Erfahrung und Armut», die den Ruf, Barbaren zu sein, nicht scheuen, weil sie erst einmal «reinen Tisch» machen wollen. Ein sauberer Zeichentisch, auf dem sie die neue Gesellschaft konstruieren können, ist ihr Ideal. Das war die Botschaft, die mich wie ein Pfeil traf und aus Eichendorffs Landschaft löste. Späte Einsicht: Esoterik und Terror sind Geschwister.

Rätselhaft bleibt mir, warum mich gleichzeitig mit Alewyns Halluzination eines freien Bewegungsraums in den Festen der Barockzeit, in Klopstocks Oden, Eichendorffs Prosa und E. T. A. Hoffmanns «Fräulein von Scuderi» Ernst Jüngers «In Stahlgewittern» elektrisierte. Erlag ich der Raummotorik ohne Rücksicht auf Substanz?

Mit der Liebe zu Benjamin blieb ich eine Weile allein auf weiter Flur; selbst für den so umfassend versierten Karl Robert Mandelkow, Lektor in Amsterdam, den ich bald kennenlernen würde, waren die «Illuminationen» Neuland. Er staunte, als ich das Kapitel «Kaiserpanorama» in Hermann

Brochs «Schlafwandler»-Trilogie nach Maßgabe des Reproduktionsessays von Benjamin erläuterte. Erst im Argumentclub in Berlin traf ich andere Liebhaber von Benjamin wie Gert Mattenklott und Wolfgang Lefèvre.

Mit «Katz und Maus» von Günter Grass fand ich ein Buch, in dem bis dahin tabuisierte Praktiken der Onanie dargestellt wurden; ein großes Werk in kleinem Format, ermutigend, dem Körpergedächtnis zu vertrauen. Ich verschlang die beiden ersten Romane von Uwe Johnson, «Mutmassungen über Jakob» und «Das dritte Buch über Achim». Mich interessierte daran nicht das Thema der deutschen Spaltung, sondern ihre griffige, antipsychologische Machart, die ich genauso in Alain Robbe-Grillets «Der Augenzeuge» fand. Den Brief, den ich dann in der Manier des Nouveau Roman an eine holländische Freundin schrieb, konnte, wie sie bekannte, nur ihre kunstsinnige Tante verstehen. Irgendwie hatte sich in meinen kleinen Buchbestand auch Friedrich Sieburgs «Die Lust am Untergang» aus dem Jahr 1954 hineingeschmuggelt. An den Inhalt des Buchs kann ich mich nicht erinnern. Wohl aber an die Collage von Max Ernst auf dem gelben Umschlag: Lässig lässt sich ein Herr mit Schnurrbart auf einem halbversunkenen Clubsessel von aufgewühlten Meereswogen wiegen. Im Hintergrund spült weiße Gischt kerzengrade über einen Leuchtturm hinweg, im Vordergrund ragt ein nackter Frauenarm aus der Flut. Was mich daran vermutlich angezogen hat: das Absaufen der Väterwelt in der Illustriertengraphik des 19. Jahrhunderts.

Für den «Zauberberg» von Thomas Mann verschrieb ich mir drei Tage Bettruhe in der Dachmansarde; für manche Bücher muss man Krankheit simulieren. Das Schneekapitel sollte in meinen Arbeiten über die «Kälte» noch Karriere machen; die letzten Seiten des Buchs führen strategischen Zynismus in den Schilderungen des Ersten Weltkriegs vor, wo sich die Magie der Berggespräche in den Niederungen von Massen feldgrauer Soldaten erschöpft, die nur noch statistisch zu erfassen sind. Genial die Erkenntnis Thomas Manns, dass die Statistik in diesem Fall ein realistisches Medium für Bewegungsarten des Menschenmaterials war.

Eckardt Opitz, der Freund aus der Bundeswehrkaserne in Hannover, schenkte mir 1961 eine Schallplatte mit Gedichten von Gottfried Benn aus der Reihe «Jazz und Lyrik». Die Stimme von Gert Westphal, der das Parlandogedicht «Teils-Teils» liest, begleitet mich bis heute. Orientierung in den «Labyrinthen moderner Poesie», wie es in seinem Untertitel hieß, verschaffte mir das Taschenbuch «Mein Gedicht ist mein Messer», herausgegeben von Hans Bender. Hans Magnus Enzensbergers Beitrag «Scherenschleifer und Poeten» empfahl mir, was ich mit Gedichten anstellen sollte: «Gedichte werden nicht in Solingen gemacht. Sie sind nicht rostfrei.» Sie haben es mit heißen Gegenständen zu tun, und «heiß in diesem Verstande ist selbst das, was in der ‹Frankfurter Allgemeinen Zeitung› steht, die doch ihre Gegenstände nach Kräften zu temperieren bemüht ist, damit sich die Elite der Bundesrepublik nicht die Zunge verbrüht. Wie man Hiroshima, Budapest und Algier kalt halten sollte – oder auch nur den Verkehr auf der Straßenkreuzung oder die Jukebox in der nächstbesten Kneipe –, das ist schwer einzusehen.» Zwischen «äußerster Nähe zum glühenden Eisen des Gegenstandes und äußerster Entfernung von ihm fort zum Kältepol des Bewusstseins ist die Sprache einer unausgesetzten Probe zu unterziehen». Das wollte ich beherzigen.

Neben Otto Dibelius, mit dem ich mich gern in einer Teestube (sensationell neu in Bonn) traf, in der ein baumlanger Wirt auf Zehenspitzen japanische Schweigsamkeit verkörpern wollte, gab es im kleinen Freundeskreis noch Gerald. Er hatte ein Zimmer in einem Kloster und erstaunte uns mit seiner Kühnheit, verschiedene Geliebte dorthin einzuschleusen. «Null Risiko», befand er und schmauchte seine Zigarren.

Gerald studierte Jus, das heißt, er lief, wie Hunderte andere Jurastudenten auch, zum Repetitor Schneider. Eines Tages lud er uns zu einer Vorlesung des Theologen Karl Rahner ein, den er in Innsbruck gehört hatte. Der Jesuit, sagte Gerald, öffne die katholische Theologie der Moderne. Vor allem aber erzählte er nichts, was Gerald von seinem hedonistischen Leben hätte abhalten können.

Der Versuch des Freundes, mich in Bonn für eine katholische Burschenschaft zu «keilen», musste scheitern. Ich konnte die Herrschaft der Alten Herren nicht ertragen. Merkwürdigerweise erschien mir die Zeit im Militär freier; die Armee verschweißte mich nicht in die Generationenkette alter Säcke, wie es augenscheinlich Ziel der Burschenschaften war.

Das Einprägsamste meines Bonner Studentenlebens aber war die Dachmansarde, ein Holzverschlag neben dem Wäscheboden, auf dem die Bettlaken der Vermieterin hingen. Das Tageslicht fiel durch eine aufklappbare Dachluke von der Größe eines DIN-A4-Blatts. Mein erstes Bildungslabor hoch oben unterm Dach – vor dem zweiten im Keller in der Amsterdamer Zeit, die 1962 folgte.

Freuds Traumdeutung im Geruch irischer Torffeuer

In den ersten Semesterferien brach ich mit Freunden zu einem Sprachkurs in London auf. Nach zwei Wochen trennten wir uns; ich fuhr nach Liverpool und setzte mit der Fähre über nach Dublin, Heinrich Bölls «Irisches Tagebuch» hatte mich dazu verführt. Von Dublin aus trampte ich in den äußersten Südwesten Irlands und landete auf der Dingle-Halbinsel.

Man kann sich heute schlecht eine Vorstellung von Dingle im Jahr 1961 machen. Ende der sechziger Jahre besetzte eine riesige Filmcrew aus Hollywood die kleine Hafenstadt, um den Film «Ryans Tochter» zu drehen; das brachte für kurze Zeit Wohlstand in den Ort, dessen Überreste noch heute zu bestaunen sind, auch wenn nach Abzug der Filmindustrie viele nun beschäftigungslose Männer auswanderten. 1961 war Dingle ein verlorener Platz, ein Hotel und Kellerkneipen, in denen Guinness-Bier aus weiß emaillierten Kannen geschüttet wurde, was man bald aus Hygienegründen verboten hat.

Ich logierte in einer Antialkoholikerpension und las im Bett Freuds «Traumdeutung». Das Geschrei der Raben und der Geruch von Torffeuern mischten sich in die Wiener Seelenkunde, und die Träume nahmen mit jedem Kapitel intensivere Farben an, wechselten von schwarzem Teer zu roten Spielkarten und wurden, wohl aufgrund der Farbenpracht, immer bedeutungsloser für die Erschließung meines Seelenlebens, auf die es mir auch nicht ankam. Schließlich eine Drei im Traum, geformt aus einer erdbeerfarbenen Neonröhre. Aus welchem Container des Unbewussten mochte das stammen?

Die Einsamkeit in Dingle reizte mich, ein Jahr darauf besuchte ich den Ort ein zweites Mal. Diesmal aber kreuzte in meiner Pension unverhofft Christian Enzensberger auf, damals Lektor in Southampton. Meine Träume konnte er nicht erklären. Als wir auf den Mount Brandon stiegen, erzählte er mir die Geschichte von Goldings Roman «Herr der Fliegen» und von seinen Schwierigkeiten bei der Übersetzung von «Alice im Wunderland». Nebenbei bemerkte er, dass «Sein und Zeit» von Heidegger gar kein schlechtes Buch sei. Das wunderte mich, denn ich hatte Adornos Essay «Jargon der Eigentlichkeit» gelesen und über Heideggers «Jemeinigkeit» herzlich lachen können. Obwohl mich Adornos «Minima Moralia» ratlos machten, weil sie als einzigen Trost bereithielten, dass selbst in der Hölle etwas Luft zum Atmen bleibe, beherzigte ich sein Berührungsverbot in Sachen Heidegger zehn Jahre lang. Ich fühlte mich inmitten von Adornos Aphorismen, die tausend kleine Fenster in die soziale Umwelt des Exils in den Jahren 1944 und 1945 öffneten und wieder schlossen, jedenfalls freier als vor der Mauer der hermetischen Sprache Heideggers, die mich erst gar nicht einließ. Später geriet ich in den Bann von Heideggers Vorlesung im Wintersemester 1929/30, «Welt – Endlichkeit – Einsamkeit», in der er sich mit der Umweltlehre Jakob von Uexkülls auseinandersetzt. Besonders einen Satz daraus habe ich behalten: «Der Einzelne wird vom Ganzen der Welt gerade dadurch ergriffen, dass er davon nicht ergriffen, sondern leer zurückgelassen wird.»

Ich wiederum erzählte Christian Enzensberger von einem Erlebnis, das ich im Jahr zuvor in Dingle hatte: Eines Tages war ein Zauberer aus Dublin mit seiner kleinen Truppe in die Hafenstadt eingefallen. Er hatte zwei hübsche Assistentinnen, von denen er die kleinere auf der Bühne zum Schweben brachte. Attraktiver sei die andere, meinte der junge Elektriker Cedric, ein kräftiger Trinker, der sich in der billigen Antialkoholikerpension einquartiert hatte. Er lud mich und die beiden Mädchen, Judith und Amy, zu einer Tour im VW ein, deren Ziel nicht lange zweifelhaft blieb. Der Bursche und die größere, langlockige Judith stürzten bald übereinander her. Amy und ich auf dem Rücksitz krochen, nachdem mich die mit schottisch-kariertem Faltenröckchen Gekleidete darüber informiert hatte, dass sie ein «fifty-fifty girl» sei, unter eine Wolldecke und hielten uns die Ohren zu. Nach der, den schnalzenden Geräuschen nach zu urteilen, wilden Kopulation stieg die Schöne, der keine Erschöpfung anzumerken war, aus und sang mit einer glockenreinen Stimme in felsiger Bucht ein gälisches Lied. So verschlungen in Liebeshandel hinter und unter dem Lenkrad eines VWs war also der Ursprung der Schönheit am irischen Meeresstrand – hätte ich mir denken können, um irgendetwas, und sei es nur eine Erkenntnis, aus der Niederlage zu retten.

Allerdings ließ mir Amys Geheimnis keine Ruhe. Ich verfolgte die Truppe bis nach Cork, wo ich zufällig im selben Hotel abstieg und nachts keinen Schlaf fand, weil im Nachbarzimmer der Feuerschlucker schlief, vielmehr den Schlaf mit rasselnder Lunge suchte. Aus dem Badezimmer fröhliche Stimmen, die beiden Mädchen winkten mir aus dem Schaumbad der Badewanne zu, und das Geheimnis war gelüftet.

Doch ich hatte noch eine andere Schwierigkeit zu überwinden. Eine «Zigeunerin», wie sie der Wirt der Pension nannte, um mich gleich zu warnen, wickelte unter meiner Nase ihr Baby aus. Die Empathie wurde durch das nach essigsaurer Tonerde riechende nackte Kind unüberwindbar – und ich gab der Mutter zehn Pfund. Das war zu viel und hatte die Belagerung der Pension zur Folge. Ich traute mich nicht aus dem Haus. Schließlich gelang es mir unter Preisgabe meiner Hose mit Pepitamuster, gleichsam als Zollgebühr, nach Cork zu flüchten. Als ich im Bus am Zeltlager vorbeifuhr, sah ich meine Bäckerhose an der Wäscheleine flattern. Wenn man doch alle Lieblingsorte mit so geringen Verlusten verlassen könnte.

Christian Enzensberger verlor ich danach aus den Augen, bis ich 2009 in der Zeitschrift «Akzente» Katharina Enzensbergers Nachruf auf den «Professor, der mit den Steinen spricht» las. Auf dem Cover: Christian, der mit lehmverkrusteten Händen der Fruchtkapsel einer Linde eine Botschaft abzulauschen scheint. Er hatte sich von der Universität beurlauben lassen, um sich auf seinen Spaziergängen der Sprache der Steine zu widmen. «Der schmale leichte Mann mit dem kräftig rötlichen Teint bewegt sich eher gedankenverloren als aufmerksam», beobachtet Katharina Enzensberger, «so, als bliebe er innerlich hinter seinen Schritten zurück.» Abends zeichnete er auf, was ihm die Steine mitgeteilt hatten. Seine Welt der Steine war kategorisch männlich, nichts war ihm peinlich. Man liebte ihn, aber er war nicht mehr von dieser Welt.

1963 reiste ich zum dritten Mal nach Dingle. Inzwischen hatte ich eine Freundin in Amsterdam. Sie schickte mir eine Karte, und ich schrieb darauf das folgende Gedicht:

Um 1 Uhr mittags erhielt ich
eine Karte von Loes.
Ich aß Schafsleber, Tomaten und Kartoffel.
Am Nachmittag
arbeitete ich am Manuskript und
entdeckte eine Schlüsselszene
in den Schlafwandlern.
Der Abend war regnerisch.
Die Fischerflotte lag
wie immer
in der Bucht.
Ich trank 8 Guinness,
rauchte 10 Sweet Afton und
machte ein idiotisches Gesicht
vor Glück.
Steckte die Karte
zwischen die Gedichte Jewtuschenkows
und schlief ein.

Twist and Shout in Amsterdam

Auf der westfriesischen Insel Vlieland hatte ich mich im Sommer 1962 in Mirjam Rozenfeld verliebt. Ihr Bräutigam war gerade in den letzten Einsätzen der holländischen Kolonialmacht in Indonesien engagiert, sodass einer Inselaffäre nichts im Wege gestanden hätte; es wurde nichts daraus. Dennoch beschloss ich, da die Freie Universität Berlin, bei der ich mich beworben hatte, einen Zulassungsstopp verhängt hatte, mein Studium in Amsterdam fortzusetzen.

Ich sah Mirjam nie wieder, dafür traf ich eine norddeutsche Stewardess, die lieber Töpferin gewesen wäre, im Stedelijk Museum und ein Mädchen aus Südafrika im Jeugdhotel, wo ich mich einquartierte. Auf Straßen und in Kneipen, im Wald und auf der Heide - ich war irgendwie anschlussunfähig. Die Prostituierte im Souterrain an der Oude Kerk stellte, als ich mit Herzklopfen ihr Zimmerchen betrat, auf ihrem Radio Bachmusik ein. Das reinigte die Atmosphäre, und wir kamen ins Gespräch. Sie erzählte mir, dass sie Sozialarbeiterin sei und mit der Methode teilnehmender Beobachtung die «Motive der Freier» kennenlernen wolle. Im Anne-Frank-Studentenheim verliebte ich mich schließlich in Loes - und wir sollten beinahe zwanzig Jahre zusammenleben.

Im Jahr meiner Ankunft wurde die Amsterdamer Universität von einem Skandal erschüttert. Die holländischen Studentenkorps pflegten die frisch Geworbenen, die «Gekeilten», einem Initiationsritus, der *ontgroening*, auszusetzen. Die jungen Männer wurden kahlgeschoren und hatten verschiedene Mutproben zu bestehen. Das erschien mir eher grotesk als fürchterlich, jedenfalls passte es nicht zu dem Idealbild des Holländers, mit dem ich nach Amsterdam gekommen war. Nun waren zwei dieser Prozeduren so schiefgelaufen, dass die Presse sie als Skandal aufgriff. In einem Fall sollte ein Apfel auf der Glatze eines Probanden mit dem Hockeyschläger weggeschlagen werden. Der Fehlversuch war einkalkuliert – sonst wäre es ja keine Mutprobe gewesen. Noch bedenklicher war der zweite Fall: Man hatte eine Gruppe nackter Kahlgeschorener in einen Saal gesperrt und eine, wie man mir erzählte, mit Rizinusöl gefütterte Sau in den Menschenblock gejagt. Vielleicht hätte das noch keine Empörung ausgelöst, wenn nicht einer der älteren Korpsstudenten, die mit den Alten Herren das Geschehen beobachteten, die Szene lachend mit den Worten «Dachautje spelen» charakterisiert hätte – das Bild eines zusammengeschweißten Blocks nackter Leiber kannte man von Fotografien aus KZs. So das Gerücht, das durch Amsterdam lief. Später folgte die Nachricht, dass zwei Verantwortliche von der Uni relegiert worden seien; noch später, dass man sie im Innenministerium wieder in Amt und Würde gesehen hätte. Es war nicht anders als in Westdeutschland: Die Funktionseliten und ihre Eleven hielten zusammen wie Pech und Schwefel.

Man hatte mir im Anne-Frank-Studentenheim ein Zimmer im Erdgeschoss zugewiesen. Während in Bonner Studentenheimen nach achtzehn Uhr Damen- respektive Herrenbesuch strikt verboten war, wurden hier die drei unteren Stockwerke von den Männern, die oberen Etagen von den Frauen bewohnt. Man kann sich den Betrieb des Lifts zu Tag- und Nachtzeiten lebhaft vorstellen. In der sechsten Etage wohnte Loes.

Im Oktober 1962 schrieb ich Otto Dibelius nach Bonn, ich würde mit Pfeife und «vorbeugender Selbstherabschätzung» durch die Herbstgrachten von Amsterdam irren. «Ich schreibe Dir jetzt aus einem Kellerloch mit starkversperrtem Himmelsblick neben dem historischen Anne-Frank-Huis, daß ich mich, zur Askese bequemt, trotz eurer touristischen Wünsche zu hartem Studium entschlossen habe. Das Zimmer bietet sanitär alles, samt täglicher Brause. Es ist kalkweiß und unterbindet jede Sentimentalität. Der Charakter dieses Hauses ist durch höchste Anonymität bestimmt, ein Minimum an Zwischenmenschlichkeit, zu nichts verpflichtend. Nimm den wesentlichen Artikel der Hausordnung zur Kenntnis: ‹§ 20. Ten aanzien van de wijze van bewonen der kamers geldt, dat het karakter van de éénpersoonskamer hierin duidelijk tot uitdrukking moet komen en blijven komen ...› (Etwa: Was die Benutzung der Zimmer betrifft, sollte der Charakter eines Ein-Personen-Zimmers gewahrt bleiben.)»

Der erste Eindruck täuschte, an Zwischenmenschlichkeit war kein Mangel, nur war mir nicht danach zumute, und ich wollte mich den in Bonn Zurückgebliebenen als «einsamen Wolf» darstellen. Auch die Rede vom «Kellerloch» entsprach nicht den Tatsachen. Das dunkle Zimmer befand sich neben der *fietsenstalling*, dem Fahrradkeller, dessen Tür unentwegt knallte. Ich war Gast im Anne-Frank-Studentenheim und begriff die leidige Wohnsituation als Bußübung des deutschen Jungen, der wusste, wofür das Anne-Frank-Huis stand.

Schon wenige Wochen später schrieb ich nach Bonn: «Der Amsterdamer Einbürgerungsprozess ist perfekt. Ich fühle mich im Recht, Grachten und Museen selbstverständlich zu finden. Und nur von dieser rapid eingetretenen Selbstverständlichkeit geht noch einige Faszination aus.» Dennoch verbrachte ich die ersten Monate in Amsterdam offenbar in einem Schwebezustand. Im Januar 1963 meldete ich, dass «Fremdheit ein Gegengift gegen alle Entfremdung» sei und dass ich bis zur Schlaflosigkeit arbeitete, «ein Zustand, in dem ich mir mitmenschlichen Wert zugestehe: Es geht mir gut ... Fremdsprachlich erfüllt sich ein Traum: Ich halte mich gesellschaftlich im Oberwasser, ohne mich zu engagieren. Man unterhält sich, pflegt Kontakte mit tiefem Desinteresse, unternimmt frühwinterliche Strandwanderungen und allnächtliche Treffen am Leidseplein, funktioniert ohne Betroffenheit etc. etc. Leider ist das alles.» Das musste sich ändern. Es änderte sich mit Loes.

Im Amsterdamer «Kellerloch» las ich ein Buch, das mich stark beeinflussen sollte, Alexander Mitscherlichs «Auf dem Weg zur vaterlosen Gesellschaft». Anstreichungen im Buch, das damals gerade erschienen war, sowie Exzerpte, die ich heute auf Zetteln darin finde, lassen vermuten, dass ich Mitscherlichs Diagnose der Vaterlosigkeit als Handorakel für Söhne gelesen habe.

Das Buch zerfiel für mich in Verhaltensregeln und Aphorismen:

- Wir haben keine ausreichende Verhaltenslenkung durch eingeborene Steuerung ererbt.
- Die dynamische Definition von Bildung sagt uns, daß sie Suchbewegung und zunehmend koordiniertes Suchen ist.
- Die herrschende Moral ist tief durchdrungen von

der Absicht, bestehenden Gewaltprivilegien den Anschein der Rechtmäßigkeit zu verleihen.
- Die Menschen verstehen sich unweit rascher, unmittelbarer und verläßlicher durch die Gleichheit ihrer Tabus als durch ihr kritisches Urteil.
- Aufklärung bedeutet Einsicht in die Abhängigkeit der Willensentscheidungen von den Vorgegebenheiten der Triebkonstitution und von den Triebschicksalen, wie sie sich unter den Bedingungen der sozialen Mitwelt gestalten.
- Kritisch rationales Denken hat keine metaphysische Sicherheit zu bieten, es ist auf dem Weg zur Vaterlosigkeit.

Dass Niederlagen nichts Erhebendes sind, war vielleicht das Wichtigste, was ich vom Vater gelernt hatte. Auch, dass die Besiegten nicht unbedingt zu tiefgreifenderen Erkenntnissen neigen als die Sieger, wie deutsche Historiker gern behaupten (Reinhart Koselleck sah in den Besiegten ein «unerschöpfliches Potenzial des Erkenntnisgewinns»). 1947, im Alter von acht Jahren, nahm ich meinen Vater zum ersten Mal bewusst wahr. Das Bild des Heimkehrers hat sich mir eingebrannt, darum muss ich manches wiederholen: Er stand mit einer Büchse Kakao, die er aus der englischen Gefangenschaft mitgebracht hatte, vor unserer Tür in der Rubensstraße. Seine Heimkehr in die Familie war wie ein Gnadenakt der Mutter; er durfte mitlaufen, der Hausfreund besorgte weiterhin die Buchhaltung. Einer Entnazifierungskommission vorgeführt, blieb Vaters Stellung trotz Persilschein vorerst heikel. Ich sehe ihn noch unter dem Balkon des Hauses im Benzingeruch Hüte pressen und appretieren.

Entsprach das dem «Arbeitsbild des Vaters», von dem Mitscherlich spricht?

In den fünfziger Jahren brachte Vater es zeitweilig sogar zu einer kleinen Filiale seines Hutgeschäfts, dessen Hauptsitz sich auf der Bismarck-, Ecke Hindenburgstraße neben einer WMF-Niederlassung befand. Mutter führte das Kommando, wir liebten ihn in seiner Harmlosigkeit, sie parodierte ihn. Der Verein TV 48 war sein Weg aus der Isolation in der Pfarrei St. Barbara und in der Umwelt der reichen Tuchfabrikanten. Auch seinen Söhnen sollte der Sport den Weg in ein erfolgreicheres Leben bahnen.

Traditionelle Erwartungen, die Mitscherlich an die Figur des Vaters heftet, hegten wir nicht. Verhaltenssteuerung wurde von ihm nicht erwartet, und in den Umgang mit den Dingen hat er uns kaum eingeführt. In die Praxis des Grüßens mit Hut hat er uns eingeweiht, um dann verärgert festzustellen, dass wir im Alter von siebzehn und dreizehn Jahren keine Herrenhüte tragen wollten. Die Baskenmütze war ein Kompromiss.

Sein Beruf als kleiner Händler, sagte er uns, habe keine Zukunft. «Werdet Beamte und verbrennt euch nicht die Finger an der Politik.» Er selbst hatte sich die Finger verbrannt, als er arbeitslos schon 1928 für die NSDAP auf Fabrikhöfen Reden hielt. Obwohl Jahrgang 1898, im Ersten Weltkrieg mehrmals verwundet und außerdem selbständiger Geschäftsinhaber, der als «unabkömmlich» vom Wehrdienst hätte befreit werden können, wurde er im September 1939 einberufen. Die meiste Zeit verbrachte er an der Westfront. Er wurde vom Feldwebel zum Gefreiten degradiert, die Gründe verriet er uns nicht. Meinem Freund Otto Dibelius gestand er einmal – wahrscheinlich weil er der Enkel des Bischofs Otto Dibelius war –, man habe ihn zuletzt zu einer ehrverletzenden Tätigkeit abgeordnet, die darin bestand, die Angehörigen der wegen Desertion Erschossenen zu benachrichtigen und deren Habseligkeiten in einem Päckchen zu verschicken. Ende 1944 kam er in Belgien in englische Gefangenschaft.

Nach dem Krieg wählte Vater anfangs FDP, was nach seinen politischen Erfahrungen vielleicht konsequent war; er suchte einen neutralen Raum, da bot sich die Wirtschaftspartei an. In der Entnazifizierungskommission traf er die frommen Tuchfabrikanten Gladbachs wieder, an deren Stoffspenden für die NSDAP zum Ende der Republik er sich gut erinnerte. So etwas schluckte er. Er hatte seine Zeit als

Anhänger der NSDAP wie die meisten seiner Generation in den Keller tiefen Schweigens versenkt. Als 1970 meine Berufung an die Bremer Universität schiefging, fluchte er über die «Systemparteien», und ich erschrak. Dieser Begriff, der einmal die demokratischen Parteien der Weimarer Republik treffen sollte, war ihm immer noch vertraut.

Ich erinnere mich an den Stolz, mit dem Vater an «Supergeschäftstagen» mit dem Verkauf von drei Borsalinos prahlte, an seine Traurigkeit an Sommerabenden, wenn er tagsüber nur einen Strohhut an den Mann gebracht hatte. Von einem autoritären Charakter konnte keine Rede sein, er war froh, von seiner Frau wie von den Wirtschaftskapitänen toleriert und als Veteran der Leichtathletik im TV 48 halbwegs geachtet zu werden.

Eine Blockade der Wahrnehmung schützte ihn davor zu erkennen, dass sein Freund im Krieg der Liebhaber seiner Frau gewesen war. Ich merkte das sehr spät, vielleicht mit vierzehn Jahren, mein Bruder wird mehr darunter gelitten haben. Das Wissen um dieses Doppelleben schob sich wie wattierte Kälte zwischen uns und unsere Mutter, von der wir lernten, ironisch mit Autorität umzugehen.

Alexander Mitscherlichs Urteil über die deutschen Väter war gnadenlos. Ihre Tüchtigkeit ist für ihn die «Camouflage des Gewaltprinzips der Horde», ihr Schweigen Indiz einer «irreparablen Verödung der Kontaktfähigkeit». Kennzeichnend für das deutsche Volk sei ein «blindes Ausleben seiner binnenkulturell offenbar nicht zu sättigenden Triebspannung». Die deutschen Väter waren Angehörige einer Kultur, die «keine Ekelschranke gegen die abartigsten Äußerungen des Aggressionstriebs» kannte.

Die Charakterisierung der Väterwelt in Mitscherlichs

«Medizin ohne Menschlichkeit» konnte mich daher nicht weiter überraschen – sie galt vielleicht generell, aber nicht für meinen Vater. Helga, eine Freundin, von der noch zu erzählen ist, sagte es mir einmal auf den Kopf zu: «Keinen autoritären Vater gehabt zu haben musst du als Glück begreifen!»

Die spärlichen Fotos, die meine Familie in zwei Alben aufbewahrt hat, bieten kaum Einblick in ihre Genealogie. Im dunklen Wandervogelreformkleid steht Mutter als das Mädchen Ilse Plücken vor ein paar Birken auf einem sepiabraunen Foto, das etwa 1922 aufgenommen sein könnte. Da war sie sechzehn; auf anderen ist sie von gleichaltrigen Wandervögeln umgeben, die Gitarre spielen. Diese Burschen haben sie vielleicht gereizt, Vater spielte kein Instrument. Fotos der vier wilden Plücken-Mädchen, um die sich die Krefelder Männerwelt gerissen zu haben scheint, bei leicht obszöner Gruppengymnastik in Cheerleader-Formation. Mutter immer mit spöttischen Mundwinkeln, als ob sie sich in sanfter Drehung dem Bild entziehen möchte. Die beiden schönsten Schwestern ergatterten steinreiche, aber schwermütige Männer. Glücklich wurde vielleicht nur die Älteste, die den aus Wuppertal stammenden späteren Schlachthausdirektor von Düsseldorf heiratete. Immerhin, auch Mutter fuhr mit ihrem arbeitslosen Leichtathleten nicht schlecht.

Vater posiert 1916 als Achtzehnjähriger in Feldgrau. Er ist gerade eingezogen worden, das Gewehr mit aufgepflanztem Bajonett neben sich, als ob das Utensil nur für die Aufnahme gedient hätte. In dieser Zeit, schreibt Peter Sloterdijk in dem Buch «Luftbeben» über die Abbildung des Soldaten mit Bajonett, war «Männlichkeit mitcodiert durch die Fähigkeit und Bereitschaft, mit eigener Hand und mit eigener Waffe ursächlich-direkt einem Feind den Tod zu geben». Die Manifestation dieser Bereitschaft zur «Tötungsbegegnung» ist das Gewehr mit aufgepflanztem Bajonett. «Sollte die Ausschaltung des Feindes durch Fernschüsse aus irgendeinem Grund misslingen, deutet diese Waffe die Möglichkeit an, zur (adligen und archaischen) Direktdurchbohrung aus der Nähe zurückzukehren.»

Nach diesen Sätzen aus zeitlicher Ferne sieht Vater überhaupt nicht aus. Er ahnt nicht, was ihm widerfährt. Dass der Giftgaskrieg bald Räume herstellen wird, in denen jeder Atemzug todbringend ist und Gewehre mit Bajonett überflüssig werden, konnte er nicht wissen. An seine Ahnungslosigkeit erinnert auch die stoffbezogene Pickelhaube über einem Gesicht, das die Unschuld der Erfahrungsleere vor dem ersten Fronteinsatz spiegelt. Da die Pickelhaube keinen Schutz vor Granatsplittern bot, wurde sie, bald nachdem das Foto aufgenommen worden war, durch den Stahlhelm abgelöst. Der Gefreite Willy Lethen weiß noch nicht, dass zwei ältere Brüder 1916 fallen werden; seine Mutter erhält die Nachricht vom Tod ihrer Zwillinge am gleichen Tag. Die Todesnähe hat den Jungen noch nicht angetastet. Er steht da wie eine sepiafarbene Lehmfigur.

Auf dem gleichen Blatt des Albums, neben dem frisch Eingezogenen, das Foto eines Soldatengrabs vom Juli 1918, darunter ein Flugzeug, wie man es vom Baron Richthofen kennt. Auf der nächsten Seite eine verlassene Stellung, Harcourt, 22. März 1918; und ein Gruppenfoto in einer Gefechtspause in Bapaume, auch 1918 aufgenommen. Dieses letzte Bild aus dem Krieg zeigt Vater mit einem zu großen, leicht verrutschten Stahlhelm mit zwei Kameraden vor einer

Mauer auf einem Rasenstück mit Schneeresten. Er steht immer noch da wie bestellt und vom Tod nicht abgeholt. Auf der nächsten Seite Bilder vom Nachkriegskarneval im Wohnzimmer der herrischen Schwiegermutter, die nun ihre Töchter unter die Haube gebracht hat. Vater hat überlebt, sogar eine schöne Frau abbekommen.

Reformkleid und Uniform sind die einzigen Indizien, an denen sich die Geschichtlichkeit dieser beiden Menschen ablesen lässt. Zwei Figuren in ihrer Vereinzelung und in ihrem familiären Biotop, noch in einem wilhelminischen Schwellenraum, bevor sie in die großen politischen Kollektive einziehen, die sich in den zwanziger Jahren formieren.

Was die Genealogie der Familie Lethen betrifft, bleibt mir nur zu sagen, dass sie in meinem Wahrnehmungshorizont mit dem Ersten Weltkrieg beginnt. Ein Sohn meines Bruders hat einmal versucht, die Herkunft der Familie im flachen Gebiet des Niederrheins im 19. Jahrhundert zu verfolgen; er fand dort Schneider, Gastwirte, einen Bahnwärter und Knechte, dann verlor sich die Spur in Kirchenbüchern. Ich habe keinen Bedarf an einer Herkunft vor dem Krieg. Ich kehre die Bilder des Albums mit Feger und Kehrblech der Erinnerung zusammen; das wären nun die Überreste der Lethen-Genealogie.

Ich wohnte also im Anne-Frank-Studentenheim an der Westerkerk, schrieb für das Oberseminar des Goetheforschers und Lektors Karl Robert Mandelkow einen Kommentar zu Hermann Brochs «Schlafwandler»-Trilogie aus dem Blickwinkel von Benjamins Schrift über das «Kunstwerk im Zeitalter seiner technischen Reproduzierbarkeit», besuchte wenig später die erste Pop-Art-Ausstellung auf europäischem

Boden im Stedelijk Museum und traf dort Willy Haas, den legendären Chefredakteur der «Literarischen Welt». Ich erriet ihn physiognomisch, hoffentlich war er es auch. Haas stand ratlos vor einem Gemälde von Roy Lichtenstein, und mit gewaltigen Kiefern mahlend fragte er mich, ob «Pop» vom Kaugummikauen abgeleitet sei. Nachdem ich bei Pegasus, einer DDR-orientierten Buchhandlung auf der Leidsestraat, Ernst Schumachers «Die dramatischen Versuche Bertolt Brechts 1918–1933» gekauft, studiert und die Antiquariate auf der Suche nach Literatur der zwanziger Jahre durchkämmt hatte, fasste ich den Entschluss, die Neue Sachlichkeit zu erforschen.

1964 heiratete ich Loes in Amstelveen. Die Lifte im Studentenwohnheim hatten die Liebschaft sehr gefördert; später wohnte ich für kurze Zeit auf der Sarphatistraat, dann endlich zog ich mit Loes in die Spiegelgracht, womit sich intensive Erinnerungen verbinden, die um zwei sehr unterschiedliche Schallplatten kreisen: Es kann kein Zufall sein, dass ich auf dem Flohmarkt Waterlooplein eine zerkratzte Schallplatte von Igor Strawinskys «Petruschka» erstand und im selben Monat die Single «Twist and Shout» kaufte. Loes und ich sammelten pornographische «Rotaprenten» von Aad Veldhoen aus der Provo-Bewegung in Amsterdam; Horst Janssens Porträtskizzen berühmter Schriftsteller wurden uns aus Hamburg zugeschickt. Am 5. Juni 1963 rannten wir mit zehntausend anderen die Grachten entlang, um die Beatles (leider war Ringo Starr erkrankt und wurde ersetzt) leibhaftig auf einem Grachtenboot zu sehen. Ich hatte David Riesmans Buch «Die einsame Masse» gelesen, warum sollte ich mich also in einer Massenbewegung entlang der Amsterdamer Grachten nicht glücklich fühlen?

Magisches Denken stiftet - vor allem in Autobiographien - Zusammenhänge. Was könnte Lektüreerfahrungen, Hörerlebnisse, Straßenbündnisse, Tanzformen und sexuelle Freiheiten in Amsterdam miteinander verknüpfen? War es der «Zeitgeist» oder der «Pillenknick»? Nichtwissen ist ein wichtiger Faktor bei der Verbindung von Ereignissen, und magisches Denken gründet darauf. In meiner Erinnerung erzeugt es Erzählmuster, die in dunkler Erkenntnis das Daseinsgefühl erhöhen. So rückt auch «Twist and Shout» im Sommer 1963 in meine Erinnerungen ein, um sich mit Strawinsky zu verbünden.

Ich lief mit einem Mantel der niederländischen Luftwaffe herum, was nichts zu bedeuten hatte, und mit einer Aktentasche, in der sich das jeweils aktuelle Buch befand. Das Haus, in dem ich mit Loes wohnte und «Twist and Shout» und «Petruschka» hörte, war ein Grachtenhaus in der Nähe des Rijksmuseums (inzwischen bis zur Unkenntlichkeit renoviert). Es hatte eine Breite von ungefähr zweieinhalb Metern. Eine weitere Besonderheit bestand darin, dass wir alle paar Monate die Türen abhobeln mussten, weil das Haus unaufhaltsam in Amsterdams sumpfigen Untergrund sank und die Türen sonst nicht mehr zu öffnen gewesen wären. Das große Fenster zur Gracht klemmte, es nach oben aufzustemmen, war nicht mehr möglich. Alles war verbraucht. Der Geruch von Kaffee, dem verbrannten Öl des Heizofens und dem Brackwasser der Gracht erfüllte das einzige Zimmer. Kurz: Wir waren glücklich.

Nichts, so wird man sagen, spricht für den Zusammenhang von Strawinskys Ballettmusik, uraufgeführt im Juni 1911, und der Single der Beatles. Ich war in den fünfziger Jahren fern von der Rock-'n'-Roll-Musik aufgewachsen, im

Milieu «vergifteter Harmonien», wie ich später von Adorno lernte, der damit die Atmosphäre dieser Zeit wirklich gut traf. Mein Vater besaß eine Schallplatte mit dem b-Moll-Klavierkonzert von Tschaikowski, gespielt von Van Cliburn; mein Bruder hörte Mantovani, ich liebte Caterina Valente und hörte die Hitparade von Chris Howland, der als Radio-DJ neben deutschem Liedgut auch Harry-Belafonte-Platten auflegte. Allerdings war ich tief beeindruckt von «Die Saat der Gewalt». Der Film beginnt und endet mit dem Song «Rock Around the Clock» von Bill Haley & His Comets.

War es die schäbige Atmosphäre der Spiegelgracht 22, die beide Schallplatten miteinander verknüpfte? Diesem Gedanken hätte Adorno vielleicht zugestimmt: Strawinskys «Petruschka» attestierte er eine «Imago des Schäbigen, Verfallenen». Adornos vernichtende Kritik von Strawinskys Musik kannte ich, kurz zuvor hatte ich seine «Philosophie der neuen Musik» gelesen. Ich wurde vor die Entscheidung gestellt, mich entweder dem progressiven Lager Schönbergs anzuschließen oder der regressiven Musik des Russen auszuliefern. Die Wahl für Strawinsky fiel nicht schwer.

Erst heute habe ich, wenn ich Adornos Urteil über «Petruschka» wieder lese, eine Ahnung davon, was mich damals daran fesselte und wie die Verbindung mit «Twist and Shout» hatte zustande kommen können. Wenn man die von Adorno negativ beurteilten Eigenschaften positiv umpolt und in seinem vernichtenden Urteil die Impulse des Aufruhrs aufspürt, wird verständlich, was für Strawinskys Musik sprach: dass darin «die rhythmische Gliederung nackt» hervortritt; dass es den Russen unaufhaltsam dorthin zieht, «wo Musik hinter dem entfalteten bürgerlichen Subjekt» zurückbleibt und «intentionslos» körperliche Bewegungen anregt, «anstatt noch zu bedeuten». So wollten wir es haben!

Da ich gerade in Benjamins Reproduktionstraktat gelesen hatte, dass die Versenkung in die Bedeutung des Kunstwerks eine Schule asozialen Verhaltens sei, empfand ich die fahrlässig zuckend rhythmisierten Körperbewegungen des russischen Balletts als Befreiung. So konnte man der Schwerkraft des Tiefsinns entkommen. Insofern begrüßte ich Strawinskys «Oberflächenkunst», seine verhöhnende Nachahmung der von der Hochkultur verworfenen Musik. Ich sehnte mich nach einer Gesellschaft mit beweglicheren Gliedern und offenen Fenstern, aus der die Stickluft, die die alte Funktionselite des NS-Staates im Rechts- und Verwaltungsapparat der BRD der fünfziger Jahre verbreitete, entweichen konnte. Die Steuerungsorgane der «Bildung» hatten, wie das Verhalten der Generation vor uns zu beweisen schien, versagt. Der von kulturkritischen Vätern verteufelte Markt bot mehr Spielräume, die Signalwelt der Medien versprach Ferne und Abschied von teutonischer Herkunft. Wir waren Leute, die Adorno schrecklich fand, Leute, die «Detektivromane goutierten» und Glück in der «unartikulierten Menge» fanden.

Die Erinnerung an die «Stickluft», die sich mir als Schüler eingeprägt hatte, blendete allerdings, wie ich inzwischen einsehe, einen großen Teil des «geistigen Lebens» der jungen Republik aus. Schon ein Blick auf eines der intellektuellen Leitmedien der Nachkriegszeit, die Taschenbuchreihe «Rowohlts deutsche Enzyklopädie» (damals kostete jeder Band eine Mark neunzig), liefert genug Indizien für eine aufwühlende Dynamik; Fensteraufreißen an vielen Fronten. Als Schüler las ich unter anderem Geoffrey Gorers «Die Amerikaner. Eine völkerpsychologische Studie» (Band 9), José Ortega y Gassets «Der Aufstand der Massen» (Band 10), Arnold Gehlens «Die Seele im technischen Zeitalter» (Band 53) und, wie oben erwähnt, David Riesmans «Die einsame Masse» (Band 72/73), ein Gegengift zu Ortegas Massenkritik. Die ersten etwa achtzig Bände der Reihe erstaunen, weil sie heute festgefrorene Diskurslager zusammenbringen. Hans Sedlmayrs Verdikt gegen die «Revolution der modernen Kunst» (Band 1) trifft später auf Siegfried Kracauers «Von Caligari bis Hitler» (Band 63), Adolf Portmanns «Zoologie und das neue Bild des Menschen» (Band 20) auf René Königs «Grundformen der Gesellschaft» (Band 79). Man kann darin das langsame Vordringen kritischer Positionen erkennen; ein Blick auf den Wissenschaftlichen Beirat der rde-Reihe im Jahr 1960 bezeugt, dass die Kühnheit des Unternehmens von Beginn an in einer Vielfalt intellektueller Strömungen bestand, von deren Austausch wir heute nur noch träumen können.

Allerdings ist eine feine oder auch grobschlächtige Grenzlinie nicht zu übersehen: Sozialistische Autoren, die im gleichen Zeitraum in der DDR federführend waren, sind ausgeschlossen. Der Pluralismus der Fünfziger schottete sich – aus Unkenntnis oder Ignoranz – nach außen ab. Die revoltierenden Studenten überquerten später diese Grenzlinie, weil sie spürten, dass Schein und Wirklichkeit der intellektuellen Dynamik, die von der rde-Reihe präsentiert wurde, konstante Elemente der Macht kaum berührten. Ende der sechziger Jahre drangen dann auch der Marxismus und Autoren der Frankfurter Schule in die rde-Reihe ein.

Eine anders prägende Wirkung ging von «Petruschka» und «Twist and Shout» aus. «Pop-Musik ist ein Nachrichtenkanal, der über Mobilität informiert», bestätigte später Diedrich Diederichsen. «Twist and Shout» dauerte zwei Minuten und dreiunddreißig Sekunden, die 45er-Single war auf Wiederholbarkeit angelegt. Wie die meiste Popmusik wurde die Platte in einer künstlichen, von der Welt des Massenkonzerts getrennten Laborsituation produziert. In diesem Fall am 11. Februar 1963. Es heißt, die Beatles hätten an diesem Tag in zehn Stunden elf Songs aufgenommen. John Lennons Stimme sei aufgrund einer Erkältung strapaziert gewesen, was die Band nicht daran gehindert habe, den letzten Song, «Twist and Shout», in fünfzehn Minuten einzuspielen. Aufgeraute Stimmbänder können den Eindruck von Authentizität vermitteln.

Die Legende ist lehrreich. Die Technizität des Aufnahmeprozesses in einem vom Publikum abgeschirmten Studio ist darauf abgestellt, letzten Endes die Körperlichkeit der Stars auszustellen. Die Rauheit der beinah versagenden Stimme soll «echte» Präsenz verbürgen. Gleichzeitig ermöglicht die Schwäche des nicht für Kunstlieder oder Opernarien trainierten Organs das Gleiten der Stimme in einen von Tanzenden bevölkerten Raum. Sie suggeriert die Berührbarkeit des Sängers. Das heizt den Wunsch des Publikums an, den Star außerhalb des Studios leibhaftig zu «haben».

Aus genau diesem Grund rannten wir mit zehntausend anderen die Grachten entlang, um die Beatles einzufangen. Besonders Wagemutige sprangen ins Wasser, um ins Boot der Musiker zu klettern. Sie machten die Erfahrung der Unberührbarkeit ihrer Idole – und der Berührbarkeit der Polizei.

Später las ich bei Diedrich Diederichsen einen lapidaren Satz mit weitreichenden Folgen: «Pop-Musik stellt kleine

Ensembles des Aufbruchs her, die nie über ihre langjährige Konsequenz Auskunft geben müssen.» Es geht um die schnelle Erschöpfung rebellischer Energie, die sich gleichsam im Kreise dreht.

Die Impulse der Single blieben 1964 für mich in einem relativ geschlossenen Kreis von literarischen Erfahrungen, gesittetem Sex, medientheoretischen Erkenntnissen und der Einübung eines Lässigkeitskults. Im Kino fesselten mich «Letztes Jahr in Marienbad» von Alain Renais, «Wilde Erdbeeren» von Ingmar Bergman und der James-Bond-Film «Liebesgrüße aus Moskau». Mein neues Leben in Amsterdam unterlief das Kontrollauge der sittlichen Norm in Deutschland, entfernte sich aus der viktorianischen Kultur der Eltern. Es war nicht auf Zukunft ausgerichtet. Als Tanzform erschöpfte «Twist and Shout» das Bewegungspotenzial – kreisförmig.

Erst nach der Übersiedlung nach Westberlin im September 1964 wurden die Bewegungsenergien mit einem politischen Vektor versehen, der im kinetischen Traum von «Twist and Shout» nicht vorgekommen war. Im Kino sahen wir «Viva Maria!», «Außer Atem» und «Leichen pflastern seinen Weg» als, wie uns Experten des Berliner SDS zu verstehen gaben, Schulungsräume für die Revolte. Unter den radikalen Freunden stand man als Anhänger der Beatles auf verlorenem Posten. Favoriten im SDS waren die Rolling Stones – weil sie dem Proletariat näherzustehen schienen. In Berlin wurden in der Klassentheorie des Marxismus oder Herbert Marcuses «Triebstruktur und Gesellschaft» Bewegungsimpulse entdeckt. Großes Gelächter im Argumentclub, als wir erfuhren, wie Marcuses Titel «Eros and

Civilisation», ins Deutsche übersetzt, akademisiert worden war. Wilhelm Reichs «Massenpsychologie des Faschismus» und Benjamins Reproduzierbarkeitsthesen wurden für den Gebrauch unserer Rebellion ausgerichtet. Die Musik geriet ins Handlungsfeld des Protests gegen den Vietnamkrieg. Die Archive der schweigenden Väter mussten in der Forschung aufgebrochen werden, auch mit Gewalt. Eine glücklich ausgewogene Zeit – im vergänglichen Ensemble des Aufbruchs.

1967 traf ich im Rahmen einer Tagung der Studienstiftung des deutschen Volkes über Adornos neues Buch «Negative Dialektik» zum ersten Mal den berühmten Kulturphilosophen persönlich. Im dicken Buch hatte ich folgende Sätze unterstrichen: «In dem ‹Es ist nicht so wichtig›, das seinerseits gern mit bürgerlicher Kälte sich verbündet, kann das Individuum am ehesten noch ohne Angst der Nichtigkeit der Existenz innewerden. Das Unmenschliche daran, die Fähigkeit im Zuschauen sich zu distanzieren und zu erheben, ist am Ende eben das Humane, dessen Ideologen sich dagegen sträuben.» Handlich wie alles, was wir von ihm lernten.

Die Tagung fand in einer Burg am Fluss Nahe statt. Die Weine der Gegend werden von Kennern gerühmt, und ein solcher Kenner war Theodor W. Adorno. In dem Weinlokal, in dem wir uns abends nach der Konferenz trafen, stand glücklicherweise eine Jukebox. Um den Verächter der Massenmusik zu quälen, legten wir – eine kleine Gruppe von Studenten des SDS, die Stipendiaten der deutschen Studienstiftung (die von der Konterbande noch nichts wusste) waren – pausenlos Songs wie «Hey Jude» und «Ruby

Tuesday» auf. Der Philosoph widmete sich seelenruhig dem Wein und seiner kleinen Freundin. Das hat mir imponiert.

Als ich im September 1964 mit Loes nach Westberlin zog, ging es mir darum, schnell zu promovieren. Es wurden sechs tumultuöse Jahre bis zur Promotion. Sie haben dem Studium gutgetan.

TEIL II

Die Jacke des Rädelsführers

Zur Zeit der Neuen Sachlichkeit war Berlin eine Metropole, in der sich Impulse aus der Sowjetunion mit Impulsen aus den USA mischten. Russische und ungarische Konstruktivisten trafen auf Elemente des Fordismus, Sergei Eisensteins «Panzerkreuzer Potemkin» auf Charlie Chaplins «Goldrausch». Ernst Bloch beschrieb in seinem Buch «Erbschaft dieser Zeit», das ich schon in Amsterdam gelesen hatte, die Stadt als einen Ort im Ausnahmezustand: Sie sei ein «Hohlraum», entstanden durch den Einsturz der Strukturen der alten Welt. Auf ihrem Asphalt könnten Bodenmythos und Ideen von Identität und Ursprung keine Wurzeln schlagen. An keinem anderen Ort falle die «Navigation im Up-to-date-Meer» so leicht. «Uns schien», schrieb der Kunsthistoriker Wilhelm Hausenstein 1929, «es gebe in Berlin und über Berlin eine verhängnisvolle Kraft, die alles immer wieder zu annullieren vermöge: das Sein dem Nichtsein gleichsetzen, die Position der Negation – und so fort.» Berlin wirkte für die Zeitgenossen der zwanziger Jahre wie eine Lupe, unter der sie neue Phänomene der «Massengesellschaft» und der «Massenkommunikation» beobachten konnten. 1947 bemerkte der Maler Werner Heldt angesichts der Ruinenlandschaft: «Jetzt ist Berlin wirklich eine Stadt am Meer.» Sie habe durch die Trümmer sehr gewonnen.

Wenn ich mir heute die Elemente dieses mythisch überhöhten Berlinbilds vor Augen halte, wird mir bewusst, in welchem Ausmaß die Tektonik dieser Stadt als «Hohlraum» selbst unter den Bedingungen ihrer Teilung und des Kalten Krieges ein idealer Resonanzraum für radikale Ideen werden konnte. Auch die dogmatische Wende zum «Proletariat» Anfang der siebziger Jahre war Ende der zwanziger Jahre schon vorgespielt worden. Am 20. Januar 1930 erläuterte der sowjetische Schriftsteller Sergei Tretjakow im «Russischen Hof» vor aufmerksamen Berliner Intellektuellen seine These zur Funktion des Schriftstellers im russischen Dorf. Mit Sarkasmus berichtet Gottfried Benn, wie das ganze literarische Berlin dem sowjetischen Schriftsteller zu Füßen saß und begann, sich über die «Anlage einer Obstplantage in der Nähe der Fabrik» Gedanken zu machen.

Eines der ersten Bücher, die meine Wahrnehmung der Stadt steuerten, war Wolf Jobst Siedlers Buch «Die gemordete Stadt». Siedler wies auf die Schönheit der Gründerzeithäuser und auf die Hässlichkeit der Peitschenlampen hin, die die Laternen an der Straße des 17. Juni abgelöst hatten. Das «eigentlich Städtische» sei durch die Idee, die Stadt nach Maßgabe des fließenden Autoverkehrs umzugestalten, ausgelöscht worden. Als Schreckbild der Verunstaltung galt der Ernst-Reuter-Platz.

Loes und ich mieteten uns erst einmal bei der Witwe Lina-Lotte in der Habsburgerstraße am Nollendorfplatz ein (die großen Wohnräume der Berliner Kriegerwitwen und die WGs der rebellischen Studenten wären eine soziologische Studie wert). Das Zimmer befand sich in der dritten Etage unter einer Dachstuhlruine, in der unzählige Tauben lärmten. Wir schliefen in einem Bett mit durchhängender Matratze unter einer voluminösen Bettdecke und erlernten das Anheizen des Kachelofens mit in Zeitungen gewickelten Briketts. Auf so kleinem Raum zusammenzuleben war nicht einfach. Im Oktober 1964 schrieb ich Otto Dibelius: «Abends vergraben wir uns – jeder unter seine eigene Lichtquelle. Stumm Geräusche und Revierzwistigkeiten schluckend. Zum Trost: bekommen wir spätestens am 1. Januar unsere 2-Zimmerwohnung. (Das, weil Du danach fragtest: Es geht zu viel Energie verloren, sich gegenseitig auf Distanz zu halten.)»

Loes fand bald eine Stelle als Sekretärin in einem kleinen Elektrobetrieb in Dahlem, ich tastete mich in der Uni vor. Am 26. November schrieb ich Otto Dibelius, der mit Haut und Haaren vom Jurastudium eingenommen wurde und mir von seiner Lektüre des letzten Buchs von Hans Magnus Enzensberger berichtet hatte: «Ich freu mich, daß Dich ‹Politik und Verbrechen› ebenso schockiert hat wie mich. Momentan verschlingen wir ein wenig selbstquälerisch im ‹Spiegel› die Artikelserie ‹Dien Bien Phu›: Es quält mich, daß wir als Untertertianer so belogen worden sind! Du hast mich in Bonn vor drei Jahren mal auf einen Artikel in der ‹Zeit› aufmerksam gemacht, in dem ein Mann namens Habermas die Gefahr der amerikanischen Ranger-Ausbildung darin sah, daß sich kein Staat Territorien der Subhumanität leisten könne. Jürgen Habermas, stellte ich fest, ist der führende jüngere Soziologe der Bundesrepublik – und die Berliner Studenten sind seine fanatischsten Anhänger.»

Letzteres scheint mir heute ziemlich übertrieben. Während der Wohnungssuche hatte ich im Garten der Evangelischen Studentengemeinde einen bärtigen Intellektuellen mit Harry-Potter-Brille gesehen, der im Gras lag und ein Buch des Luchterhand Verlags mit orangefarbenem Umschlag las. Auf Nachfrage erfuhr ich, dass es sich um «Strukturwandel der Öffentlichkeit» von Habermas handelte, ein Buch, das ich mir sofort im Buchhandel von Marga Schoeller auf dem Ku'damm kaufte. Vier Jahre lang, in der ersten Phase der Studentenbewegung, sollte Habermas ein ferner Mentor sein.

Im Oberseminar von Wilhelm Emrich verging mir dagegen Hören und Sehen, als Schlegel, Hegel und Schelling verhandelt wurden und mir der vollkommen unbekannte Begriff «Vermittlung» um die Ohren flog (ich hatte nie Hegel gelesen und kannte nur den Terminus «Telefonvermittlung»). Es scheint nicht nur mir so gegangen zu sein: Wolfgang Fietkau, damals schon Journalist und Verleger, meldete aus der letzten Reihe, er könne das «Abrakadabra» nicht mehr ertragen, worauf Emrich ihn in einem Wutanfall aus dem Seminar warf. Fietkau schloss sich daraufhin dem Kreis um Peter Szondi an.

Eines wurde mir schnell klar: Die witzigsten Köpfe trafen sich im «Argumentclub» in einem kleinen Haus in Dahlem. Hier kamen in rauchgeschwängerten Räumen etwa fünfundzwanzig Studenten und einige Studentinnen zusammen, und es herrschte eine zum Zerreißen gespannte Atmosphäre, wenn Faschismustheorien, Sexualität und Herrschaft oder die Gefängnishefte von Antonio Gramsci diskutiert wurden. Einmal war ein junger Arzt zu Gast, der von Vietnam berichtete, wo man schockierend anders mit Privatheit umgehe. Patriarch des Unternehmens war der junge Philosoph Wolfgang Fritz Haug, dessen Buch über «Warenästhetik» später großen Einfluss auf uns haben sollte. Er hielt den Argumentclub als geistigen Brennpunkt der Revolte eine Zeitlang zusammen. Manche sagten ihm nach, seine Physiognomie habe eine entfernte Ähnlichkeit mit der Mussolinis.

In Amsterdam hatte ich mit Loes nach der Ermordung Kennedys zum ersten Mal an einer Demonstration teilgenommen. Außerdem hatte ich dort begonnen, mich im «Guardian» über das Weltgeschehen zu informieren. Nun schockierten mich die Kommentare, die in der Berliner Presse den Besuch des kongolesischen Ministerpräsidenten Moïse Tschombé in der Stadt ankündigten: Nach meinen Informationen aus Kreisen des SDS war Tschombé eine «Marionette» des US-amerikanischen Imperialismus, verantwortlich für die «Ermordung des bedeutendsten afrikanischen Revolutionärs, Patrice Lumumba». Meine Motive, an der Demonstration teilzunehmen, konnte ich ohne weiteres den Prinzipien von Habermas' «Strukturwandel der Öffentlichkeit» entnehmen.

Was dann kam, überraschte mich: Die neue aus Frankreich importierte Form des militanten Demonstrierens mit Sprinteinlagen, bei denen die Demonstranten eingehakt plötzlich mit großem Tempo kurze Strecken zurücklegten, hatte ich noch nicht erlebt. Was geschah, erschien mir vollkommen unübersichtlich, vom Zufall diktiert und zu einem ungewissen Ausgang gelenkt. Nicht so vom Gesichtspunkt Dutschkes aus, der dem wirren Ereignis nachträglich strategische Strukturen verlieh: «Der ‹lange Marsch› vom Flughafengelände bis zum Rathaus Schöneberg, mit Umgehungen der Polizeisperren, betrug ca. 10 km ... Wir erreichten als geschlossene Gruppen das Rathausgelände, ohne allerdings – und das war ein Fehler – sofort die taktische Möglichkeit des stattfindenden Marktes für die ‹Partisanentätigkeit› zu verwerten. So konnte sich die Polizei doch noch formieren, gestattete eine Delegation, und die Aktion bekam ambivalente Momente. Subversiv wurde sie noch einmal zum Schluß, als es doch noch gelang, das abfahrende Tschombé-Auto mit einem Tomaten-Terror-Bombardement zu überschütten. In dieser Aktion wurden spontan Widerstandsformen gefunden, die erst sehr viel später zur Methode unseres politischen Kampfes wurden.»

Dem Strategen fällt die Komik der Idee, den Gemüsemarkt vor dem Schöneberger Rathaus zu einem Ort des Partisanenkriegs «umzufunktionieren», auch nachträglich nicht auf. Er behält die Übersicht, während wir uns verloren vorkamen und zum Schluss weder aus noch ein wussten.

Auf kuriose Weise war ich dabei sozusagen in Hautkontakt mit dem Anführer gekommen. Ein rothaariger Genosse mit bayrischem Dialekt rannte auf mich zu und drückte mir eine schwarze Lederjacke in die Hand: Rudi sei damit für die Polizei zu leicht zu identifizieren, schrie er, die Bullen wollten ihn herausreißen, um den Motor der Demo abzuschalten. Ich streifte die Lederjacke über, und so hätten «die Bullen» ausgerechnet mich, das Greenhorn, irrtümlich ergreifen können. Aber dazu kam es nicht. Ich durfte das heilige Stück sowieso nur für kurze Zeit anbehalten, bis es mir wieder entrissen wurde; unmöglich, dass ein gerade Zugezogener die Jacke des Charismatikers länger als zehn Minuten trug.

Richtig an der Einschätzung Dutschkes war, dass wir uns am nächsten Tag in den Pressekommentaren absolut nicht wiedererkennen konnten. Unser elementares Misstrauen gegenüber der Presse sollte hier seinen Anfang finden. An Otto Dibelius schrieb ich im Dezember nach Bonn, die Reaktion auf unseren Protest seien nur «Prügel» gewesen: «Als Antwort wagte der überflüssige Lemmer [Ernst Lemmer, CDU], uns ‹geistige Tiefflieger› zu nennen, und der RCDS bestätigt uns auch als Studenten auf ‹niedrigstem Niveau›! Verzeih, daß ich Dich damit behellige. Wir bitten Dich einzig, daß Du, wenn die Presse von ‹politischen Idioten› was meldet, an uns denkst: Das sind wir.»

Es begannen glückliche Jahre in der Studentenbewegung. Sie verband drei Komponenten: erstens das erwähnte Aufbrechen der Archive der schweigenden Väter. Zweitens die Körpermotorik verschiedener Arten der Besetzung von Instituten oder militanter Demonstrationen. Drittens die «Lust auf Welt» (Heinz Bude), die uns aus dem teutonischen Trichter der Herkunft löste, unseren Horizont in der Popmusik angelsächsisch erweiterte, in der Identifikation mit antikolonialen Befreiungsbewegungen vom Zwang zur eigenen Identität befreite. Vor der Jukebox verloren wir die Panzer, die wir uns später in der ML-Bewegung wieder aus der historischen Requisitenkammer ausleihen würden.

Die Sätze Benjamins, die ich in der Bonner Dachstube gelesen hatte, waren mittlerweile zu einem Sprengsatz für mich geworden: «Der destruktive Charakter kennt nur eine Parole: Platz schaffen; nur eine Tätigkeit: räumen. Sein Bedürfnis nach frischer Luft und freiem Raum ist stärker als jeder Haß.» Hatten wir Ruinenkinder von unseren Idolen Benjamin, Horkheimer, Adorno je ein einziges Wort zum Schutz der parlamentarischen Demokratie der Weimarer Republik gehört? Wir waren ihre Nachbeter, wie sie im Bann von Georges Sorels Verdacht, dass das Austauschsystem der Demokratie nur eine Kulisse ist, hinter der die nackte Gewalt lauert.

Was das Studium betrifft: Ich fuhr, mit dem gelehrten Freund Friedrich Rothe als Sozius, auf der Vespa zu den Antiquariaten (durch die Grenzerfahrung meiner Fahrkunst wurde er beinah Existenzialist), und er fischte mit beeindruckender Spürnase die für mich wichtigen Bücher des Zeitraums der Neuen Sachlichkeit heraus («Glück gehabt: ‹Mehlreisende Frieda Geier› von Marieluise Fleißer, sehr selten!» – «Kaum bekannt: ‹Pep› von Lion Feuchtwanger!»). Als Gegenleistung hörte ich ihm unter der Dusche des Stadtbads Steglitz zu, wenn er über Wedekinds Kindertragödien sprach, das Thema seiner Dissertation. Wir verweilten neben älteren Herren und Invaliden, von Chlor und Dampf und dem Geräusch der Wurzelbürsten umgeben, länger als vom strengen Bademeister erlaubt unter den Brausen. Denn damals war das Wasser in städtischen Schwimmbädern noch sehr kalt. Erst als man entdeckte, dass eine Wassertemperatur von achtzehn Grad den Fettansatz fördert, was für Schwimmprofis ungünstig ist, erhöhte man sie auf zweiundzwanzig Grad.

Ich las Friedrich Engels' «Die Lage der arbeitenden Klasse in England», Georg Weerths Prosa des Vormärz, Heinrich Heines «Zur Geschichte der Religion und Philosophie in Deutschland», die politischen Schriften von Karl Marx vom «Achtzehnten Brumaire» bis zu seinem Kommentar zur Pariser Kommune. Die «Kapital»-Analysen verstand ich nicht, noch nicht einmal das Fetisch-Kapitel im ersten Band, Traumland der Geisteswissenschaftler. Stattdessen begeisterten mich Engels' allseits verachtete Schrift «Die Entwicklung des Sozialismus von der Utopie zur Wissenschaft» und Lenins «Was tun?». Ein geschlossenes Denksystem ergab sich aus alldem nicht.

In dieser Zeit muss sich auch Folgendes zugetragen haben: Die Rückfront des Hauses Bundesallee 82, wo wir seit 1965 wohnten, war eingerüstet worden, die Fassade wurde erneuert. Eines Tages klopft ein Bauarbeiter in weißem Kittel gegen das Fenster des Arbeitszimmers und fragt, ob er kurz hereinkommen dürfe, er sammle nämlich Bücher. Überrascht öffne ich das Fenster und lasse ihn hinein. Er betrachtet mit Kennerblick die Regale, bis er ein Buch herauszieht: die Erstausgabe von Alfred Döblins «Berlin Alexanderplatz». Mit Schutzumschlag! Ein interessantes Buch, meint er und wiegt es in der Hand, um mir ein Geschäft vorzuschlagen: Döblins Roman gegen die gesamte Lenin-Ausgabe, die mit den abwaschbaren weinroten Umschlägen. Schon vom Gewicht her ein guter Tausch! Das Proletariat ist klug, denke ich erfreut und willige ein. «Dem Volke dienen» hieß es später. Über so viel Dämlichkeit mussten die Genossen lachen.

Raubdrucke wurden intensiver gelesen, weil es Raubdrucke waren, also Dokumente verbotenen oder vergessenen Denkens. Wir genossen diesen Akt der Einverleibung als beinah kriminelles Unternehmen. So lasen wir Max Horkheimers revolutionssüchtige Gedanken in seiner Aphorismensammlung «Dämmerung», deren Wiederabdruck der Autor verboten hatte; auch die «Dialektik der Aufklärung» gab es vorerst nur als Amsterdamer Raubdruck. Wilhelm Reich, der als Abtrünniger der Psychoanalyse, Verfemter der Marxisten und zuletzt als Wunderheiler in den USA schon lange im Staub der Wissenschaftsgeschichte versunken war, gehörte zu unseren Idolen. Einige Erkenntnisse seiner «Massenpsychologie des Faschismus» flossen in meine Arbeit ein. Schriften von Siegfried Bernfeld und Karl Korsch kamen hinzu. 1967 erschien der Band «Philosophie der Praxis» von Antonio Gramsci. Zu sechst saßen wir in einer kleinen Villa in der Boltzmannstraße zu Füßen des Religionsphilosophen Klaus Heinrich, der das Teekesselchen nicht absetzte, wenn er über antike Opferrituale sprach. Klaus Hartung und Ilse Bindseil waren dabei, Ulrich Enderwitz und Götz Schmidt. Ich war in einem Kreis gelandet, in dem ich viel lernen konnte.

Den Kontakt zur Bundeswehr brach ich abrupt ab. Im Januar 1966 schrieb ich an Otto Dibelius, wie wenig Attraktion das Soldatsein inzwischen für mich hatte. Im «Merkur» war ein Artikel von Wolfgang Harder erschienen, den wir vom Fähnrich-Lehrgang in Hammelburg kannten. Es ging darin um die «Paradoxie des Soldatenberufs», die darin bestehe, dass die Soldaten «auf schlechthin Unmenschliches» vorbereitet würden, «das sich überhaupt nur verhindern lässt, wenn man entschlossen ist, es zu tun». Ungesagt bleibe, schrieb ich, «dass das Leiden an der Paradoxie natürlich ein Privileg der Offizierselite bleiben sollte; denn als Truppenmoral wäre es reine Sabotage.»

Das Glück frei fließenden Denkens endete am 2. Juni 1967, an dem wir unsere These, dass hinter den Kulissen der Demokratie die Gewalt lauere, zu unserer Überraschung leibhaftig bestätigt sahen. Am Tag zuvor hatte uns Dutschkes Freund Bahman Nirumand im Audimax der FU über das Regime des Schahs von Persien instruiert (allerdings auf eine Art, die uns nach dem Sturz des säkularen Diktators die Ankunft des Ayatollah Khomeini begrüßen ließ). Was dann am 2. Juni 1967 vor der Deutschen Oper passierte, ist bekannt: Hundertschaften der Polizei nahmen Aufstellung vor den Hamburger Reitern, die sie von den Demonstranten trennten. Dann sprangen sie in der Manier des Ersten Weltkriegs über die Barriere in den «Graben» der Demonstranten, um die «Leberwurst», wie Polizeipräsident Erich Duensing es formulierte, zu beiden Seiten auszupressen. Der Graben, das waren wir, die jetzt in Panik die Flucht Richtung Krumme Straße ergriffen. (Adorno schreibt: «Rennen auf der Straße hat den Ausdruck des Schreckens. Es ist schon das Stürzen des Opfers nachgeahmt in seinem Versuch, dem Sturz zu entfliehen.» Hatte ich diese beiden Sätze im Kopf? Mit Sicherheit nicht, und ich weiß nicht, warum ich sie hier erwähne. Adornos Sprüche aus den «Minima Moralia» waren nicht für reale Fluchten ausgedacht.) Bei der Hetzjagd verlor ich einen Schuh, stolperte, blieb liegen und war überrascht, dass die Tritte der Polizeistiefel auszuhalten waren. Und dann kam Loes, Tochter eines Mannes, der in den zwanziger Jahren in Brüssel auf der Kirmes sein Geld als Boxer verdient und später als Heizer auf Hapag-Lloyd-Dampfern nach Amerika gearbeitet hatte. Sie schlug auf einen der Polizisten ein, der verdutzt innehielt und von mir abließ. Am nächsten Tag gab ich offiziell zu Protokoll, ich wisse jetzt, was Faschismus sei. So fütterten wir die Akten des Verfassungsschutzes.

Am Abend des 2. Juni hörten wir im Salon von Margret und Friedrich Rothe im RIAS oder im SFB, was in der Krummen Straße passiert war: Ein Kommilitone am Institut für Germanistik war in einem Hinterhof von einem Polizisten getötet worden. Keiner von uns kannte den jungen Benno Ohnesorg. Am nächsten Tag holte uns Götz Schmidt mit dem Auto ab, und wir fuhren mit einer schwarzen Fahne, angefeindet von Passanten und Autofahrern, durch die Stadt. Sollten wir den Tag etwa tatenlos verbringen? Wenn es in Benjamins Lob des destruktiven Charakters noch hieß, er kenne keinen Hass – jetzt brannte er in uns.

Der Aktionismus dieser Jahre hinderte mich nicht daran, intensiv Material für meine Dissertation zu sammeln. Ich begann die Schreibarbeit mit der Idee, Hans Falladas Roman «Kleiner Mann – was nun?» und Thesen aus Wilhelm Reichs «Massenpsychologie des Faschismus» ineinanderzuschalten. Das schien bruchlos aufzugehen. Siegfried Kracauers «Ornament der Masse», Anita Loos' «Blondinen bevorzugt», Carl Zuckmayers «Katharina Knie», Heinrich Hausers «Friede mit Maschinen» und vieles mehr, alles beleuchtet und zusammengehalten von der Kritischen Theorie. Ein vages Licht, brauchbar als Suchscheinwerfer auf dem Gang durch die Archive, nicht so gut in der Rahmung des historischen Gegenstands.

Das fand zumindest der Politologe Ossip K. Flechtheim, an dessen vernichtendem Urteil die Promotion fast gescheitert wäre. «Wissen Sie, Herr Lethen», begrüßte er mich in seinem kleinen Haus in Dahlem, Kamelhaarpuschen an den Füßen, «die Frankfurter haben keine Ahnung davon, wie Macht wirklich funktioniert. Die sprechen immer von der ‹intellektuellen Mächtigkeit› der kritischen Ideen. Ohne die Vermittlung durch Institutionen bleiben Ideen ohnmächtig. Das haben die Frankfurter nie begriffen. Und Sie auch nicht.» Das leuchtete mir ein. Verblüffend war, was der freundliche Emigrant aus der berühmten Dynastie Berliner Kunsthändler dann sagte: «Glauben Sie im Ernst, der Werftarbeiter Ernst Thälmann, den die Sowjets als Chef der KPD installierten, hätte Walter Benjamin oder Ernst Bloch gelesen?» Schluchzend vor Lachen: «Westernheftchen hat er gelesen, Westernheftchen!»

Flechtheim schlug mir vor, der Dissertation ein kritisches Kapitel über Ernst Thälmann hinzuzufügen, so könne er sie vielleicht durchgehen lassen. Aber vielleicht komme seine Assistentin, auf die er große Stücke halte, zu einem anderen Urteil. Allein, die Assistentin schloss sich dem sehr guten Urteil meines Doktorvaters Wilhelm Emrich an. Es mussten zwei weitere Gutachten eingeholt werden, eines schrieb Klaus Heinrich, das andere Jacob Taubes, beide zu meinen Gunsten. Das vierstündige Rigorosum war dann nicht mehr schwer. Wir feierten die Promotion mit Norbert Haas, einem der ersten Lacan-Übersetzer, und seiner Frau Vreni im März 1970 bei einem «Volkschinesen» auf der Schlossstraße.

Wenige Monate zuvor war im Krankenhaus am Mariendorfer Weg unter aufregenden Umständen unser Sohn Joscha geboren worden. Die Ärzte hatten eine Bluntuntergruppenunverträglichkeit nicht rechtzeitig festgestellt und den Austausch des Blutes zu spät vorgenommen. Unser Kind blieb lange im Krankenhaus, selbst Loes durfte es nicht berühren; wir konnten unseren Jungen nur hinter Glas bei bitterer Kälte von einer Galerie aus betrachten. Nach vier Wochen entließ das Krankenhaus das Baby als geheilt. Als wir aber unserer Kinderärztin auf der Wiesbadener Straße die Diagnose des Krankenhauses überreichten, rief sie: «Diese Idioten entlassen ein Kind, das Symptome des Downsyndroms hat, ohne darauf aufmerksam zu machen!» Sofort ordnete sie Bobath-Therapie an. Loes und ich sahen uns an – was würde auf uns zukommen? Verschrieben wurde eine dem Anschein nach rabiate Gymnastik, bei der das Baby an den Füßen gepackt und über eine Matte geschleudert wird. Grundlage des Bobath-Konzeptes ist, wie wir lernten, die Annahme, dass gesunde Gehirnregionen durch neuronale Vernetzung die Aufgaben der geschädigten Gehirnregionen übernehmen können. Die Therapie hatte Erfolg. Eine Ärztin, der wir ewig dankbar sind.

Das Kuriose an dem Fall ist, dass Loes sich mit Bedacht für das Krankenhaus am Mariendorfer Weg entschieden hatte, weil dort ein berühmter Professor für pränatale Medizin arbeitete. Leider zog sich der Experte schon vor der Geburt zurück, er war ja auch nur pränatal zuständig; was danach passierte, konnte nicht mit seinem Interesse rechnen. So entging ihm, dass auf der Geburtsstation miserable hygienische Zustände herrschten. Loes erkrankte an Kindbettfieber, allerdings bat man uns, dieses Wort nicht auszusprechen.

Direkt nach der Promotion im Februar 1970 wurde ich Lehrer an der Gabbe-Schule, einer privaten Ergänzungschule am Rüdesheimer Platz. Zu dieser Zeit hatte sie ungefähr sechshundert Schülerinnen und Schüler, größtenteils mit Berufserfahrung oder abgeschlossener Berufsausbildung. Das Bildungsgefälle zwischen Arbeiterbezirken und Oberklassenbezirken in Westberlin trieb die Mühlen der Privatschulen an. Die etwa fünfzig Lehrer der Schule erhielten dreizehn D-Mark pro Unterrichtsstunde.

Meine Erfahrung habe ich mit Peter Schneider, zur gleichen Zeit Lehrer an der Gabbe-Schule, im «Kursbuch 24» unter dem Titel «Ratschlag zweier Deutschlehrer an ihre zurückbleibenden Schüler» beschrieben. Eingeleitet wurde das «Kursbuch» durch ein «Plädoyer für die Abschaffung der Schule» von Ivan Illich. Der letzte Beitrag war China 1970 gewidmet, «Die Selbsterziehung der Massen oder Die Pädagogik revolutionieren» von Joachim Schickel. Gemessen daran nahm sich unser Erfahrungsbericht bescheiden aus. Immerhin ging es um die Frage, warum man uns aus der Gabbe-Schule nach einem Jahr hinausgeworfen hatte.

Anlass war ein Streit über Verfahren der Benotung im Deutschunterricht. Externe Gutachter hatten unsere Themenstellungen abgelehnt. Die Analyse dieser Begutachtung scheint mir heute noch lesenswert; sie stammt in weiten Teilen von Peter Schneider. Unsere Themenstellung «Charakterisieren Sie den Doktor aus Büchners ‹Woyzeck›. Handelt es sich um die Karikatur eines Wissenschaftlertypus, den es auch heute noch gibt?» korrigierte der Gutachter folgendermaßen: «Handelt es sich um den Typus eines Wissenschaftlers, der heute noch denkbar wäre?» Peter Schneider: «Der Konjunktiv II wird bei Bedingungssätzen der Unwirklichkeit angewendet. Wenn der Typus des Doktors in Büchners ‹Woyzeck› (es handelt sich um einen Wissenschaftler, der den Gelegenheitsarbeiter Woyzeck als Versuchskaninchen missbraucht) heute nur *denkbar* wäre, so ist es wahrscheinlich, dass es ihn nicht gibt. Wenn es ihn aber nicht gibt ... Warum sollten wir dann nach den Bedingungen fragen, unter denen er denkbar wäre? Warum sich mit Gefahren plagen, die wir glücklich überwunden haben?» Dass die Gutachter diesen Einwand verstehen konnten, bezweifle ich.

Eine andere Textaufgabe betraf die Eignung weiblicher Arbeitskräfte für Fließbandarbeit. Die Gutachter lehnten diese Aufgabenstellung ab: «Das Thema ... ist für eine 11. Klasse offensichtlich zu schwer. Soziologische Texte täuschen in ihrem Schwierigkeitsgrad leicht in ihrer scheinbaren Einfachheit. M. E. eignet sich das Thema erst ab Ende der 12. und in der 13. Klasse bei genügender Kenntnis der soziologischen und wirtschaftlichen Tatbestände.» Der Einwurf wäre vernünftig gewesen, wenn es sich um ein normales Gymnasium gehandelt hätte. Eine Übersicht über die von Schülerinnen und Schülern unserer Klasse A 11 ausgeübten oder abgeschlossenen Berufe ergab jedoch folgendes Bild: Von den dreiundzwanzig Schülerinnen und Schülern der Klasse hatten achtzehn Berufserfahrung, nur fünf waren Oberschüler, die von staatlichen Schulen geflogen waren. Unter den achtzehn waren drei Krankenschwestern, zwei Chemielaboranten, drei Elektromechaniker, zwei Kaufmänner, eine Inspektorin, eine Verkäuferin, ein Werkzeugmacher, ein Handwerksmeister, ein Graphiker, zwei Gelegenheitsarbeiter. Damit konnten die Prüfer des externen Abiturs natürlich nicht rechnen und der Gutachter aus dem Institut für Germanistik der FU erst recht nicht.

Wir missachteten fortwährend die «Dialektik des Besinnungsaufsatzes», die darin bestand, schwebende Tatbestände mit vagen Definitionen ins Gleichgewicht des Sowohl-als-auch zu bringen. Mein Themenvorschlag «‹Zwangsbewirtschaftung des Wohnraums› und ‹Freier Wohnungsmarkt› – erläutern Sie diese Begriffe» wurde nicht zugelassen und folgendermaßen korrigiert: «In der BRD stehen sich Befürworter und Gegner der ‹Wohnungszwangswirtschaft› bzw. des freien Wohnungsmarkts gegenüber. Setzen Sie sich mit den Argumenten beider Seiten auseinander.» Unsere Schüler hatten für das Thema genug Material aus ihrer alltäglichen Erfahrung. Aber es ging nicht um Erfahrungen. Die Schülerinnen und Schüler sollten auf einen Beobachtungsturm versetzt werden, um von dort mit dem Fernglas den Kampf zweier Parteien zu verfolgen. Am besten war es, alle brisanten Definitionen in einen erfahrungsleeren Raum zu verlegen, die Herkunft der Wörter und ihre Funktionen zu erläutern. Das konnte durchaus sinnvoll sein, scheint mir heute, aber die Definitionen sollten doch den Erfahrungen ausgesetzt werden dürfen und nicht nur der Schulung eines Debattierclubs dienen. Stattdessen hörten wir, wenn anhand der Texte von Erika Runge nach dem Wesen der Frau im Berufsleben gefragt wurde: «Eine direkte Analyse des Textes fehlt, stattdessen werden Erfahrungen aus der Arbeitswelt herangezogen.»

Die einzige Reaktion auf unseren «Kursbuch»-Artikel kam von einer Lehrerin aus Hamburg. Sie sei im Ganzen einverstanden, wir hätten auf der vorletzten Seite nur nicht schreiben dürfen: «Wenn die Lage wirklich hoffnungslos ist, wende Dich ab!»

Kurz nach unserem Rauswurf wurde die Freie Schule

gegründet. Als Deutsch- und Philosophielehrer und im Direktorium arbeitete dort auch Rüdiger Safranski. Wie alle übrigen Dozentinnen und Dozenten verpflichtete er sich für achthundert D-Mark im Monat. In dieser Zeit begann er, sein Buch über E. T. A. Hoffmann zu schreiben, eine mitreißende Biographie. Die FU hatte keine weitere Verwendung für ihn, darum erfüllte uns seine spätere Karriere mit Stolz; es gab einen besseren Resonanzraum für Intellektuelle als die Universität. Selbst der Markt konnte es sein. Das widersprach zwar Adornos Bannfluch über die Kulturindustrie, aber der Markt im klassischen Liberalismus war auch ein Möglichkeitsraum. Und nie hat man den Autor der Biographien von Schopenhauer, Heidegger, Goethe, Schiller und Hölderlin wie Adorno klagen hören, es gebe aus den Verstrickungen keinen Ausweg, die Hölle lasse dem Menschen gerade genug Luft zum Atmen. (Safranski wollte eine Biographie über Adorno schreiben, hatte auch schon den genialen Titel «Der Schwierige» gefunden, aber die Nachlassverwalter bei Suhrkamp wollten ihn nicht an die Quellen lassen.) In der Roten Zelle Germanistik (Rotzeg) und als Genosse der KPD/AO zeichnete er sich durch eine innere Heiterkeit aus; dass er bei Goethe landen würde, war wohl vorbestimmt, weil sich der Weimarer «durch äußeres Behagen» von überirdischen Lasten befreit zu haben schien. Wie der Blick von der Montgolfiere, schrieb Goethe, soll philosophisches Schreiben die «verwirrten Irrgänge der Erde» aus Vogelperspektive zeigen. Vielleicht war Safranski der einzige Mann der Stoa unter uns.

Schönes Wolken und Szondis Purismus: zwei Feldzüge

Am 8. Oktober 1968 gehörte ich zu der «Meute», die verhinderte, dass Albrecht Schöne auf dem Berliner Germanistentag den Vortrag «Über Goethes Wolkenlehre» halten konnte. Um uns auszuweichen, war die Tagung in die Gauß-Akademie in Wedding ausgelagert worden. Ich sehe den Kieler Freund Hermann Kuhn mit Kaninchenfell und Megaphon im Kampfmodus auf der Bühne des Gauß-Saals agitieren. Ich erinnere mich an den Schrecken, als der verehrte Richard Alewyn ins rhythmische Klatschen der Kongressteilnehmer einfällt, während die Studenten mehr «Soziolinguistik» fordern. Volker Wild von der Ad-hoc-Gruppe Germanistik an der FU schreit ins Megaphon: «Ihr reagiert wie die Hunde ... bedingter Reflex!» In der «Frankfurter Allgemeinen Zeitung» berichtet Rolf Michaelis am 9. Oktober von Schreien aus dem noblen Auditorium: «Raus!», «Mob, Kommunisten, Prügelstrafe!» Man verlangt «nach Schutz vor pubertären Flegeln». Demokratische Umgangsformen müssen noch erlernt werden. Peter Wapnewski und Eberhard Lämmert appellieren vergeblich an die Vernunft beider Parteien.

Die Mehrheit der Damen und Herren der Zunft hatte offenbar keine Ahnung, welchen lebensgeschichtlichen Bruch der 2. Juni 1967, an dem ein junger Germanist der FU von einem Polizisten ermordet worden war, für uns bedeutete.

Feuerte das unsere Aggression an? Ging es um einen Angriff auf die Lebensblindheit der gelehrten Schar?

Wahrscheinlich hätten wir Schönes Vortrag über «Goethes Wolkenlehre» nur teilweise verstanden. Geduld zählte nicht zu unseren Tugenden. Heute erscheinen mir Schönes Ausführungen, die wir damals sabotierten und die später gedruckt wurden, in manchen Zügen bahnbrechend für die Kulturwissenschaften, die sich zwei Jahrzehnte später an den Rändern der Universitäten ansiedelten. Im Brennpunkt der Überlegungen stand die Unversöhnlichkeit von Natur- und Geisteswissenschaften.

Fünfzig Jahre später ist es für Melancholie zu spät. Damals ging es nicht um die Erkenntnis, die wir dem scharfsinnigen Vortrag des Göttinger Philologen hätten entnehmen können. Es ging um den toten Winkel der Gelehrsamkeit, aus dem uns die Stummheit der Wehrmachtsoffiziere entgegenschlug – was wir mehr spürten, als dass es uns bewusst war. In Schönes Fall traf es, wie wir später erfuhren, nicht zu. Vor diesem Hintergrund war es ein Glück, dass der Tumult, mit dem die Tagung «umfunktioniert» wurde, mitsamt dem Austausch von Verbalinjurien, relativ zahm verlief. Immerhin versteht man den Germanistentag von 1968 heute, «objektiv» betrachtet, als Stromschnelle zur Reformuniversität. In mancher Hinsicht waren wir Barbaren Wegbereiter von Bologna.

Albrecht Schöne wollte die Spannung zwischen den Kulturen in Goethes Wolkenlehre vorführen. In Goethes Wolkendiarien wirken zwei Faktoren: die Lust am Transitorischen der Wolken einerseits und die Notwendigkeit, sie mit wissenschaftlicher Präzision zu klassifizieren, andererseits. Die Spannungen zwischen der Phänomenologie des Flüchtigen und der härteren Evidenz der Gerätekultur (in diesem Fall des Barometers) sollte das 19. Jahrhundert beherrschen.

Obwohl Goethe mit den technischen Instrumenten der Meteorologie vertraut ist, trennt er sich von der Begriffsschärfe der Wissenschaft, die sich allmählich auf die mathematisch erfassbaren physikalischen Eigenschaften der Wolken konzentrieren wird. «Die Divergenzen der Forscher», schrieb Goethe 1826, «sind unvermeidlich.» Ein schönes Fazit. Das Dilemma der Zwei Kulturen bleibt bestehen. Goethes «Hypothese einer pulsierenden Erdanziehung» hat sich, so Schöne, als «schlechthin unrichtig erwiesen». Dennoch beharrt Goethe darauf, dass der Polarisierungsprozess des Ein- und Ausatmens ein Grundphänomen unserer Erfahrung ist, das durch naturwissenschaftliche Forschung nicht entkräftet wird. Es kann nur ästhetisch gestaltet werden.

Es wäre interessant, die Stadien von Goethes Wolkenlehre als Strömungslehre der Studentenbewegung zu begreifen. Als wir 1976 in meinem letzten Seminar an der FU zusammen mit Hans-Thies Lehmann, der mich von der politischen Straße holte, Brechts Gedicht «Vom Schwimmen in Seen und Flüssen» besprachen, wurde Dichtung unversehens ein Mittel, existenzielle Fragen in Fluss zu bringen. Wie schön, einmal vom Zwang zum politischen Eingriff entlastet zu sein, um ungestraft in Gegenbilder zum mechanischen Ballett der politischen Formationen einzutauchen und sich «Flusslandschaften kindlicher Lüste» (Genia Schulz) zu überlassen. Dieses Eintauchen in Bilderwelten des Transitorischen war neu für mich. Mit Hilfe der jetzt einströmenden französischen Theorien entdeckte ich eigene Wolkenbilder, die halfen, unsere Lust auf mehr Welt, über Deutschland hinaus, zu befriedigen.

Fünfzig Jahre nach dem Berliner Germanistentag hielt Albrecht Schöne in Göttingen eine Rede, in der er die «dunkle Seite der Medaille» der 68er zu enthüllen versuchte. Was er berichtete, ist furchterregend. Blieb Göttingen in den Jahren bis 1979 von den Wandlungen, die ich beschrieben habe, unberührt? Während in anderen Städten einerseits die wild und kriminell flottierenden Energien der sich auflösenden Studentenbewegung größtenteils in den Apparaten der ML-Parteien aufgefangen und eingefroren wurden, andererseits eine beachtliche wissenschaftliche Auflösung dogmatischer Fixierungen an den Universitäten begann, scheint die Universität zu Göttingen eine Konserve gewesen zu sein, in der sich schlechte Sitten länger hielten. Schönes späte Rede ist voller Totenmasken der Erinnerung. Der Applaus für die 68er-Schelte bei der Jahresfeier der Akademie der Wissenschaften 2017 war, schrieb die Presse, überwältigend.

1968 zitierte Schöne abschließend noch einmal Goethe: «Die Abgründe der Ahndung, ein sicheres Anschauen der Gegenwart, mathematische Tiefe, physische Genauigkeit, Höhe der Vernunft, Schärfe des Verstandes, bewegliche sehnsuchtsvolle Phantasie, liebevolle Freude am Sinnlichen, nichts kann entbehrt werden zum lebhaften fruchtbaren Ergreifen des Augenblicks ...» Das könnte für die Erinnerungen beider Fraktionen des Streits gelten.

Mein Verhältnis zur Philologie war von Beginn an gespannt. Vielleicht wurden die Weichen für meine Haltung schon 1962 bei einem Besuch der Ausstellung «Luftbildarchäologie» im Rheinischen Landesmuseum Bonn gestellt. Hier lernte ich, dass Luftaufnahmen Hinweise auf Spuren der Vergangenheit liefern können, die dem Beobachter am Boden verborgen bleiben. Generationen von Archäologen hatten Erde geschaufelt, Gräben gezogen, Grabmäler geöffnet und Tote der Gaben beraubt, die man ihnen in die Unterwelt mitgegeben hatte. Der Spaten war zum Symbol der Archäologen geworden. Jetzt bot der Blick aus dem fernen Himmel unwahrscheinliche Ansichten, machte prähistorische Landschaften erkennbar. Wenn das Flugzeug in einer bestimmten Höhe, mit einer bestimmten Geschwindigkeit und bei einem günstigen Stand der Sonne über die Felder Nordrhein-Westfalens fliegt, zeigen sich dunkle Umrisse römischer Bauwerke. Im Kornfeld stehend und die Erde absuchend, erkennt man dagegen rein gar nichts. Man ist zu nah am Objekt. In einem Gelände, das seit Jahrhunderten unter dem Pflug lag, über das Armeen hinweggezogen waren, ist plötzlich der Grundriss einer römischen Stadt zu entdecken. Aufnahmen, die über den Kreidefelsen Südenglands entstanden, zeigen eine Folge sich überlagernder Kulturen von der neolithischen Schicht und einem Gräberfeld der Bronzezeit bis zu einer Festung aus der Eisenzeit, einer römischen Villa oder einem verlassenen mittelalterlichen Dorf.

Warum nicht die Methode des Fernblicks auf die Philologie übertragen? Der italienische Literaturwissenschaftler Franco Moretti hat es später versucht, und die «Digital Humanities» erproben es aufs Neue. Akribische Nahaufnahmen waren meine Sache jedenfalls nicht. Eher fühlte ich mich für Luftfahrt-Philologie geeignet.

Nun hatte ich seit 1966 das Glück, den damals besten Philologen aus einer gewissen Entfernung beobachten zu können. Peter Szondi war als Rising Star von uns in Berlin erwartet worden. Nach der ersten Vorlesung schrieb ich an

Karl Robert Mandelkow in Amsterdam, der berühmte Szondi sei eine «hochfahrende Gestalt», wie einer Erzählung von E. T. A. Hoffmann als Konzertmeister entsprungen, ein «eisgrauer» Solist. Mit weiträumigen Schritten gelange er ans Pult, schlage die Partitur auf und versenke sich darin, augenscheinlich ohne sein Publikum zuvor wahrgenommen zu haben.

Wir staunten wenig später, als Szondi an der Seite von Alexandra Kluge zur Berliner Erstaufführung des Films «Abschied von Gestern» erschien. Ein unwahrscheinliches Paar, das etwas von dem Glamour hatte, der ans Mitmenschliche grenzt. Phantastisch für einen, der in unseren Augen aus dem Mitmenschlichen herausgefallen schien. Die herrschende Professorenschaft war ihm verdächtig; man erzählte sich, dass er Beobachtungen des Verhaltens seiner ehrenwerten Kollegen einem Notizbuch anvertraute.

Einmal waren wir Kombattanten. Da der Mann im Mittelpunkt dieser Episode mir später Schutz bot, zögere ich, den Zwischenfall zu erzählen. Eberhard Lämmert kam von einer Vortragsreise zurück, die er im Auftrag des DAAD oder des Goethe-Instituts gemacht hatte. Es muss nach dem 2. Juni 67 gewesen sein. Die Studentenbewegung hatte erheblichen Aufwind, und Lämmert war erschrocken, was sich in der Zwischenzeit hinter seinem Rücken abgespielt hatte. In unseren Aktionen sah er eine «Flucht vor der Arbeit», während er aus Ländern komme, in denen «hart gearbeitet» werde. Uns stockte der Atem. Er kam aus dem Griechenland der Militärdiktatur und aus Südkorea – unter anderem. Nach Lämmerts Rede trat ich ans Mikrophon des Audimax (wie immer mit der Aktentasche, in der zwei Drittel meiner Dissertation aufbewahrt waren, und dem notorischen Mantel der holländischen Luftwaffe) und hielt eine kurze Rede, die etwa folgendermaßen lautete: «Professor Lämmert war in Ländern, in denen, wie wir alle wissen, vor allem hart gearbeitet wird. In Griechenland wird hart gearbeitet. In Südkorea wird noch härter gearbeitet. Es sind zwar Diktaturen, aber es wird gearbeitet. Und wir fliehen vor der Arbeit!» Ich trat ab – Szondi kam auf mich zu und drückte mir stumm die Hand.

Meine Haltung zu Lämmert änderte sich. Er war ein Linksliberaler, ironisch und selbstironisch, distanziert und nie vertraulich, erinnern sich die, die ihn näher kannten, im-

mer um Ausgleich bemüht, aber dort, wo es sich um verlorene Liebesmüh handelte, auch mit der Bereitschaft und Fähigkeit zur entschiedenen Attacke. 1995 förderte Eberhard Lämmert meine Rückkehr an eine deutsche Universität.

Ja, die Linksliberalen und die Radikalen. Thomas Michael Mayer, der verdienstvolle Büchner-Herausgeber, erzählte einmal, als er sich gegen die Angriffe von uns Marxisten-Leninisten wehren musste, eine Geschichte von dem Historiker Walter Grab aus Tel Aviv. Dieser habe mit Kreide auf einer Tafel die Lebenslinie eines «schwankenden Linksliberalen» mit der eines «linientreuen Kommunisten» verglichen. Ein gerader Strich markierte die Bahn des Linksliberalen, eine Zickzacklinie die des Kommunisten, der sich permanent den Kurswechseln seiner Partei anpassen müsse. Es dauerte lange, ehe ich die Wahrheit oder zumindest die Wahrscheinlichkeit von Grabs Kreidebild verstand.

Mit Szondis philologischer Praxis konnte ich wenig anfangen. In seinem Hauptseminar zu Baudelaire traf es den Mitstudenten Walter Kreipe, der eine Interpretation vorbereitet hatte. Kreipe war Deutschlehrer in Clermont-Ferrand gewesen; ihm konnte, dachten wir, nichts passieren. Nun bat Szondi den Prüfling, die erste Zeile des behandelten Baudelaire-Gedichts an die Tafel zu schreiben, was er, der, wie man höre, in Clermont-Ferrand gelehrt habe, sicherlich könne. Es ging um das Wort «queue». Was ich nun im Telegrammstil berichte, zog sich gefühlte dreißig Minuten hin. Welches Wörterbuch der Kandidat besitze, vielleicht den «Larousse», wie anzunehmen sei, und ob er vorlesen könne, wie dort das Wort übersetzt sei. Das sei doch sicher kein Problem. Wie zu erwarten bot der «Larousse» verschiedene Möglichkeiten. «Und Sie haben sich also für eine dieser Übersetzungen entschieden? Erstaunlich, Ihre Entschlusskraft!» Ich ergriff die Flucht. Die philologische Folter war nicht auszuhalten. Damit verpasste ich eine wichtige Lehrstunde in Szondis Mikropoetologie.

Eingeleuchtet hat mir dagegen Szondis Umgang mit «hermetischen» Gedichten, den er, wenn ich mich recht erinnere, in einem Vortrag über Hölderlins «Friedensfeier» erläutert hatte. Das Hermetische zieht magnetisch seine Entschlüsselung an, dem Kraftfeld des Verstehens soll es nicht entzogen werden. Sind alle Schweigeschranken, die das Hermetische um sich errichtet, überwunden, scheint das Geheimnis des Textes mit subtilen Techniken gelüftet. Konfrontiert man aber die dunklen Zeilen mit dem erschlossenen «Klartext» der wissenschaftlichen Auslegung – so werden sie wieder ganz undurchsichtig und schütteln, wenn sie denn ein Zeichen geben könnten, den Kopf, um zu sagen: «Nein, das bin ich nicht!» Das empfand ich als Ermutigung, auratischen Gebilden, die Tiefsinn ausstrahlen und Wörtlichkeit meinen, fernzubleiben.

Als ich 1977, in meinem ersten Jahr in Utrecht, einen Vortrag von Hans-Georg Gadamer über «Paul Celans hermetische Gedichte» hörte, in dem diese Gedichte vor einer großen Fangemeinde mit stupender Gelehrsamkeit restlos entziffert wurden, wagte ich, Szondi folgend, den Einwurf, dass ihm, Gadamer, «ja nichts Menschliches hermetisch sei» (oder sagte ich: «ja nichts Hermetisches fremd sei»?). Einen derartigen Gestaltwandel hatte ich noch nicht erlebt: Gadamer verlor die Fassung und rief wütend, diese Unverschämtheit könne sich nur ein aus Berlin Zugezogener erlauben. Überrascht, dass er so schnell meine Personalien festgestellt hatte, berief ich mich auf Szondis Hölderlin-Interpretation.

Unversehens kippte Gadamers Stimmung ins Verbindliche, und er hob zu einer Eloge auf seinen «Freund Szondi» an, während ich mich, umringt von der Verachtung des Publikums, beschämt zurückzog.

Das alles nur, um vom Überfall auf Szondis Institut am 16. Januar 1969 abzulenken.

Grund für den kriminellen Akt war das Ressentiment gegen «Orchideenfächer». Wir waren getrieben vom Furor des Gleichmachens, Arkanbereiche wie das Institut für Allgemeine und Vergleichende Literaturwissenschaft, das nicht in die Lehrerausbildung integriert war, sollte es nicht mehr geben. Das war engstirnig, sowieso, und wenn man bedenkt, welche theoretischen Impulse von Szondis Seminar ausgingen, war es skandalös. Hier wurden schon damals die großen Denkerinnen und Denker aus Frankreich diskutiert, Jacques Derrida und Roland Barthes etwa, deren Strahlkraft sich erst in den achtziger und neunziger Jahren in Deutschland entfalten würde.

Ich zog mit Leuten der Ad-hoc-Gruppe Germanistik los, um Szondis «Elfenbeinturm» zu schleifen. In der kleinen Villa rissen wir Plakate von den Wänden, stahlen Bücher und räumten Szondis Schreibtisch leer. Samuel Weber, damals Assistent von Szondi, verfolgte fassungslos das Geschehen und seufzte, als ob er uns verstünde: «Ihr handelt, ich beobachte.»

Und dann die Reaktion des Angegriffenen: Szondi beschämte uns. Er nahm Abstand davon, gegen den Trupp der Marodeure, deren Namen nicht schwer zu ermitteln waren, Anzeige zu erstatten, wie ihm das Präsidialamt geraten hatte. Er wollte nur den Grund unserer Aktion erfahren. Szondi rief Walter Kreipe an, der an der Aktion nicht teilgenommen hatte, aber wiederum Kontakt mit mir aufnahm. Ich erzählte Kreipe, was uns zu der Aktion veranlasst hatte, und er berichtete mir tags drauf, dass Szondi unsere Gründe verstehe – nur die gestohlenen Bücher seiner Handbibliothek wolle er zurückhaben. Wir sammelten ein, was aufzufinden war.

1971 empfahl mich Szondi der Universität Bremen für eine Professur. Als diese «aus Gründen der Länderfinanzierung» abgelehnt wurde, ging er auf einer Pressekonferenz in die Offensive und unterstützte die acht zur Berufung anstehenden, aber aus politischen Gründen abgelehnten Bewerber.

Der Überfall vom Januar 1969, berichtete man mir später, sei für Szondi traumatisch gewesen.

All das ist «in Evidenz gehalten», wie man in Österreich einen Vorgang bezeichnet, der aktenkundig wird. Vor wenigen Jahren sah ich die Dokumente zum ersten Mal: von der «Meldung eines Vorfalls am Seminar für Allgemeine und Vergleichende Literaturwissenschaft», einen Tag nach dem Überfall, bis zu dem Brief von Prof. Dr. Karl August Bettermann vom 11. Februar 1969, in dem Szondi darauf aufmerksam gemacht wird, dass er als Beamter nicht nur der Strafgerichtsbarkeit, sondern zusätzlich der Disziplinargewalt unterliege.

Im Brennpunkt des Zweifrontenkriegs, in den Szondi gedrängt wurde, stand der Wortlaut seiner Grundsatzerklärung zur Hausordnung, die er am 27. Januar 1969 dem Rektor der Freien Universität übermittelte. Er ging darin von der grundsätzlichen Trennung zwischen einer autonomen Hausordnung der Universität und dem Rechtsbereich des

Staates aus. Suchte man einen in der Disziplinargesellschaft ganz und gar Isolierten, ist hier sein Manifest wie in Stein gehauen: «Die Universität ist kein Staat im Staate, sie braucht keine eigene Gerichtsbarkeit ... Aus diesen Gründen lehne ich die Hausordnung ab, das bedeutet für mich: 1. Ich werde keine Hausordnungsverfahren beantragen. 2. Ich habe nicht vor, dem Ordnungsbeauftragten Studenten namhaft zu machen. 3. Relegierte Studenten werden ihr Studium am Seminar für Allgemeine und Vergleichende Literaturwissenschaft fortsetzen können.»

Das war eine Kriegserklärung, die vom Justiziar der Universität mit Androhungen beantwortet wurde. Wie antworteten radikale Studenten auf diese Großherzigkeit? Die Schlagzeile ihres Flugblatts lautete: «SCHIZOPHRENIE EINES ORDINARIUS». Mit den Lettern einer alten Schreibmaschine in die Wachsmatrize gehauen: «Am 27. Januar hat sich Szondi bereit erklärt, relegierte Studenten an seinem Seminar aufzunehmen ...!! Wo bleibt die moralische und politische Sauberkeit, werter Genosse Szondi?????»

Diese Dokumente sind also «in Evidenz gehalten». Evident wird, dass Aufrührer und verfeindete Institutionen die Sprache der Disziplinargesellschaft teilen. Der zwischen den Fronten Zerriebene aber wird pathologisiert.

Ist Scham ein Hüter der Erkenntnis? Auf jeden Fall holt sie einen ein.

Eine Reise nach Lucca

Im Juli 1968, ein paar Monate nach dem Attentat, wurde Rudi Dutschke von dem Komponisten Hans Werner Henze zur Genesung in sein Landhaus südlich von Rom eingeladen. Er blieb dort mehrere Wochen, um im September in das Landhaus des Verlegers Feltrinelli bei Mailand zu ziehen. Dabei hatten Siemens-Erben das Nachsehen. Sie hätten Dutschke gern eine Bleibe in ihrem Gehöft auf einem Berg in der Nähe von Lucca angeboten, aber Henze und Feltrinelli waren ihnen zuvorgekommen. Um nicht ganz leer auszugehen, luden sie eine Gruppe des Berliner SDS zu sich ein.

Wie Loes und ich in diese Delegation gerieten, ist mir rätselhaft. Auf jeden Fall waren es Freunde, zu denen wir uns gesellten: Elisabeth Weber, Theaterwissenschaftlerin mit einem verschmitzt brechtischen Lächeln und spitzer Hamburger Zunge in der Endphase ihrer Doktorarbeit, mit ihrem Freund Dietrich Kreidt, der über einen Bühnenbildner der Jahrhundertwende promovierte; Götz Schmidt, ein schwäbischer Grübler und Schelling-Kenner, einer der wenigen «von Natur aus» dialektischen Köpfe, denen man sonst nur in Hebels Kalendergeschichten begegnete, mit seiner Freundin Rosel Zech. (Einmal folgten wir Rosels Bitte, gegen ein Stück an der Volksbühne zu protestieren, in dem sie gegen ihren Willen an der Bühnenrampe obszöne Gesten vorführen musste. Sie wurde später als bayrische Volksschauspielerin ein Star, wahrscheinlich war sie es, die in München den Kontakt mit den Siemens-Erben hergestellt hatte.)

Wir sechs gingen also auf die Italienreise. Weber, Kreidt und Schmidt waren intime Kenner und Liebhaber von Jacob Burckhardts «Die Cultur der Renaissance in Italien» aus dem Jahr 1860, das ihnen in Florenz als Führer diente. Loes und ich lasen erst vor Ort diesen Klassiker und trafen darin auf ein Panorama von Giftmord und Leidenschaft, die Welt der berserkerhaften Medici und feinsinnigen Humanisten, in der, so das Gerücht, das moderne Individuum entstanden sein soll. Eine Kriegslandschaft unter kaltem Himmel, von einem atheistischen Historiker gemalt, das zog uns an. Allerdings sprachen wir nicht groß darüber, weil wir uns bald auf die seltsame Mission in Richtung Lucca begaben. Politische Seiltänzer alle sechs, aber es ist bekanntlich besonders schwer, Balance zu halten, wenn das Seil auf dem Boden liegt.

Unsere Vorstellungen von Italien nährten sich nicht nur aus Burckhardts Renaissance-Panoramen. Die erste Frau, die mir im Zusammenhang mit unserem Italienbild 1968 einfällt, ist Anna Magnani im Film «Bitterer Reis»; ein ganz anderes Kaliber als Anita Ekberg in «La Dolce Vita» beim Bad im Trevi-Brunnen, denke ich, und schon läuft die Erinnerung in die Irre: Die Sex-Ausstrahlung von Silvana Mangano, die in «Bitterer Reis» knöcheltief im Wasser der Reisfelder gegen ihre Rivalinnen kämpfen muss, habe ich mit der älteren Anna Magnani verwechselt, die in Pasolinis Film «Mamma Roma» als Prostituierte versucht, ihrem Sohn zuliebe eine bürgerliche Existenz aufzubauen. Beide Filme in Schwarzweiß wie de Sicas «Fahrraddiebe», dessen Trauer sich mir einbrannte, das Äußerste, was im Neorealismus an Authentizität aufzubringen war – das prägte sich ein wie Druckerschwärze, verhinderte aber Verwechslungen nicht.

Aus welchen Phantasmen könnte mein Italienbild damals noch bestanden haben? «Don Camillo und Peppone» von 1952 war ein Familienereignis der fünfziger Jahre gewesen. Der kommunistische Bürgermeister im Gerangel mit dem Pfarrer, es gab keinerlei Berührungsverbot. Ein Märchen friedlicher Koexistenz des roten und des schwarzen Lagers im Schatten des Kalten Krieges. An diesen Traum zu erinnern, galt 1968 als «revisionistisch». In den siebziger Jahren würde Italien ein Brennpunkt terroristischer Strömungen werden, aber so weit war es noch nicht. Wir reisten in ein Land, dessen Kommunistische Partei vom SDS mit Misstrauen beäugt wurde. War die KPI nicht nur eine rebellische Fraktion des Kleinbürgertums, die am liebsten in der Farbenpracht des freien Marktgeschehens aufgegangen wäre? Da uns diese Wunschvorstellung sehr nahe kam, ja berührte, mussten wir sie uns vom Leibe halten. Das war nicht schwer; denn mein wabernd-warmes Italienbild war in den sechziger Jahren vom Italowestern kalt durchschnitten worden. Morricones Soundtrack mit Okarina, Peitschenschlägen und E-Gitarre, die Amoral von Kinskis Antihelden oder die Kapitalismuskritik, die wir aus dem Film «Für eine Handvoll Dollar» (1964) herauslasen, entsprachen eher unseren Träumen der scharfen Gegensätze und dem Gespür für Feindschaft.

Ich hatte die Reise, wie man sieht, mit sehr leichtem Gepäck angetreten; in Kenntnis meiner Unkenntnis der italienischen Zustände hätte mich der SDS niemals nach Lucca schicken dürfen. Wusste die SDS-Zentrale in der Halbruine am oberen Ku'damm überhaupt von dem Trip der sechs?

Die kunstsinnigen Siemens-Erben hatten auf dem Berg ein Gehöft mit Kirche erworben, vielleicht besaßen sie auch den ganzen Berg. Zum Hofstaat gehörte vor unserer Ankunft bereits ein Maler mit Brokatweste, die Küche war köstlich, die Räume kühl, vor kurzem mit Freskenmalereien gestaltet, man hätte sich hier Gespräche im Stile des Hofmannes in der Renaissance, des *Cortegiano*, vorstellen können.

Da das Unternehmen harmlos war, konnte ich auch die Eltern davon unterrichten, wo wir vom 15. August bis zum 3. September 1968 unser Lager aufschlugen:

Liebe Eltern,

... bei diesem Wetter pflegen wir mit den Söhnen der dritten Erbfolge des Hauses Siemens Billard zu spielen oder der millionenschweren Sippschaft den Rücken zu kehren, um in unserer separaten Villa unsere Entwürfe der Doktorarbeit zu diskutieren und unmäßig viel Wein zu trinken. Natürlich ist das schon Snobismus, auf einem Gerät, das in den zwanziger Jahren in Berlin hergestellt wurde und von Siemens extra über tausend Kilometer in die Toskana transportiert wurde, inmitten der herrlichen Berglandschaft Billard zu spielen. Die vitale Gastgeberin (mit einer Schwäche für sozialistische Studenten) hat sich also einfach in der Toskana einen ganzen Berg gekauft (Quadratmeter 0,42 DM, aber der Waldbestand kostete 45 000 DM), mit burgähnlichen Häusern auf der Spitze, und dann hat sie einen cleveren Architekten in Rom engagiert und den schicksten Lampenmacher in Lucca und den versiertesten Innenarchitekten in Florenz, um sich in den alten Gemäuern Komfort zu beschaffen. Es ist alles noch nicht fertig, und die Wasserpumpe scheint defekt (was Loesje Kummer macht). Im Zug hierher hatten wir noch viele

Katastrophenvorstellungen, weil wir nicht genau rauskriegen konnten, was es mit der obskuren Bekanntschaft auf sich hatte. Es hätte ja auch eine Baracke aus Eternit sein können oder ein ausgedienter Pferdestall. All das war es nicht. Es ist gediegener Luxus. Und in der Ferne sieht man die kleine Stadt Lucca liegen, vollgestopft mit Kunstschätzen. Natürlich ist die kleine Bastion des Hauses Siemens nicht ans Verkehrsnetz angeschlossen, weitab von den großen Straßen, schnell erreichbar mit einem Opel Admiral oder einem Opel Kadett Rallye, über die wir aber nicht verfügen, sodaß der Weg zum Meer bis jetzt von uns nicht geschafft worden ist. Und so haben wir uns bisher damit begnügt, die verwilderten Berghänge zu plündern, die letzten Rebstöcke, Feigenbäume, Birnbäume, Brombeerhecken ... durch den Eßkastanienwald zu spazieren, unter Pinien auszuruhen und in den Nächten zu diskutieren. Mein gestreiftes Hemd trage ich auf der bloßen Haut, die Hemdzipfel auf dem Bauch verknotet, das gilt als schick.

Zu Bergwanderungen und Spielen waren wir jedoch nicht eingeladen. Als der Historiker Hans Mommsen, Elder Statesman der bundesrepublikanischen Zeitgeschichte, eintraf – ein seriöser Herr mit leicht ironischer Distanz zur Rasselbande aus Berlin –, wurden wir auf unsere eigentliche Funktion aufmerksam gemacht: Verlangt wurde eine marxistische Einschätzung der Lage und eine authentische Erklärung der Motive der «Revolte». Man wollte am Hofe sehen, aus welchem Holz die Berliner Rebellen geschnitzt waren. Die deutsche Eiche war es sicher nicht.

Wie zu erwarten stellte sich schnell heraus, dass die Gegensätze zu Mommsens Ansichten unüberbrückbar waren.

Mommsen polemisierte – nicht ohne das jovial-sarkastische Lächeln eines überlegenen Gelehrten aufzusetzen – gegen das Schlagwort von der «repressiven Toleranz», das 1965 von dem von uns verehrten Herbert Marcuse in Umlauf gebracht worden war. Er wies darauf hin, dass die sechs Revoluzzer aus Berlin die Spielräume der Toleranz, die die BRD ihnen böte, doch weidlich nützten ... Der höfliche Disput drohte in Feindseligkeiten umzukippen. Dass es so weit nicht kam, verdankten wir einem Naturereignis: Ein Gewitter stürzte auf das Gehöft, und sintflutartige Regenschauer brachten den politischen Streit abrupt zum Verstummen, als wir mit Schrecken sahen, dass die kurz zuvor angebrachten Freskenmalereien von den Wänden rannen. Das war einerseits todtraurig für die Gastgeber, entbehrte andererseits für die Radikalen aus Berlin nicht der Komik. Elisabeth und Dietrich genossen sichtlich das Theater der wegfließenden Ornamente. Naturgewalt war mächtiger als das Palaver.

Es war nicht gerade wie in Boccaccios «Decamerone», nicht die Pest belagerte die adelige Gruppe, nur ein Unwetter, aber, wie sich bald zeigen würde: Der Tod ragte auch hier in die kleine Gesellschaft hinein. Am nächsten Morgen, dem 21. August, zeigte uns der Brokat-Maler sein neues Gemälde: ein sowjetischer Panzer mit einer blutenden Rose. In der Nacht hatten Panzer der Sowjetunion den Prager Frühling niedergewalzt, bei den Kämpfen um den Rundfunk waren die ersten Demonstranten getötet worden. Das Gemälde brachte uns in Verlegenheit. Für den SDS war Dubček ein zweifelhafter «Reformist», der eherne Grundsätze des Marxismus verraten hatte. Wir boykottierten den Besuch der Galerie in Lucca, wo das schnell gemalte Bild am nächsten

Tag ausgestellt wurde. Das hob die Stimmung am Hofe nicht, und es war dumm. Die Lehre von der reinen Revolution ist reich an Fehleinschätzungen. Später begriffen wir auch Allende in Chile nicht, nach seinem Sturz organisierten wir halbherzig Demonstrationen; denn schuld an dem fatalen Ausgang war schließlich doch sein naives Vertrauen in die Armee gewesen. Giftmord und Monster der Renaissance, Kinski und «Mamma Roma» waren uns entschieden näher als der Prager Reformer, der bald zur Gartenarbeit verurteilt wurde.

Was wurde aus der wilden Schar, die man eingeladen hatte, um die Abwesenheit Dutschkes zu kompensieren? Götz ging mit politischem Auftrag in den Jugendverband des Deutschen Bauernverbands. Die Erfahrung dort hat ihn umgedreht. Man sollte einen Kader nicht so direkt in die Wirklichkeit hineinschleusen.

Mitte der siebziger Jahre, ich war inzwischen Kader einer kommunistischen Partei, traf ich ihn wieder. Er hatte offenbar eine leitende Funktion im Jugendverband inne, denn er berichtete von offiziellen Besuchen des Verbands bei LPGs in der DDR. Dann fragte er mich, an was ich gegenwärtig arbeite. Neben der Parteiarbeit versuchte ich, meine Habilitation fertig zu schreiben, zweihundert Seiten hatte ich schon in der Aktentasche, Thema: «Lupus in Fabula. Die Rolle des Stalinisten in Bauernromanen der DDR». Mit nur einer Frage warf er das Projekt über den Haufen: «Warst du schon einmal auf einem Bauernhof?» Ob ich wisse, dass die Bauernliteratur der DDR für städtische Leser geschrieben sei? Nun, ich hatte etwa den Streit über Erwin Strittmatters Roman «Ole Bienkopp» auf dem Magdeburger Bauernkongress verfolgt. Nicht gerade eine empirische Grundlage zur Einschätzung der Offenstalltierhaltung, meinte Götz lachend. «Lass es bleiben!»

Zweihundert Seiten verschwanden fest verschnürt auf dem Dachboden in Maarssenbroek, ob sie die späteren Umzüge überlebt haben, weiß ich nicht. Götz, der schwäbische Grübler, Schelling-Kenner und Politkader, wurde schließlich Dozent und wissenschaftlicher Mitarbeiter für Agrarpolitik an der Universität Kassel. Die Partei hatte die Weichen für eine sinnvolle Praxis gestellt. Neben seiner Arbeit als Dozent soll er später eine Schafherde gehütet haben. Ein freier Kopf.

Elisabeth promovierte 1969, war von 1970 bis 1980 im ZK der KPD/AO, später am Gründungsprozess der Grünen beteiligt und Mitbegründerin der Heinrich-Böll-Stiftung. Beim Begräbnis von Christian Semler vor wenigen Jahren traf ich sie im Rollstuhl, liebenswert wie eh und je. Dietrich Kreidt wurde 1973, als Jürgen Horlemann vom ZK der Partei nach unserer Demonstration gegen den Breschnew-Besuch in Dortmund verhaftet worden war, Parteisprecher der KPD/AO. Ich erinnere mich an die Demonstration, weil ich mich auf der Flucht vor einem Polizeipferd in einem Hinterhof zwischen Mülleimern versteckte und fürchtete, dass es mir wie Benno Ohnesorg ergehen könnte. Wir waren stolz, den hermetischen Kordon der Polizei durchbrochen zu haben, um mit Hunderten wie auf einen Pfiff vor dem Rathaus aufzutauchen. Kreidt verlor seine Stellung bei den Theaterwissenschaftlern der FU, zeichnete sich später durch gut recherchierte kulturhistorische Reportagen aus, in denen der Einfluss von Jacob Burckhardt immer noch zu spüren war. Rosel machte, wie gesagt, Karriere im Fernsehen. Die Delegation von Lucca – in alle Winde zerstreut.

Die Natur des Verbrechens

Am 23. Mai 2019, zur Feier des siebzigsten Jahrestags des Grundgesetzes, zeigte die «Frankfurter Allgemeine Zeitung» auf der Titelseite einen Cartoon der Zeichner Greser & Lenz: Moses, die Gesetzestafeln mit den zehn Geboten unterm Arm, befindet sich bereits auf dem Abstieg vom Berg Sinai, als ihm Gott in letzter Sekunde aus einer Wolke das Grundgesetz nachreicht: «Moment, Moses, nimm das noch für die Deutschen mit!» So kamen wir zur Bibel der Nachkriegszeit. Das Grundgesetz, belehrt uns der Herausgeber Berthold Kohler in einem Kommentar, war eine «Antithese zur Herrschaft des Bösen in den Jahren 1933 bis 1945. Mit Blick auf die Erfahrungen in der Weimarer Republik und auf den Zivilisationsbruch der Nazi-Barbarei schufen die Väter und Mütter des Grundgesetzes eine Grundordnung für das Zusammenleben der Deutschen, die, was eine gute Verfassung ausmacht, überzeitliche Qualität hat.» 1979 nannte Dolf Sternberger die Liebe zu dieser Verfassung einen «zweiten Patriotismus». Das Grundgesetz war, heißt es in einem weiteren Kommentar in der FAZ, «symbolisch in die Leerstelle eines unbesetzt gebliebenen identitätsstiftenden Zentrums der westdeutschen Nachkriegsgesellschaft gerückt».

Die Frage liegt nahe, ob es eine solche «Leerstelle» bei den Deutschen tatsächlich gab oder ob nicht eher Mentalitäten und Dispositionen alten Stils überdauerten. An der Basis des Nachkriegslebens standen erschöpfte Männer und Frauen mit der Schwerkraft ihrer Routinen, der Trauer über die Toten und ihrer Enttäuschung über die Niederlage, dem geheim gehaltenen Wissen oder der dumpfen Ahnung der Verbrechen, in die das eigene Volk verwickelt war, der Herausforderung der Trümmerbeseitigung und des Wiederaufbaus. Das Grundgesetz war kein Abbild des tatsächlichen Zustands, der erschöpften Energien und des Existenzialismus der Müdigkeit. Die «Leerstelle», das war die zeitlich begrenzte Phase der Anarchie und des freien Atmens im Chaos über dem Bodensatz der Kontinuität. Das Grundgesetz war ein Erziehungsauftrag, mit dem der *demos* demokratiefähig gemacht werden sollte. Um zu einem Regelwerk zu werden, mit dem Konflikte nach demokratischen Verfahren einer Republik ausgetragen werden konnten, musste ein Prozess eingeleitet werden, der Jahrzehnte dauern würde. Das Grundgesetz sollte Hüter des Transformationsprozesses in der BRD sein. Und eine Zeitlang «spielte» die geschlagene Bevölkerung das neue Spiel mit.

In diesen Prozess war die 68er-Generation verwickelt. «Verfassungspatriotismus» war für sie ein Fremdwort, weil sie annahm, dass hinter den Kulissen der verfassungsmäßigen Staatsorgane Machtstrukturen am Werke waren, die von der Verfassung nicht tangiert wurden. Die «Pflicht zum Kosmopolitismus» (Jürgen Habermas) schärfte den Verdacht, dass in der neuen Republik unsichtbare Kräfte wirkten, die der Transformationsprozess nicht erfassen konnte. In diese Schneise zwischen humanitärem Pflichtprogramm und einer von alten Funktionseliten geprägten Wirklichkeit drang Hans Magnus Enzensberger mit seinem Buch «Politik und Verbrechen» ein.

Enzensberger gehörte der «Flakhelfergeneration» an. Die Flakhelfer entwickelten schon gegen Ende des Krieges einen

Habitus, der sich dem der späteren westlichen Besatzer anschmiegte. Karl Robert Mandelkow, mein akademischer Lehrer in Amsterdam, erzählte mir einmal, dass er mit anderen Jugendlichen auf den Stützpunkten der Flugabwehr oder in Panzern die Jazzsendungen der Amerikaner abgehört habe. Keiner der Flakhelfer, die ich traf, glaubte, individuelle Schuldgefühle abbauen zu müssen. Im Gegensatz zu den Frontsoldaten waren sie nicht im Nahkampf eingesetzt worden.

Umso denkwürdiger, dass Enzensbergers Kolportagen in «Politik und Verbrechen», die zu Beginn der sechziger Jahre auszugsweise im Hessischen und im Süddeutschen Rundfunk ausgestrahlt wurden, sich mit großer Faszination auf Tod und Verderben konzentrieren. In neun Versuchen über Adolf Eichmann und Herman Kahn, Rafael Trujillo und Al Capone, Wilma Montesi und die russischen Anarchisten klärt Enzensberger einen Zusammenhang auf, «an dem alle sterben können, für den aber niemand zuständig ist: den Zusammenhang zwischen Politik und Verbrechen». Mit diesem Leitsatz betritt er das «unsichere Gelände» zwischen Kolportage und Philosophie.

Im Eingangskapitel «Reflexionen vor einem Glaskasten» geht es vor allem um die «Naturgeschichte des Verbrechens», über die sich Enzensberger bei der biologischen Verhaltensforschung, der Ethnologie und der Mythenforschung informiert. Sigmund Freuds Schriften «Totem und Tabu» (1913) und «Zeitgemäßes über Krieg und Tod» (1915) sowie Bronisław Malinowskis Untersuchung über «Sex and Repression in Savage Society» (1927, deutsch 1962 unter dem Titel «Geschlecht und Verdrängung in primitiven Gesellschaften»), Gerhard Schoenberners «Der gelbe Stern. Die Judenverfolgung in Europa 1933 bis 1945» (1960) und Elias Canettis «Masse und Macht» (1960) bilden die theoretische Umwelt seiner Reflexionen. Eine Mixtur, weit entfernt von der abstrakten Leidenschaft des «Verfassungspatriotismus».

Klaus Hartung hatte recht, als er 1986 bei einem Vortrag im Amsterdamer Goethe-Institut anmerkte, man gehe fehl, wenn man versuche, die sechziger Jahre auf der Grundlage der damals kursierenden politischen Theorien zu rekonstruieren. Man könne damit vielleicht einen Lehrstuhl gewinnen, aber nicht die Wirklichkeit erschließen; denn damals habe man genommen, was gerade passte: den mittleren Marcuse, den politischen Marx, den Pädagogen Siegfried Bernfeld, den Psychoanalytiker Wilhelm Reich, kombiniert mit Anna Freud, und dann eben Enzensberger, dessen radikale Impulse weit in unsere Generation hineinstreuten. Seine Botschaften waren wie eine Flaschenpost; wenn sie an Land gespült wurden, war ihr Urheber schon wieder unterwegs zu andern Ufern. Er war nicht haftbar - und wir schätzten ihn eine Zeitlang als ein «Genie der Gleichzeitigkeit».

Man versteht das Glück der Erinnerung an die sechziger Jahre (im Gegensatz zu den bleiernen späten Siebzigern, in denen die Vergeblichkeit revolutionärer Projektemacherei uns zu Boden zerrte) vielleicht besser, wenn man als Schüler die Stickluft des innenpolitischen Klimas der Adenauerzeit atmen musste. In verschlossene Archive einzudringen, Antiquariate zu durchkämmen, Schulbücher zu säubern, bei französischen, chilenischen und amerikanischen Studentinnen und Studenten unterzuhaken und im gleichen Zeitraum eine wissenschaftliche Arbeit zu verfassen, die Neuland erschloss, das war reines, das heißt arbeitsintensives Glück.

Enzensbergers Reflexionen kreisten um Freuds Idee, den Beginn der Kultur auf ein grässliches Verbrechen zurückzuführen, den Vatermord, von einer Brüderhorde vollstreckt, und den verdunkelten Zusammenhang von Mord und Herrschaft aufzudecken: «Er ist in der Grundstruktur aller bisherigen Herrschaft aufbewahrt: Sie wird von demjenigen ausgeübt, der die Beherrschten töten kann.» Die Revolte gegen den Machthaber löse allerdings eine endlose Rekursionsschleife aus. Die Umstürzler *infizieren* sich am vorrevolutionären Zustand «und erben damit die Grundstruktur der Herrschaft, gegen welche sie angetreten sind».

Da die Gewaltstruktur der Herrschaft nicht offen zutage liegt, bedarf es der Arbeit der Aufklärung, die zwangsläufig nur an der Peripherie der Gesellschaft getan werden kann, im Verbund von großen Ketzern und kleinen Querulanten, sonderbaren Heiligen und Sektierern aller Couleur. Ein blinder Fleck in allen Varianten der politischen Aufklärung war Enzensberger zufolge Auschwitz: Die Wirklichkeit des Judenmords sei erfolgreich exorziert worden. Mehr als dreißig Jahre vor Martin Walsers Paulskirchenrede liest man bei Enzensberger: Der Exorzierung diene «ein kompliziertes Ritual folgenloser, lokaler Selbstbezichtigung. Mit einem Ereignis, das die Wurzeln aller bisherigen Politik bloßgelegt hat, will dieses Ritual fertig werden (und das heißt letzten Endes: will es vergessen).»

Enzensberger brach das Verhältnis von Politik und Verbrechen auf ein einfaches Erzählmodell herunter: Die Verbrechergesellschaften seien «Parodien der allgemeinen sozialen und politischen Verfassung, und umgekehrt». Diese Einschätzung kannten wir bereits aus Brechts «Dreigroschenoper», aber Enzensberger fügte eine Einschränkung hinzu: «Indessen hinken die Kriminellen meist hinter dem Entwicklungsstand des Ganzen her, was ihnen eine romantische Aura verleiht. So hat der Faschismus sehr bald Brechts Darstellungsweise überholt. Sie trifft wohl den traditionellen Typ des Schädelspalters, etwa Röhm, allenfalls noch Göring, wirkt aber veraltet angesichts von Figuren wie Heydrich, Bormann oder Höß, die einen weit abstrakteren Aufbau der gesellschaftlichen *Ordnung* anzeigen.»

Das Breitwandpanorama, das Enzensbergers Kolportagen dann entfalten, elektrisierte mich in den sechziger Jahren. Ich erblickte in den Texten ein Rondell mit kriminellem Untergrund, aktuell beobachtbar und mit Fundamenten in Tiefen der Naturgeschichte. Das faszinierte mich ebenso wie Georges Sorels «Über die Gewalt» und Walter Benjamins esoterische Anverwandlung des französischen Denkers in «Zur Kritik der Gewalt». Auch Sorel ging es darum, unter den fragilen Institutionen der repräsentativen Demokratie das Elementarreich der rohen Gewalt freizulegen. Die helle Empörung, die Enzensbergers Essays bei Hannah Arendt auslösten, ging an uns vorbei. Seine Formel von der Naturmacht des Bösen war zu griffig, um falsch zu sein. Skepsis gegenüber dem Rechtssystem an allen Fronten, nur nicht bei Habermas, dem alten Mentor. Man kann sich unser Misstrauen gegenüber dem Rechtsstaat heute kaum noch vorstellen.

Im Juni 1968 besetzten wir, die Mitglieder der Ad-hoc-Gruppe Germanistik, als Protest gegen die Notstandsgesetzgebung das Institut für Germanistik an der FU. Volker Wildt, ein abtrünniger Theologiestudent, hatte die Brechstange besorgt, mit der wir uns um sechs Uhr morgens Zugang zum Institut verschafften. Die Besetzung artete in begrüßenswertem Sinne aus: Die Polizei versuchte, das Institut zu stürmen, die Junge Union verpestete die Räume durch Flaschen mit Buttersäure, im Gang wurde ein Graffito angebracht: «Wo früher Goethe stand, da pennt jetzt Dieter Kunzelmann», und ich schlief neben einer Irin unter einem Tisch im Archiv der Gerhart-Hauptmann-Ausgabe.

Es war alles tierisch ernst, bis die Kommune I Einzug hielt. Die Kommunarden kamen ungebeten und schleppten riesige Lautsprecheranlagen in die Boltzmannstraße, um aus den Fenstern den Campus mit Popmusik zu beschallen. Ulrich Enzensberger, der jüngste der vier Brüder, trug eine Mönchskutte und verlangte Eintritt. Kopfzerbrechen bereiteten uns Rainer Langhans und Fritz Teufel. Während einer Vollversammlung in der Bibliothek schmiss Langhans ein Buch, das er blindlings aus dem Regal gezogen hatte, in meine Richtung. Ich war empört und schrie ihn an – es war ein Band der Wieland-Ausgabe, ein Aufklärer wurde weggeworfen. Unvergesslich seine Reaktion: «Ihr Analerotiker!» Das sollte wohl heißen, ohne Papier bringt ihr nichts zustande. Wenn man das psychoanalytische Motiv abstreift, hatte er vielleicht gar nicht unrecht: Unsere Gewaltphantasien fanden sichere Unterkunft in der Literatur, von Burckhardt bis Enzensberger.

Ein paar Tage später schrieb ich an meine Eltern: «Liebe Familie, für uns hat jetzt die Krumme-Lanke-Zeit angefangen; Loesje setzt ihren eigenhändig genähten Bikini (aus frz. Baumwollstoff, hellblau mit dunkelblauen Blumenmustern) der Sonne aus und ist richtig schön; ich bevorzuge den Schatten und denke mir allerlei aus, was ich so in meine Arbeit schreibe. In der letzten Woche haben wir unser Institut gelüftet. Das bedeutete für uns viel Arbeit: Wir mußten die Mißstände in unserem Institut analysieren, Pressekonferenzen abhalten und 700 Germanisten davon überzeugen, dass wir recht hatten etc. ...»

Unerklärlich erscheint mir, wie ich in dieser Zeit großer Gewaltphantasien und kleinerer Protestaktionen unentwegt an meiner Dissertation arbeiten konnte. Zu Beginn war es weniger die Literatur als die Malerei gewesen, die mich zur Neuen Sachlichkeit hinzog. Im Jahrzehnt vor dem Ersten Weltkrieg zeichneten die expressionistischen Künstler die Gestalt des Menschen mit einer zersplitterten Kontur. Als ob Ausstrahlungen eines inneren Erregungszentrums die Oberfläche der Haut durchlöcherten. Die Augen erschienen auf den Zeichnungen als Einbruchstellen in innere Räume einer verschlungenen Psyche. Im neusachlichen Jahrzehnt dagegen schlossen sich die Körperkonturen. Die Stirn beschirmt die Augen, die wie Richtungsscheinwerfer die Umwelt abtasten. Die Körper sind bedeckt mit einer sozialen Montur, aus der sich der Aktionsradius der abgebildeten Person auf ihrem Berufsfeld erschließen lässt. Mich fesselte der mit einer sozialen Rolle gepanzerte Körper.

Den abrupten Umschlag der Körperbilder vom Expressionismus zur Neuen Sachlichkeit zeigt 1926 das Selbstbildnis von Georg Scholz vor einer Litfaßsäule. Man sieht eine geschlossene Figur im Zirkulationsfeld der urbanen Umwelt. Die Plakate auf der Litfaßsäule vermelden Sportereignisse, das Automobil dahinter weist auf den erweiterten Aktionsradius eines Mannes hin, der in jedem Augenblick in der Anonymität der Passanten untertauchen kann. In solchen Bildern erkannte ich symbolische Zaubermittel, entworfen, um einen angstfreien Zugang zum Leben in der modernen

Stadt zu ermöglichen. Man muss sich zu verschließen wissen.

In der Neuen Sachlichkeit beginnen sich die Figuren mit Massenmedien zu vernetzen. Tamara de Lempicka zeigt Frauen am Telefon, Max Radler einen Mann splitterfasernackt, aber als Funkamateur mit dem Radio verbunden. Der Hang zur Panzerung und Maskierung ist überall zu beobachten. Woher kam die Angst, die Körpergrenzen könnten verschwimmen, der Kopf könnte von Schwindel erfasst werden? War es der Wechsel der Gesellschaftssysteme vom nervösen Zeitalter des Kaiserreichs zu den unübersichtlichen Strukturen einer Demokratie?

Juristen und Psychoanalytiker, Kriminologen und Demographen, Sportler und Unfallchirurgen entwerfen im neusachlichen Jahrzehnt Bilder des Körpers als Silhouetten ihres Fachjargons. Die marxistischen Theoretiker taten es ihnen gleich, die Menschen wurden Schatten ihrer Vorstellung von der Änderbarkeit der Gesellschaft. Die radikalen Gesellschaftstheorien, die wir kannten, konnten gut mit geschlossenen Körperbildern umgehen: Menschen wie Schalentiere zu behandeln, die sich nach sozialen Strömungslehren ausrichten, zu Kollektiven finden oder ausgeschlossen in einer Nische verharren, ist entschieden leichter, als sich in deren psychische Dunkelheiten zu versenken.

Aber egal, in welcher gesellschaftlichen Formation, unter den sozialen Schalen steckten weiterhin die Tiere mit ihrer Fresssucht, ihrer Sexgier und ihrem Vernichtungswillen. So las ich zumindest die Zeichnungen von George Grosz, Otto Dix und Karl Hubbuch, ebenso wie Brechts «Baal» und Arnolt Bronnens Roman «O.S.». Nur in der Darstellung der Kommunisten schien diese Tiefenschicht gelöscht zu sein.

Es war harmloser, sich mit ihnen zu befassen. Allerdings wies mein theoretischer Umgang mit den «Massen» schon auf spätere Zeiten als Kader einer kommunistischen Partei, wenn ich frohgemut Brechts Satz zitierte: «In unserer Zeit ist die Tiefe des Gedankens messbar nur an der Tiefe der sozialen Schicht, an die sie noch rühren.» Sorglose Zeit, in der Tiefe messbar war.

Zeigt der Rückblick auf die Bilderwelt der Dissertation meine eigene Ausgangslage in den sechziger Jahren? Er blendet zumindest aus, dass mich damals der «Amerikanismus» selig machte. In dieser Strömung der zwanziger Jahre entdeckte ich einen Grundzug der antiautoritären Lebenshaltung, die den Widerspruch zwischen Konsumfreiheit und offizieller Sozialisationsmoral feierte. Wir durften uns die Zivilisation als einen Raum vorstellen, in dem die Lust am Materiellen ungehemmt an ihre Objekte kommen durfte, während die «Kultur» der älteren Generationen als System des unabschließbaren Lustaufschubs erschien. Die Lust am Materiellen war verbunden mit dem Gedanken an die Zerstörung einer Herrschaft, die mit Konsumverzicht und rigider Sexualmoral operierte. Max Horkheimer schien uns darin zu bestärken: Wenn zwischen materiellen und ideellen Bedürfnissen schon einmal ein Unterschied gemacht werde, meinte er, «so muss man zweifellos auf die Erfüllung der materiellen bestehen, denn in dieser Erfüllung ist die gesellschaftliche Änderung mitgesetzt».

Den Remigranten an der FU, Ernst Fraenkel zum Beispiel, dessen Analyse des NS-Staats als «Doppelstaat» ich erst fünfzig Jahre später bei der Arbeit an dem Buch «Die Staatsräte» zu schätzen lernte, muss unser Treiben im besten Falle als Karneval der Jugend, im schlechtesten als Wiederkehr der Hitlerjugend erschienen sein. Hatten die Veteranen aus dem Exil sich mit dem Fortleben der Funktionselite des NS-Staats abgefunden? Wir witterten sie überall. Falsche Witterungen bringen Unheil.

Die Alternative

Auf der Frankfurter Buchmesse 1966 gehörten die Plakate der Russischen Revolution 1917–1929 zu den meistgestohlenen Objekten, obwohl sie, wie Klaus Laermann in der Zeitschrift «Alternative» schrieb, vom Verlag scharf bewacht wurden. Der Herausgeber Caio Garrubba hatte sie in der Moskauer Lenin-Bibliothek entdeckt, zuvor waren sie auch dem sowjetischen Publikum nicht zugänglich gewesen. Auf originalnahen Papiersorten in Originalgröße reproduziert, ließen sie sich wie eine Revolutionsgeschichte lesen. Man konnte die Plakate einzeln erwerben, und El Lissitzkys berühmtes Bild «Mit dem roten Keil schlage die Weißen» landete in den Küchen linker Wohngemeinschaften.

Die «Alternative», die von den Plakaten berichtete, hatte 1958 als Fusion der Lyrikmagazine «Visum» und «Lyrische Blätter» ihren Anfang genommen. Einige Jahre bei Ansgar Skriver als politisch engagierte Zeitschrift für Dichtung und Diskussion verlegt, verschob sie seit dem Jahreswechsel 1963/64, als die Herausgeberschaft in die Hände von Hildegard Brenner überging, ihren Schwerpunkt zunehmend von der literarischen zur theoretischen Diskussion. Theorie galt ihr gleichermaßen als wissenschaftliches Werkzeug wie als Denkraum.

In Brenners Atelierwohnung im Gartenhaus der Düsseldorfer Straße 4 fand sich 1966 eine merkwürdige Bande ein, die von der Herausgeberin und Chefredakteurin mit Strenge und Nachsicht zusammengehalten wurde. «Ein Gedanke pro Satz genügt!», schärfte mir Brenner ein. Das habe ich selten geschafft. Mit von der Partie waren zu diesem Zeitpunkt: Helga Gallas, Piet Gruchot, Heinz Dieter Kittsteiner, Harmut Rosshof, Peter B. Schumann und Horst Tomayer. Kittsteiner war vorläufig mit der Einwerbung von Annoncen betraut.

Klaus Laermann, ein soziologisch bewanderter Germanist, hatte Kittsteiner und mich empfohlen. Der Platz in der Redaktion war frei geworden, weil Hans-Peter Gente in Unfrieden ausgeschieden war. Gente war ein Phänomen, wir (das heißt auch der SDS und der Argumentclub) brauchten ihn als wandelnde Enzyklopädie; der massive Mann mit der Benjamin-Physiognomie setzte seine Kenntnisse von Archivmaterial gezielt zur Untergrabung linker Gemeinplätze ein. Er war es, der uns von Sätzen Benjamins erzählte, die Adorno in seiner Benjamin-Edition unterdrückt habe. Nur: Gente schrieb nicht. Hildegard Brenner wiederum verfügte über gute Kontakte zu Rosemarie Heise, der Frau des Philosophen Wolfgang Heise, die Zugang zum Benjamin-Nachlass in Potsdam hatte – der Konflikt um das Benjamin-Heft der «Alternative» wurde folglich auch von den zwei Welten des Kalten Kriegs bestimmt.

Ich selbst war vor dieser Nummer nur durch eine Rezension der Doktorarbeit von Rolf Tiedemann über Walter Benjamin aufgefallen, in der ich eine allzu brave Benjamin-Rezeption kritisierte, die aus dem Schatten Adornos nicht heraustrat. Warum Jacob Taubes mich daraufhin in sein Büro bestellte, um mich stumm zu umarmen, konnte ich mir damals nicht erklären.

Danach übernahm ich die Regie für die Dezemberausgabe 1966, «Industriearbeiter-Romane in Westdeutschland», zu der Oskar Negt einen Beitrag mit dem Titel «Sprachlich bedingte Bewußtseinsbarrieren bei Industriearbeitern» beisteuerte. Seltsamerweise kehrten in diesen Jahren sprachpolitische Fragen im sozialdemokratischen Gewand der «Soziolinguistik» wieder. Ich lud Oskar Negt ein, im Institut für Germanistik der FU das neue Konzept der Soziolinguistik vorzustellen. Der britische Sprachwissenschaftler Basil Bernstein hatte zuvor die Sprache der sozialen Unterschicht sowie der Mittel- und Oberschicht in England untersucht. Das Ergebnis war eine «Defizithypothese»: Angehörige der Unterschicht verfügten demnach nur über einen «restringierten Code» (geringer Wortschatz, einfache syntaktische Strukturen) im Gegensatz zu dem «elaborierten Code» der höheren Schichten. Negt schloss aufgrund seiner Erfahrungen mit Gewerkschaftsarbeit, dass im «restringierten Code» der Arbeiter potenzielle Erkenntnisse des Klassenantagonismus eingekapselt sind, die den Elaborierten verschlossen bleiben. So zumindest wollte ich ihn verstehen.

In der Dezemberausgabe 1967 zeigten wir, dass Adorno Benjamins Marxismus unterdrückt, im Spätwerk die theologische Seite forciert und den Einfluss von Bert Brecht ausradiert hatte. Die Suhrkamp-Leute druckten zum Beweis unserer Fehleinschätzung einen Brief Adornos vom 14. Mai 1967 ab, in dem er schrieb, er habe den dialektischen Materialismus gegen Benjamin, der – im Gegensatz zu Adorno – «den wesentlichen Gehalt der Marxschen Theorie nicht verstanden hatte», immer verteidigt. Die Kritik der «Alternative» sei haltlos. Zusammen mit ihrem Verleger Unseld erließen die Herausgeber der Edition einen Interimsbescheid, der festhielt, dass die «*Alternative* ohne jede Sachkenntnis, allein aus Publizitäts- und Geschäftsinteresse» gegen die Edition polemisiert habe. Das war starker Tobak.

Sieht man sich unser von der Benjamin-Philologie auf der Stelle einhellig verachtetes Heft genauer an, so kann man einige Überraschungen erleben. Neben der Editionskritik, die bekanntlich bis heute virulent ist und zu einer neuen Edition geführt hat, werden sowohl die sprachphilosophischen Frühschriften wie die theologische Dimension späterer Texte diskutiert. Im Aufsatz von Hans Heinz Holz etwa wird Benjamins Denken aus der Sprachphilosophie des Namens entwickelt. Benjamin sei, so Holz, «ein talmudischer Schriftgelehrter ..., eine Art marxistischer Rabbi» gewesen. Heinz Dieter Kittsteiner schließt seinen Artikel über die «Geschichtsphilosophischen Thesen» mit dem Gedanken, dass in jedem Eingedenken des Katastrophischen die Geschichte nicht historistisch stillgelegt, sondern theologisch darauf geprüft werden müsse, ob das fatale Kontinuum der Herrschaft gesprengt werden könne.

Den Zankapfel bildete das Schicksal von Benjamins Baudelaire-Essays, von der handschriftlichen Erstfassung bis zum Druck. Darüber hinaus ging es um die Versionen des Reproduzierbarkeitsaufsatzes, der für mich – im Kontext der Pop-Art gelesen – zu einem Kulttext geworden war. Er befreite uns von dem Fluch, den Adorno und Horkheimer in ihrer «Dialektik der Aufklärung» über die «Kulturindustrie» ausgesprochen hatten, und erlaubte uns die Lust am Trivialen der Massenkultur. Theoretische Texte las ich als Erschließungsmedien von Handlungsräumen. Es gab, so schien mir, einen Grad an Komplexität, der zur Lähmung jeder Motorik führte. Wer handeln wollte, musste das allzu Komplizierte vergessen. Da wir es eilig hatten, liebten wir

Abkürzungen. Insofern begrüßten wir die Formulierung von Rosemarie Heise, Walter Benjamin habe den Marxismus nicht auf eine «quietistische Dialektik des Stillstands» reduzieren wollen. Der Blick auf die Geschichte, meinte sie, sollte nicht zum «Divertissement für Melancholiker» werden.

Dass diese Einstellung von Georg Lukács' Urteil über die Frankfurter Schule gefärbt war und aus der DDR kam, kümmerte mich nicht. Kittsteiner indessen sehr wohl. Kurz vor seinem Tod 2008 schrieb er für die «Zeitschrift für Ideengeschichte» eine Version von der Entstehung des Benjamin-Heftes, in der seine sarkastische Stimme zu erkennen ist: «In der ‹Alternative› in West-Berlin galt Benjamin als Marxist – in Frankfurt am Main, so der Verdacht, spielte man das herunter.»

Kittsteiner war 1967 zu dem Kommentar über Benjamins «Geschichtsphilosophische Thesen» verurteilt worden. Ich schrieb unter dem Titel «Benjamins materialistische Kunsttheorie» eine Abrechnung mit Adorno. Mein Entwurf wurde nach eingehender Diskussion angenommen. Kittsteiners Manuskript erging es nicht ganz so gut. Er hatte alles hineingepackt, was er an Geschichtsphilosophie kannte, und führte damit die Redaktion in Verwirrung. Der Ratlosigkeit begegnete Hildegard Brenner mit dem Vorschlag, das Manuskript Wolfgang Heise zukommen zu lassen, der sollte seine Meinung dazu sagen. Das kleine Problem dabei: Heise saß auf der anderen Seite der Mauer. Das Manuskript würde sie schon hinüberbringen, das sei für sie kein Problem, meinte die Chefredakteurin; nach einer gewissen Zeit sollte Kittsteiner hinterherfahren und den Ostberliner Philosophen in der Humboldt-Universität treffen.

An einem Novembertag machte er sich auf den Weg. Der Beschreibung seiner Forschungsreise kann man entnehmen, mit welchen Vorbehalten er die Grenze überschritt. Ich zitiere einen längeren Auszug daraus:

Der Empfang im Sozialismus war von der üblichen Herzlichkeit und diesem unnachahmlichen Geruch von Plasten und Elasten aus der Braunkohlechemie. Daß auf dem Laufgang unter der Dachkonstruktion des Bahnhofs Friedrichstraße Vopos mit Maschinenpistolen auf und ab gingen, daran hatte ich mich gewöhnt ...

Bei meiner kleinen «geschichtsphilosophischen» Reise im Auftrag der «Alternative» war ich nun etwas zu früh dran und trottete die Linden hinunter in Richtung Humboldt-Universität. Das Gebäude konnte man nicht durch den Haupteingang betreten; es gab einen Nebeneingang, und dort saß in einem Glaskasten ein Herr, der den Zu- und Abgang bewachte. Ich zog meinen Personalausweis West hervor und ein Schreiben, das Hildegard Brenner mir mit auf den Weg gegeben hatte. Daraufhin bekam ich einen Laufzettel, auf dem vermerkt war, wann ich das Gebäude betreten hatte, nebst dem Gang und der Nummer des Zimmers von Professor Heise. Als ich hingefunden hatte und anklopfte, war niemand da. Nach einiger Zeit wurde es mir langweilig, und ich öffnete die Tür zum nächsten Hörsaal. Aber die Langeweile auf dem Flur war gar nichts gegen die Langeweile im Hörsaal. Ich war in eine Vorlesung über Marxismus-Leninismus geraten.

Es kommt sicher selten vor, daß ein Dozent bei seiner eigenen Vorlesung einschläft. Hier schien es Ereignis werden zu wollen. Vorne nölte ein Herr im grauen Anzug über den «Historischen Materialismus», und das studentische Publikum döste auch. Der «magische Charakter» der offiziellen Sprache wirkte als Schlafmittel. Ich fand mich in allen meinen Auffassungen über die Philosophie der DDR bestätigt und verließ nach kurzer Zeit zufrieden den Saal. So war Marxismus-Leninismus. Was war das gegen Ernst Bloch und seine Tübinger Einleitung in die Philosophie. Zusammen mit Herbert Marcuse und den «Pariser Manuskripten», gekauft im November 1966, gelesen unter zähen Mühen, das war für mich Marxismus. Nun kam Benjamin dazu, denn in Berlin mußte man nicht Bloch, sondern Benjamin draufhaben, wenn man irgendwo mitreden wollte.

Inzwischen war Wolfgang Heise in sein Zimmer gekommen und kramte einen Durchschlag von meinem Manuskript aus seiner Aktentasche. Er schaute mich mißbilligend an und gab es mir zurück. Dazu konnte oder wollte er nichts sagen. Die Audienz war sehr kurz; wahrscheinlich war ich für ihn nur der Beweis eines neuerlichen «Aufbruchs in die Illusion». Was sollte er auch mit einem 25-Jährigen anfangen, der immer noch so aussah, als ob er gerade sein Abitur bestanden hätte.

Ich teilte das dürre Ergebnis meiner Fahrt in den Osten der «Alternative» mit. Der Aufsatz wurde nun gedruckt, allerdings bestand die Herausgeberin darauf, daß ich mich von dem Schlußsatz trennen sollte. Wenn ich ihn heute wieder lese, bin ich Hildegard Brenner dankbar, denn ich hatte auf die Befreiungsbewegungen in der «Dritten Welt» verwiesen, die ich als «Geschichtszeichen» im Sinne von Immanuel Kant auffaßte ...

[Später] wurde mir deutlich, mit welch ungeheurem Selbstbewußtsein wir angetreten waren ... «Wir waren auf der Erde erwartet worden; die Vergangenheit hatte Anspruch auf un-

sere durch ‹Praxis› verbürgte schwache messianische Kraft.» Wir waren auf der Erde erwartet worden. Und es war die Geschichte selbst, die uns erwartet hatte, die deutsche Geschichte. Wir waren die rückwärtsgewandten Propheten, uns war es aufgegeben, alles zurechtzubringen.

Wenn die Hefte von der Druckerei kamen, wurden sie für die Abonnenten verpackt. Dann ging etliches an den Buchhandel, und schließlich organisierten wir den Kleinverkauf vor der FU-Mensa. So gegen zwölf Uhr mittags bezogen wir Posten vor dem Eingang; jeder mußte mal ran. Und wieder standen wir mit diesem unerschütterlichen Selbstbewußtsein hinter unserem Verkaufstisch und breiteten das Spektrum der «Alternative» aus. Das Heft Nr. 56/57 «Walter Benjamin» kostete fünf Mark, das war nicht wenig. Und dabei half uns kein engelsgleiches Kinderstimmchen, das den potentiellen Käufern zuflüsterte: «Nimm es, lies es, nimm es, lies es.» Eine Studentin, die mit mir gemeinsam in einem dieser viel zu großen Seminare saß, steuerte auf mich und meinen Verkaufsstand zu. Sie blätterte das Walter-Benjamin-Heft durch. Mein Aufsatz stand ganz am Schluß, und gewiß kannte sie auch meinen Namen. Doch sie schaute mich mißtrauisch an: «Hast du noch einen großen Bruder?» «Das habe ich selbst geschrieben!» Sie legte das Heft entschieden wieder auf den Tisch zurück, machte «Phh» – und verschwand in der Mensa.

Unsere kurze Zeit als Redakteure der «Alternative» war großartig. Dann trennten sich die Wege, ich verschwand in der ML-Bewegung, erst 1975 arbeiteten wir wieder zusammen. Noch einmal Kittsteiner im Originalton:

Jahrelang hatten Helmut Lethen und ich uns nicht mehr gegrüßt, sondern in der UB bestenfalls angeknurrt, wenn wir uns mal über den Weg liefen. Denn Lethen war in der KPD (AO), wie die meisten Germanisten, ich jedoch war bei den Historikern und dort in der Roten Zelle am anti-leninistischen Flügel. Dazwischen lagen Welten. Nun hatten aber die alten Leninisten-Maoisten «Selbstkritik» geübt: Warum sollte ich dann nicht wieder mit ihnen zusammenarbeiten? Das war 1975 [wir gründeten die Zeitschrift «Berliner Hefte»].

Heinz Dieter Kittsteiner werden wir in diesem Lebensbericht noch einige Male begegnen. Er war neben Hans-Thies Lehmann das einzige Genie, das ich in meinem Leben treffen durfte. In seiner großen Arbeit «Die Entstehung des modernen Gewissens» (1991) erzählte er, aus der Tiefe sozialhistorischer Archive schöpfend, einen hinreißend philosophischen Roman. Seine Überlegungen in «Out of Control. Über die Unverfügbarkeit des historischen Prozesses» (2004) wurden Leitlinien meines Denkens. Als er am 18. Juli 2008 starb, hinterließ er den Torso eines mehrbändigen Werks über die deutsche Geschichte, von dem nur der erste Band unter dem Titel «Die Stabilisierungsmoderne. Deutschland und Europa 1618–1715» erscheinen konnte. Zur Zunft der Historiker stand er zeitlebens auf gespanntem Fuß. Jacob Taubes förderte ihn, von 1983 bis 1985 arbeitete er als Wissenschaftlicher Mitarbeiter bei Reinhart Koselleck in Bielefeld. Koselleck tolerierte ihn; die akademische Paarung geriet aber immer wieder in Gefahr, etwa als «Kitt» im Salon seiner Freundin Hortense von Heppe bei einem großen Essen Koselleck zu Ehren die Rede auf Stalingrad brachte. Er wusste, dass sein Dienstherr, der Soldat an der Ostfront gewesen war, an keinem Punkt so empfindlich reagierte, wie wenn die «saubere Wehrmacht» in Zweifel gezogen wurde. An diesem Mythos hielt der Gelehrte fest. Vielleicht hätte es Koselleck versöhnt, wenn er erfahren hätte, dass Kittsteiners Benjamin-Thesen von 1967 im fernen Sauerland von seinem Brieffreund Carl Schmitt ernst genommen worden waren. Im Streit um die Benjamin-Edition hatten wir, wie sich erst siebenundzwanzig Jahre später herausstellte, einen unsichtbaren Kombattanten.

1994 wurde mir aus Grimbergen in Belgien ohne weiteren Kommentar eine Kopie meines «Alternative»-Artikels von 1967 nach Maarssenbroek geschickt. Der Absender war Professor Piet Tommissen, Archivar der «Schmittiana», das heißt Sammler aller Denkwürdigkeiten und Rezeptionsdokumente, die ein Licht auf den Rechtsgelehrten werfen. Als Reaktion auf mein Buch «Verhaltenslehren der Kälte», das eben erschienen war und ein Kapitel über Schmitts Phonomanie enthält, konfrontierte mich Tommissen mit Schmitts Lesespuren.

Im Januar 1968 schrieb Carl Schmitt auf das Titelblatt seines «Alternative»-Heftes 56/57 – unter Verweis auf einen Artikel von Kittsteiner –: «[ein Wort unleserlich] Faschismus nicht zu entziehen». Hätten wir 1967 geahnt, dass der «Kronjurist des Dritten Reiches» unsere Benjamin-Nummer teils mit großer Zustimmung las, wären wir vor Schreck erstarrt.

Der Jurist, inzwischen neunundsiebzig Jahre alt, hatte in Plettenberg das ganze Heft durchgearbeitet. Mit Zeichen der Zustimmung versah er den letzten Abschnitt meines Artikels von 1967. In einer Wendung gegen Adorno hieß es dort: «Im Kontinuum der Herrschaft scheinen die Kulturkritiker die Insider, die – im hermetischen Rückzugsgebiet der Kunst – den Anspruch erheben, den Ausgeschlossenen die Treue zu wahren. Wer zu den Ausgeschlossenen überlief, weil nur Kampf das Kontinuum hätte sprengen können, brauchte für Ächtung nicht zu sorgen. Walter Benjamin hat damit gerechnet, daß der Typ des Aufklärers, den er darstellte, der Großbourgeoisie als ‹Verräter seiner Ursprungsklasse› gelten würde.»

Meine Begeisterung über den prominenten Leser wich bald einem peinlichen Verdacht. Wie war einer, den wir damals nur als Infamen kannten, dazu gekommen, meinen Artikel gutzuheißen? Dass Carl Schmitt sich mit dem jüdischen Intellektuellen identifizierte, trotz des wüsten Antisemitismus, den noch seine Nachkriegstagebücher bezeugen, war für mich keine Überraschung. Schmitt empfand sich bekanntlich, da ihm 1945 aufgrund seiner Kollaboration das Recht auf eine Professur abgesprochen worden war – ausgerechnet vom Rektor der Berliner Universität Eduard Spranger, der 1937 das Charisma des Führers und die Notwendigkeit der Großraumpolitik gewürdigt hatte –, als «Exilant».

Dann der Schrecken: Es war unsere Sprache, bestimmte Schlüsselbegriffe, die den unheimlichen Anschluss ermöglicht hatten: Der «Verräter» der Großbourgeoisie lief zu den «Ausgeschlossenen» über und verfiel der «Ächtung». Das Wort «Ächtung» wiederholte Schmitt – offensichtlich nicht ohne Genugtuung, dass die neue Generation es noch kannte – mit Großbuchstaben am Rand: ÄCHTUNG.

Kreiste die Rebellion im Atelier der Düsseldorfer Straße noch immer um Kernbegriffe der heroischen Schamkultur?

Unterhielten die Vokabeln meines Artikels 1967 ein nachbarschaftliches Verhältnis zur «satisfaktionsfähigen Gesellschaft» (Norbert Elias) der wilhelminischen Väter und zu den Vertretern der Konservativen Revolution, sofern sie sich um die Achse der Würde und der Ehre, also auch um die Achse des Verrats und des Ausschlusses drehten?

In Schmitts «Alternative»-Exemplar fallen Unterstreichungen ins Auge, die den Text durchfurchen, durchsticheln, perforieren. Aufschlussreich wird die Lektüre, wenn man Schmitts Unterstreichungen wie Links in einem Hypertext behandelt. Die unterstrichenen Stellen sind dann Orte, an denen sich verschiedene Textwelten kreuzen. An diesen Knotenpunkten wird Benjamins Denken mit Motiven der Konservativen Revolution verknüpft, vermischen sich Esoterik und Dezision, der jüdische Messianismus berührt die politische Anthropologie, Schmitts Konzept des Ausnahmezustands rückt in die Nachbarschaft von Oskar Goldbergs «Plötzlichkeitscharakter der jüdischen Metaphysik». Die durch Schraffuren, Nachzeichnungen der Buchstaben und Ausrufezeichen hergestellten Verwandtschaften sind schwindelerregend. «Auch Benjamins Thesen», hieß es in Kittsteiners Artikel, «sind sich jener Abkunft bewußt, die nicht ohne Grauen bedacht werden kann.»

Der Kriminalfall um die eventuelle Fälschung durch die Edition interessiert Schmitt sichtlich weniger; umso mehr der Kult des Vergessens, der ihm zufolge im Namen des Humanismus Personen «ausradiert», deren Denken auf intrikate Weise mit dem der neuen Idole verwoben war. Unzweifelhaft lässt er sich von Ressentiments leiten, wenn er mit den studentischen Redakteuren die «nahezu ausweglose materielle Situation Benjamins» mit der «günstigen Position» vergleicht, in der sich die Mitglieder des Instituts für Sozialforschung befanden, oder wenn er ihre Charakteristik durch Gershom Scholem unterstreicht: «Die Leute sind alle sehr intelligent und alle ein bisschen unreell.»

Schmitt spürt in Benjamins Werk das Klima der Politischen Theologie, in dem er sich heimisch fühlt: Hier ist ein Raum ohne Psychologie und ohne die Austauschsphäre des liberalen Bürgertums. Ein Raum, in dem sich die Logik des Extrems imaginativ entfalten darf und «exzentrische Sprünge» in unmittelbare Praxis anempfohlen werden. Schmitt findet bei den jugendlichen «Alternative»-Redakteuren Denkfiguren, die ihm vertraut vorkommen. Es freut ihn zu lesen, dass die NS-Diktatur von uns als Kontinuum der Herrschaft begriffen wird, dass wir darin keinen magischen Einschnitt, sondern eine Fortsetzung des kapitalistischen Alltags erkennen. Er unterstreicht doppelt Kittsteiners Formulierung, der Faschismus habe den Ausnahmezustand «gefeiert».

Hier wiederholt sich eine Konstellation der zwanziger Jahre, in denen ähnliche Denkfiguren alle politischen Lager durchquerten. Das «Denken in Extremen», das Walter Benjamin am Buch «Politik und Metaphysik» des jüdischen Gelehrten Erich Unger faszinierte, hatte demokratieferne Haltungen geprägt, die nicht an eine bestimmte Partei gebunden waren. Esoterik ist nicht unschuldig, ihre Nähe zum Terrorismus eklatant, wenn sie die Austauschsphäre der Gesellschaft und ihre demokratischen Repräsentationen auslöschen will. Unsere Idole Benjamin, Adorno, Horkheimer stimmten in ihrer Verachtung des Parlamentarismus als «Theater der Unentschlossenheit» überein, lebbare Kompromisse waren vor 1933 nicht ihr Fall; aus der Kultur des Ausgleichs gähnte sie Langeweile an. Sie ästhetisierten die Politik, und Benjamin lobte die Sprache der Surrealisten, weil sie die Moral mit ihrer Sprache wie mit einem «Desinfektionsapparat» traktierten. Nein, Demokraten waren unsere Idole vor 1933 nicht.

Die Faszination, die von Schmitts Schriften der zwanziger Jahre für mich ausging, macht mir bis heute Kopfzerbrechen. Ist es das Spartanische seiner Sprache? Ist es die Schwärze seiner Anthropologie, die in dem Diktum mündet: «Der Mensch ist dem Menschen ein Mensch»? Zuweilen betrachtete ich Schmitt als gefallenen Engel, als Luzifer, der die Fackel des Begriffs in das vom Liberalismus verschleierte Reich der Gewalt bringen wollte. Die Anziehungskraft seiner Schriften erlosch jedoch schlagartig, als er, der raubtierartige Avantgardedenker der Republik, zum «Haustier des nationalsozialistischen Dogmas» wurde, wie Ernst Niekisch es 1936 formulierte. Schmitts Antisemitismus erhielt ab 1933 einen Handlungsraum, in dem seine Träume der Reinheit in Säuberungen verwirklicht wurden. In seinen Tagebüchern gibt er zu erkennen, dass er sich im NS-Gauleiter-Milieu für ein paar Jahre sauwohl fühlte.

Der Aufschwung der «Alternative» begann, bald nachdem Kittsteiner und ich die Zeitschrift verlassen hatten. Sie wurde zum Eisbrecher für die Theorien des Strukturalismus, die aus Frankreich kamen. Ich selbst tauchte währenddessen in den Niederungen des politischen Alltags unter.

Im Januar 1970 gesellte ich mich zur handverlesenen Schar der Parteigründer, in der ich kluge Köpfe der Westberliner Studentenbewegung wiederfand. Die Gruppe nannte sich KPD-Aufbauorganisation (KPD/AO). Anfangs war sie so klein, dass sie im Zimmer einer Studenten-WG Platz fand. Eine ihrer ersten klandestinen Zusammenkünfte sollte auf der Plattform der Siegessäule stattfinden, was manche nicht verrückt, sondern gefährlich fanden, sodass wir in die Evangelische Studentengemeinde Gelfertstraße, oft Treffpunkt des SDS, zogen – ein Ort, der für feindliche Beobachter an Transparenz nichts zu wünschen übrig ließ.

Wenn man von Verführung sprechen kann, so hatte mich Christian Semlers Esprit angezogen. Ihm, der zwischen seinen Ideen kaum nach Luft zu schnappen brauchte, zuzuhören, wenn er einen Italowestern wie «Leichen pflastern seinen Weg» zum Material marxistischer Schulung machte, begeisterte mich und meine Freunde Dietrich Kreidt und Elisabeth Weber, mit denen ich nach Lucca gefahren war, ebenfalls.

Die Zusammensetzung der Gruppe war apart. In Gerd Koenens Buch «Das rote Jahrzehnt» kann man lesen, die KPD/AO sei ein «derartiges Kunstprodukt» gewesen, «daß darin schon wieder etwas vom Stilwillen zu erkennen war». Wusste Koenen, dass in unserem Politbüro unverhältnismäßig viel Theaterwissenschaftler waren? Bei diesem Bild vergisst man jedoch leicht Jürgen Horlemann. Ich war unschlüssig, ob er mich eher an Robespierre oder an Saint-Just erinnerte – während Semler in dieser Konstellation die Rolle des hedonistischen Danton spielte. Kurz: Horlemann war mir unheimlich. Und das ging nicht nur mir so. Immer wieder musste er sich gegen den Vorwurf wehren, eigentlich Stalinist zu sein.

Da uns das Grau in Grau des bürokratischen Sozialismus im Nachbarland abschreckte und uns die Niederschlagung des Ungarnaufstands 1956 und des Prager Frühlings 1968 die «wahre Gestalt» des sowjetischen Imperialismus vor Augen geführt hatte, musste eine neue Partei gegründet werden, die die revolutionären Impulse der Kommunistischen Partei der Weimarer Republik wieder aufnahm. Für viele wird die Feindschaft gegenüber der Sowjetunion und ihren Satellitenstaaten der einzige Antrieb gewesen sein, sich einer ML-Partei anzuschließen. Für mich gab es auch einen tieferen Grund: Es war die Furcht, in der Umwelt der Lebensstilexperimente, im Strudel der zerfallenden Studentenbewegung, die Fassung zu verlieren und ziellos davonzutreiben. Im mechanischen Ballett, das die ML-Apparate mit uns aufführten, waren wir vor den Phantasmen frei flottierender Sexualität so gut wie sicher. Wir rückten in die Symmetrie der Ordnungsmächte ein. Jeder der kleinen ML-Apparate bildete ein Spiegelbild der Zentralisierung des Staatsapparats im Großen, die in diesem Jahrzehnt unter Helmut Schmidt eingeleitet wurde.

Kaum vorstellbar, dass die Arbeit als Kader manchmal achtzehn Stunden am Tag in Beschlag nahm. Irgendwo musste das, was von der rebellischen Energie der Studentenrevolte übrig geblieben war, aufgebraucht werden. Hektographieren der Flugblätter in der Nacht, Übergabe des

Materials morgens um vier Uhr dreißig, ich übernehme die Kinder, Loes fährt zum Fabriktor der AEG Brunnenstraße – oder umgekehrt. Die Fabrikarbeiter waren selten aggressiv, eher mitleidig oder ironisch, zuweilen lobten sie auf übertriebene Art und Weise, dass wir Studenten so früh aufgestanden waren. Der «Rote Fahne»-Verkauf war nicht meine Sache. Aus Angst, Passanten könnten mich auf eine der Schlagzeilen ansprechen, rief ich sie so laut wie eben möglich aus; erfahrungsgemäß hält man sich damit die Leute vom Leib. In Arbeiterwohnungen drangen wir selten vor, wenn es ausnahmsweise doch gelang, ergab sich für mich folgende Situation: Die Arbeiterin, der Arbeiter oder beide zusammen sahen mich an, wie man einen Lehrer ansieht, der den Eltern die schlechten Schulleistungen ihres Sohnes mitteilen soll. Auf jeden Fall wie einen, der ihnen etwas sagen will, das sie schon längst besser wissen, dem gegenüber sie aber dennoch zehn Minuten Toleranz aufbringen wollen. Wir hingegen starrten immer wieder auf den laufenden Fernseher. Zur Bildschirmdisziplin erzogen, konnten wir die Augen schwer losreißen von dem TV-Gerät, das als matt leuchtende Skulptur unbeachtet von seinen Bewohnern im Raum stand. Sie sind uns ja so überlegen, dachte ich, und die Herkunftsscham, von der heute geredet wird, überfiel mich, den Kleinbürger, der seine privilegierte Herkunft als Mangel empfand.

Wir lasen also Mao Tse-tungs «Untersuchungsbericht über die Bauernbewegung in Hunan» und entnahmen ihm, wie sich die Erfahrungen an der Basis mit der Organisation des Widerstands zusammenführen ließen. Garant des Zusammenspiels von Empirie und strategischer Ausrichtung sollte die Struktur des Parteiapparats sein. Bis heute ist es mir ein Rätsel, wie der Demokratische Zentralismus, das Organisationsprinzip der Kommunistischen Partei der III. Internationale, für uns eine Zauberformel sein konnte. Uns schwebte eine märchenhaft einfache Organisationsstruktur vor, die das Dilemma von Wissenschaft und Praxis auf einen Schlag löste: Die Basis der Parteiorganisation bildet einen riesigen Wahrnehmungsapparat, der die leisen Geräusche, das Rumoren der Massen, das Knirschen der Widersprüche, den entflammenden Zorn, die Trägheiten der Gewohnheit mit feiner Membran aufnimmt, protokolliert und an eine Vermittlungsschicht mittlerer Kader weiterleitet, die die Schwerpunkte der Erfahrungen und Widersprüche sammelt, sondiert und in kompakter Form wiederum weiterleitet, bis die fein gefilterten Informationen das Zentralkomitee erreichen, das die Datenmassen komprimiert und im Lichte des Marxismus-Leninismus läutert, sodass sie als realitätsnahe Direktiven an die Basis zurückgeschickt werden können.

Fasziniert hat uns, dass die empirische Sozialwissenschaft nach diesem Modell nicht länger eine leicht zu vernachlässigende, nur bei Bedarf befragte Disziplin zu sein brauchte; die politische Philosophie war nun keine Metatheorie mehr, die nur in der Universität zu Hause war und dort die Ohnmacht legitimierte. Die Massen und die ihnen verbundenen untersten Funktionäre der Partei waren Hörapparate, Mikroskope und Kameras des politischen Systems.

Unsere Motive waren so sinnfällig wie wirklichkeitsfremd. Ein Blick auf die Organisationen der III. Internationale zeigt, dass der Traum vom Demokratischen Zentralismus von der Praxis leninistischer Parteien schon tausendmal widerlegt worden war. Im Kleinformat erfuhren wir das schnell. Die Basis erblindete, wenn sie nach den Direktiven des ZK die Wirklichkeit erfassen wollte; letzten Endes bildete sie nur noch einen tauben Boden. Um überhaupt belastbare Daten der Wirklichkeit zu erhalten, hätte sie, wie alle Diktaturen, Geheimdienste einsetzen müssen. Da die Genossen an der Basis in größerem Maß als das ZK dem Wirklichkeitsdruck ausgesetzt waren, bildeten sich bei ihnen oft besonders dogmatische Masken heraus – bevor sie die Nerven verloren. Waren die Aufnahmegeräte der Basis nur die Saugnäpfe einer Krake gewesen?

Die «klandestinen» Aktionen der maoistischen Parteien verliefen in schattenlosen Apparaten, rein oberirdisch. Dennoch maskierten wir uns mit Parteinamen. Ich hieß: Theo Risse. Haben wir irgendetwas bewegt?

Es gab konspirative Meisterleistungen, auf die wir stolz waren, etwa das Kunststück, die von der Polizei hermetisch abgeriegelte Dortmunder Innenstadt anlässlich des Breschnew-Besuchs 1973 zu infiltrieren. Die sichtbarste Aktion der KPD/AO war die Besetzung des Bonner Rathauses als Protest gegen den Staatsbesuch des südvietnamesischen Staatschefs Thieu. Noch heute erscheint sie mir sinnvoll, obwohl ich gar nicht dabei war (ich hatte mit Loes vereinbart, dass wir uns bei Aktionen außerhalb Westberlins abwechselten; während sie in Bonn war, hütete ich Joscha und Max). Die unverhohlene Freude über die Besetzung kostete mich wenig später die Berufung an die Uni Bremen.

Dort sollte es um eine Professur für Literaturwissenschaft gehen, doch das Hearing glich einem politischen Tribunal. DKP-Kollegen und Studentinnen und Studenten vom MSB Spartakus fürchteten, ich könnte ihren Marsch durch die

Institutionen stören. Ich wurde zum Gewerkschaftskurs der Thälmann-KPD befragt, speziell zu Walter Ulbricht, der gegen Ende der Weimarer Republik Gewerkschaftsexperte der KPD gewesen war. Da kannte ich mich aus. Heikler war ein anderer Punkt: Zur Diskussion stand meine «persönliche Stellungnahme zur Besetzung des Rathauses Bonn». Meine DDR-hörigen Gegner waren – man muss es zugeben: im Gegensatz zu mir – Verteidiger der Hochkultur, nicht nur der Weimarer Klassik, sondern auch der davor und der danach, also vom Mittelalter bis ins 20. Jahrhundert immer nur Hochkultur – schließlich kreiste das kulturelle Erbe für sie, schien mir, immer um die Gipfelruhe der Weimarer Größen. Die Immunität der Klassik hatte es ihnen angetan. Dass bei der polizeilichen Räumung des Bonner Rathauses ein Gobelin durch Wasserwerfer nass geworden war, wollten sie keinem und vor allem nicht mir, der doch gar nicht dabei war, verzeihen.

Einige Jahre leitete ich das «Kampfkomitee» der Bethanienkampagne. Ausgangspunkt unseres Protestes war ein unhaltbarer Zustand, den die Straßenzelle Mariannenstraße unter Leitung von Marianne Brentzel recherchiert hatte: Auf zehntausend Kinder kam im Bezirk Kreuzberg 36 eine Kinderärztin, noch dazu eine sehr alte. In der Zeit von 1966 bis 1977 plante die Stadt, den Bezirk großflächig abzureißen, um Platz für eine neue Autobahntrasse zu schaffen. Infolgedessen wurden viele Häuser entmietet und dem Verfall preisgegeben; oder sie wurden an Gastarbeiter vermietet, von denen man annahm, dass sie sich nur vorübergehend im Land aufhalten, die Häuser also bis zum Beginn des Autobahnbaus wieder verlassen haben würden. Die geplante

Flächensanierung hatte den Abbau der sozialen Infrastruktur zur Folge: Postämter wurden geschlossen, ebenso Apotheken, neue Ärzte erhielten keine Zulassung.

Zugleich plante der Senat, das Bethanienkrankenhaus, das seit 1969 leer stand, gut beheizt und mit solidem Gemäuer, zu einem Zentrum für Künstler zu machen. Die sind nun einmal die Speerspitze der Gentrifizierung; das wussten wir damals zwar noch nicht, aber es würde in der Bronx und anderorts so sein. Wir wollten dagegen aus dem leer stehenden Krankenhaus eine «Kinderpoliklinik» machen. Polikliniken waren in der DDR Schaltstellen der Gesundheitsversorgung, während sie in Westberlin verboten waren. Hier galt wie in der BRD das Monopol der frei praktizierenden Ärzte, das staatliche Zentren für ambulante Behandlung neben den Krankenhäusern nicht zuließ.

Im Grunde setzte unsere Kampagne ihren Hebel an der Bruchstelle der mangelhaften Gesundheitsversorgung an. Unsere Forderungen hatten denn auch im Westberliner Bürgertum positive Resonanz – allerdings war die Zeit der Bürgerbewegungen noch nicht gekommen. Schon um 1970 hatte es eine Initiative der KPD/ML zur Rettung des Krankenhauses gegeben, die gescheitert war. Das von der KPD/AO eingesetzte Kampfkomitee traf sich jede Woche im Wirtshaus «Max und Moritz» in der Oranienstraße. Zum harten Stamm zählten Medizinergenossen, Studenten und einige Arbeitslose; hinzu stieß auch der englische Komponist Cornelius Cardew, ein DAAD-Stipendiat, der bald eine Hymne in einer Kirchentonart für uns komponierte.

Währenddessen verfolgte der Senat seine Pläne zur Flächensanierung. Man versuchte, Teile der Bevölkerung in die Siedlung Britz-Buckow-Rudow, ab 1972 Gropiusstadt,

zu verpflanzen. Außer Kontrolle geriet der Sanierungsplan dadurch, dass inzwischen Ströme türkischer Einwanderer in die maroden Mietshäuser von Kreuzberg 36 geschleust wurden, deren Abriss infolgedessen nicht mehr opportun erschien. Für den Bethanienkampf konnten Türken nicht gewonnen werden, sie waren froh, ein Dach über dem Kopf zu haben, und scheuten «illegale» Aktionen, die ihr Bleiberecht gefährden konnten.

Die Kampagne fand zwar breite Aufmerksamkeit, dümpelte aber vor sich hin. Als Notlösung richteten wir eine provisorische Arztpraxis ein, die immerhin davon profitierte, dass frei praktizierende Ärzte große Mengen der ihnen von der Pharmaindustrie als Werbegeschenke überlassenen Medikamente an sie weiterleiteten. Das Problem waren unsere jungen Krankenhausärzte, die vor Fällen kapitulierten, die für einen erfahrenen praktischen Arzt kein Problem dargestellt hätten. So war der Stand der Dinge, als ich aus der KPD/AO ausgeschlossen wurde.

Nach meinem Ausschluss übernahm die Partei die Leitung der Kampagne. Wir wurden instruiert, wie gegen Polizeihunde vorzugehen sei – Klassenkampf war angesagt. In zwei Monaten war die Kampagne ruiniert. Ach, wäre es doch «nur» eine Bürgerbewegung gewesen!

Die Anarchisten machten es besser, sie hatten schon im Dezember 1971 das ehemalige Schwesternwohnheim des Bethanienkrankenhauses an der Nordwestseite des Mariannenplatzes besetzt. Das Haus wurde von den Besetzern nach dem Berliner «Stadtguerillero» Georg von Rauch benannt, der nach einem Schusswechsel mit der Polizei gestorben war. Seither wird das Rauch-Haus als «selbstverwaltetes Wohnkollektiv» genutzt. Das Bethanienkrankenhaus ist heute ein Künstlerzentrum; man kann allerdings nicht sagen, Berlin-Kreuzberg sei dadurch gentrifiziert worden – das verhinderte die neue, die türkische Population von Kreuzberg 36.

Natürlich richtete die Partei Zerstörungen an – weniger nach außen als nach innen. Kluge junge Gewerkschaftler wurden aus ihrem Lebensumfeld gerissen und ins Ruhrgebiet verschickt. Wir versauten Genossinnen und Genossen fürs ganze Leben ihren Lehrerberuf, an dem sie mit Leidenschaft hingen. Die Partei verbrauchte Erbschaften und beendete akademische Karrieren. Wer ein wenig das interne Klima der III. Internationale spüren wollte, konnte es bei den Ausschlussverfahren in Kleinformat erleben. Ich erinnere mich an einen dicken schwäbischen Postler, der sich bei Verhandlungen über Koalitionen der Maidemonstration in Berlin in ein Mädchen der befeindeten KPD/ML verliebte und prompt ausgeschlossen wurde. Er war für uns wie vom Erdboden verschwunden. Soziale Ächtung in allen ML-Biotopen.

Die Partei war ein selbstzerstörerischer Apparat, im Selbstlauf von Wiederholungen verschlang er die Bewegungsenergien im Inneren. In der brenzlig-verworrenen Situation der siebziger Jahre hatte er aber stabilisierende Wirkung nach außen. Und das in tiefer Bewusstlosigkeit der Kader, die nicht ahnen konnten, dass sie der *objektiven* Funktion der Staatserhaltung dienten, also gegen ihren Willen wirklich nützlich waren.

Als ich im Januar 1992 in einem Interview im SFB forderte, die Stabilisierungsleistungen von KBW, KPD/AO, KPD/ML und anderen Imitationen der III. Internationale anzuerkennen, reagierte der CDU-Politiker Heinrich Lummer mit heller Empörung: Jetzt seien die «Chaoten», die die Republik an den Rand des Abgrunds geführt hätten, total übergeschnappt. Sich nachträglich Meriten der Stabilisierung zuzuschreiben, sei der Gipfel der Unverschämtheit. Dagegen denke ich ernsthaft, dass die ML-Parteien Anfang der siebziger Jahre von der *List der Vernunft* hätten erfunden sein können, um einen Ordnungsfaktor in die chaotische Zeit zu bringen.

Was so überraschend klingt, lässt sich leicht erklären: Der Zerfall der Studentenbewegung setzte in den Jahren 1969, 1970 und 1971 ein nicht zu unterschätzendes Quantum ungebundener destruktiver Energie frei. Die Leistung der marxistisch-maoistischen Apparate bestand in diesem Augenblick darin, die frei flottierenden Umsturzenergien in das oberirdische Bewegungssystem ihrer Parteiapparate einzubinden. Die *objektive* Funktion dieser Parteien, deren Einflussbereich (Sympathisanten mitgerechnet) vom Verfassungsschutz auf sechzigtausend Leute geschätzt wird, lässt sich im Rückblick erkennen.

Im Grunde haben die Apparate der ML-Parteien wie Kühlaggregate funktioniert. Wenn damals in der Ethnologie die Begriffe der «kalten» und der «warmen» Kulturen aufkamen, die Mario Erdheim frei nach Lévi-Strauss im «Kursbuch» erläuterte, so lassen sich damit die Institutionen, in denen wir uns sechs Jahre oder länger aufhielten, gut erklären. Während die «heißen Kulturen» wie Dampfmaschinen den Fortschritt voranschleppen, besitzen die «kalten» die innere Dynamik von Räderuhren, sie belassen es bei der zyklischen Wiederholung von Denk- und Verhaltensmustern. Und tatsächlich wurden in den ML-Parteien militante Energien in den Kreisläufen symbolischer Praktiken aufgebraucht (etwa in der dreimonatigen Vorbereitung der richtigen Koalition zur Maidemonstration). Viel Energie ging in der Frontstellung gegen rivalisierende K-Gruppen verloren.

Von außen betrachtet, konnte man kaum einen Unterschied erkennen. Aus eigener Sicht unterschieden wir uns jedoch «um Welten» von der KPD/ML Bochumer Linie, der PLPI, der KPD/ML Roter Morgen und vor allem vom KBW, mit dem man uns zu oft verwechselte. Erst spät konnten wir über die Szene des Monty-Python-Films «Das Leben des Brian», in der eine «Judäische Volksfront» auf dem elementaren Unterschied zur «Volksfront von Judäa» besteht, lachen. Zu spät, wir waren die grimmigen Komiker gewesen.

Es war ein Fehler der sogenannten politischen Klasse, den Radikalen nicht zuzugestehen, sich in die Widersprüche des Reformismus zu verstricken. Allerdings jagte es mir einen kalten Schauer über den Rücken, als ein Verfassungsbeamter auf einer Konferenz 2007 lächelnd bemerkte, die ML-Parteien seien für den Verfassungsschutz «so transparent wie ein Glas Wasser» gewesen. Die kleine Kadergruppe: unterwandert?! Verdüstert der Verdacht das Gedächtnis, taucht er die Kameraderie plötzlich ins Neonlicht staatlicher Überwachung?

Mit «Untergrund» hatten die ML-Unternehmen nichts zu tun. Den hatte ich 1943/44 im Luftschutzkeller der Gladbacher Rubensstraße, in einem Bunker in Krefeld und, in den letzten Monaten des Krieges, in nassen Stolleneingängen der Schieferberge bei Oberwesel, die dem Schutz vor Tieffliegerangriffen dienten, kennengelernt, aber nicht in dieser Partei.

1975 wurde ich also wegen «Versöhnlertums» aus der KPD/AO ausgeschlossen. Ich selbst hatte der Partei mitgeteilt, dass ich die politische Arbeit an den Nagel hängen wollte. Leicht war das Fortgehen jedoch nicht, es gab ein ordentliches Verfahren. Während Loes schon Monate vorher rebelliert hatte und ausgestiegen war, arbeitete ich weiterhin als Sprecher der Bethanienkampagne – weniger revolutionär als bürgerbewegt, was einerseits den Aktionen zu Resonanz verhalf, andererseits zum Ausschlussgrund wurde. Ich aber schob alles auf ein Magengeschwür, das eigentlich, wie mich die Ärztin beschwichtigte, nur eine heftige Gastritis war. Der Kaderbeauftragte der Partei hörte davon, und ein Kadergespräch wurde anberaumt. «Genosse», sagte er, «du bist klug genug, um zu wissen, dass Magengeschwüre *psychosomatisch* bedingt sind. Du hast kein Magengeschwür, sondern *Angst vor den Massen.*» Das erlösende Wort war gefallen. Der Genosse hatte völlig recht.

Ich erinnere mich an einen Vorfall aus der Frühzeit der Parteiarbeit. Das Regionalkomitee hatte mich beauftragt, zusammen mit einem Genossen die «Rote Fahne» im Wedding zu verkaufen. Das fiel mir insofern leicht, als mein Begleiter Amateurboxer war und den Ruf eines Draufgängers besaß. Auf jeden Fall verließ ich mich auf sein breites Kreuz. Hätte ich damit rechnen können, dass mein Bodyguard – wir stiegen die Treppe im sechsten Hinterhaus einer Mietskaserne im Wedding hoch – im zweiten Stock über Atembeschwerden klagen würde, die im dritten Stock zu Herzbeklemmungen führten? Im fünften Stock ließ er sich schwer seufzend auf dem Treppenabsatz nieder, um mit düsterer Stimme zu bedenken zu geben, ob man dem Proletariat nicht in der nächsten Eckkneipe näher sei als in diesem ungastlichen Treppenhaus.

Unsere Kapitulation wurde in der Zellensitzung hart kritisiert, und ich wurde einem Medizinergenossen der Regionalleitung zugeteilt, der in der folgenden Woche, ohne eine Sekunde zu zögern, bis in den sechsten Stock «schritt», den Klingelknopf drückte und rief: «Hier spricht die Regionalleitung der KPD-Aufbauorganisation Berlin-West ...», worauf im ganzen Hinterhaus die Türketten klirrten. *Mission accomplished.* Angst macht besonders laut.

Ich gratulierte dem Kaderbeauftragten für die treffende Diagnose meiner Parteimüdigkeit, wurde dann aber aus einem Grund ausgeschlossen, der viel verachtenswerter war als die Angst vor den Massen. In der III. Internationale unter Stalin hätte er tödlich enden können: *Versöhnlertum.* Ich hätte, so der Vorwurf, in der Kampagne für das Kinderkrankenhaus die Elemente des Klassenkampfes vernachlässigt und diese auf das Niveau einer Bürgerbewegung niedergedrückt. Mit dem Verdikt des Versöhnlertums war nicht zu spaßen, umso überraschender war dann die Bitte der Partei, den Ausschluss nicht öffentlich zu machen. Da ich vor nichts mehr Angst hatte, als nackt und bloß als *Renegat*, also als *Verräter*, den Blicken der alten Kombattanten ausgesetzt zu sein, versprach ich es. Und hielt mich daran.

Es gab allerdings schwerwiegendere Gründe für den Abschied als das Magengeschwür oder die Angst vor den Massen. Eine Reihe von miserablen Reaktionen der Partei auf die halsbrecherischen weltpolitischen Manöver der chinesischen Führung hatte mich verunsichert. Die abgründig dumme Reaktion der Partei auf den Sturz der Allende-Regierung in Chile brachte mich auf (sie hatte eine verteufelte Ähnlichkeit mit jener des SDS auf den Prager Frühling 1968). Die größte Enttäuschung war aber der Bericht der Delegation, die offiziell von der Führung Deng Xiaopings in Peking empfangen worden war und nun in der Neuköllner Hasenheide ihre Erkenntnisse auf uns ablud. Man hätte gleich aus einer Broschüre der KPD/ML Roter Morgen (damals der Inbegriff blinder Nachbeterei chinesischer Propaganda) vorlesen können. Lauter Erzählungen mit Goldrand, komplett erfahrungsleer. Vor kurzem noch glühende Anhänger der Kulturrevolution, erzählten die Delegierten nun leutselig, sie hätten mit eigenen Augen beobachtet, wie die Chinesen auf die Märkte liefen, um vier Krebse zu kaufen, die sie dann ins kochende Wasser warfen. Eine leicht zu entschlüsselnde Allegorie: 1976 wurde die «Viererbande», wie Mao die vier Führungskräfte der Kulturrevolution genannt hatte, aufgelöst. Eine populäre Maßnahme, wie die Marktszene der Genossen authentisch demonstrierte. Großer Applaus in der Hasenheide.

Wir hatten keine Ahnung vom mörderischen Alltag der

Kulturrevolution. Ich selbst hatte meine Kenntnisse über China aus Edgar Snows «Roter Stern über China», also aus Berichten, die von Zeiten lange vor der Kulturrevolution handelten. Wenn es um den aktuellen Stand der Dinge ging, bezog ich mich auf Jan Myrdals Reportagen. Wir hätten mehr wissen können. Es genügte, dass wir dem Vorbild der «barfüßigen Ärzte» folgten, zumindest dachten das die Mediziner unter uns. Sie hatten erkannt, dass die Sozialisation über die Leiche, die damals zum Curriculum jedes Medizinstudenten gehörte, nicht der günstigste Start für den Umgang mit kranken Menschen ist. Wahrscheinlich ist der Schub, den die alternative Medizin in diesen Jahren erfuhr, der einzige Nachhall der Begeisterung für China, der sich noch heute feststellen lässt.

Von 1970 bis 1976 gab ich zusammen mit Friedrich Rothe im Oberbaumverlag Reprints der «proletarisch-revolutionären» Literatur heraus, die im Auftrag der Thälmann-KPD 1929 bis 1933 entstanden war - von Klaus Neukrantz' Roman «Barrikaden am Wedding», dem Peter Weiss in seiner «Ästhetik des Widerstands» ein Denkmal setzte, bis zu Walter Schönstedts «Kämpfende Jugend», einer Abrechnung mit Wilhelm Reichs psychoanalytischer Perspektive auf die Heranwachsenden, dem Michael Rohrwasser Klischeebilder der «sauberen Mädel» und «starken Genossen» entnahm. Die kommunistische Literatur war von der westdeutschen Literaturwissenschaft als Kulturmüll in den Orkus der Vergessenheit geworfen worden, den DDR-Wissenschaftlern war sie von Fall zu Fall zu radikal. Das spornte uns an, sie wiederauferstehen zu lassen.

1972 verfasste ich zusammen mit Ulrike Haß im dritten

Stock der Eisenacher Straße 30 für die Zeitschrift «Kunst und Gesellschaft» den Artikel «Was heißt Niveauanhebung der proletarisch-revolutionären Literatur? Zur Neuherausgabe von Willi Bredels ‹Maschinenfabrik N & K›». Willi Bredel gehörte einer Betriebszelle der KPD an und war deren Arbeiterkorrespondent; 1930 verarbeitete er seine Erfahrungen aus den Arbeitskämpfen in der Hamburger Maschinenfabrik Nagel & Kamp in Romanform. In Erinnerung an diesen Roman schrieben wir sechzig doktrinäre Seiten, die sich um das Axiom drehten, dass die Widerspiegelung der Wirklichkeit nur auf der Basis der politischen Diagnose und Strategie der KPD gelingen könne.

Unser Elaborat ließe sich schnell abtun, würde der Abschnitt über «Funktionärsterminologie oder wirkliche Volkssprache» nicht Fragen aufwerfen, die zu klären uns damals nicht gelang und deren Aktualität nicht nur in politischen Kämpfen bis heute andauert. Obwohl uns klar war, dass hinter der bissigen Kritik der westdeutschen Literaturwissenschaft an der «Unnatur» der Sprache der kommunistischen Helden nur «Klassenfeindschaft» stand, hatten wir Mühe, die Abstraktheit der Funktionärssprache zu rechtfertigen. Enthielt deren Terminologie nicht einen Kerngehalt der Wirklichkeit?

Die liberalen Gegner sahen in dieser Literatur nur «in Blauzeug gekleidete Leitartikel der Roten Fahne» und in der Darstellung der Kommunisten «moskowiter Chargen mit den Sprechblasen einer wirklichkeitsfremden Komintern-Politik», die noch im Intimbereich jede natürliche Beziehung der Kreatur durch Parteisprache zerstören, selbst das Kaffeetrinken als der Reproduktion ihrer Arbeitskraft dienend begreifen, statt genussvoll ein Stück Trockenkuchen hineinzutauchen und sich Zeit zu nehmen, über die Kindheit nachzusinnen. Der «Künstlichkeit» der proletarischen Sprache hielten die liberalen Gegner «die unverfälschten Naturlaute des Volkes» entgegen. Sie wünschten sich eine Literatur, die den «authentischen Rohzustand» der Arbeitersprache abbildete.

Diese naturalistische Forderung schloss die Arbeiter nur als «leidende Klasse» in ihr Gebet ein, fanden wir. So priesen unsere Gegner die Opfersprache des Franz Biberkopf in «Berlin Alexanderplatz». Unser Spott traf Döblins Transportarbeiter, der, ins Lumpenproletariat abgedrängt, gegen sein Schicksal kämpft. «Schicksal» – ein unmöglicher Begriff im Kosmos des Marxismus-Leninismus, für den die Geschichte ein planbares Großprojekt war. Höhnisch zitierten wir eine positive Rezension von Döblins Roman aus der Zeitschrift «Tagebuch»: «Es ist wie Nacktkultur des Wortes, was Döblin in seinem Biberkopf produziert, ist Naturlaut aus dem urwäldlichen Sprachgebiet der Großstadt.»

Hinter dem sprachpolitischen Streit verbargen sich komplizierte Fragen: Gibt es eine Klassensprache, oder spiegelt die Sprache in einer Gesellschaft wider, dass es in ihr Klassen gibt? Kennt der Marxismus keinen «Naturlaut»? Waren die Begriffe des Wissenschaftlichen Sozialismus Fremdkörper in der Sprache lebendiger Helden? Kleidet die Sprache der Bourgeoisie alle historischen Konflikte in das Naturkleid des «Schicksals»? Wird in der marxistischen Begrifflichkeit der Augenschein der Wahrnehmung durch theoretische Konstruktionen abgelöst? Ist die «Volkssprache» ein vom politischen Kampf losgelöstes «natürliches Reservoir», aus dem Energien für den Widerstand bezogen werden können? Damals wie heute keine leicht zu klärenden Fragen.

1972 lösten wir das Problem mit einem Handstreich unter Verweis auf Mao Tse-tungs Verurteilung des «Parteischematismus» in Yenan 1942. Er verlangte dort von den Funktionären, «das Brauchbare aus der Sprache der Volksmassen» zum Element der Agitation zu machen. Was «brauchbar» war, bestimmte die Partei.

Nach meinem Ausschluss aus der Partei litt ich unter dem Verdacht, ein Renegat zu sein. Woher diese Furcht? Ein Renegat ist ein Verräter, das war klar – Margret Boveris Buch über den Verrat war allgegenwärtig, und in meinem Versuch als Leutnant, den Attentäter Stauffenberg zu ehren, war ich dem Argument des Verrats begegnet. Enzensbergers «Theorie des Verrats» muss ich 1964 gelesen haben, Michael Rohrwassers Buch «Der Stalinismus und die Renegaten» kam erst 1991 heraus – hätte es Furcht in Stolz verwandeln können? Dazu bestand kein Anlass; denn der Stolz des Renegaten gründet darauf, beim Wechsel der Fronten die Wahrheit gesagt zu haben. Und das hatte ich nicht.

Vielleicht kann Rohrwassers «Wörterbuch der Verdammungen» Klarheit in die verlorene Schar bringen, die sich 1976 um die «Berliner Hefte» sammelte. «Häretiker» waren sie vom Gesichtspunkt der ML-Parteien, die sie verlassen hatten, alle. Sie folgten einer «falschen Schriftauslegung» des Marxismus und mussten daher aus den Kirchengeschichten der Partei entfernt werden. Eine vergleichsweise harmlose Prozedur, wenn wir uns die Situation der deutschen Kommunisten im sowjetischen Exil vor Augen hielten. 1942 schrieb Ernst Ottwalt an seine Frau: «Ein Gespenst geht um in Moskau – das nennt sich ‹Wachsamkeit›. ‹Wachsamkeit› – das heißt aufmerksam jede verdächtige

Rede seines Nebenmanns zu erläutern und den Organen des NKWD zu melden.»

«Deserteur», ein weiterer Ausdruck aus dem «Wörterbuch der Verdammungen», bezeichnete den «Fahnenflüchtigen». Mit dem Deserteur aus einer Kampfeinheit der deutschen Truppen an der italienischen Front in Alfred Anderschs «Kirschen der Freiheit» hatte ich mich identifiziert. Desertion ist die Suche nach anderen Horizonten, schien mir. Renegaten sind immer «maskierte Verräter», sagte uns Enzensberger, der selbst scheinbar so mühelos Fronten überquerte und wie Rameaus Neffe in heimatloser Stimmenvielfalt zu Hause war. Wem Skepsis zur Identität geworden ist, braucht nichts zu verraten, gilt aber auch als Bruder Leichtfuß, der nirgends Wurzeln schlagen kann.

Leicht vergessen wird, was ich schon erwähnt habe: dass der des politischen Verrats Bezichtigte den Akt des Übertritts zu einem Moment der Wahrheit machen muss, um als Renegat zu gelten. «Was sollen wir sagen?», fragt Ignazio Silone 1942 sich und andere Exkommunisten und gibt die knappe Antwort: «Ganz einfach die Wahrheit.» Aber was tun, wenn die Wahrheit zu dem Zeitpunkt, wo sie veröffentlicht wird, dem «Feind» nützt? Enzensberger hatte 1964 in der Furcht vor dem falschen Beifall ein Merkmal des «totalitären Denkens» erkannt, das die Abtrünnigen nicht aus seinem Bann entlässt. Die Rede vom «falschen Beifall», analysiert er – brandaktuell noch heute –, bezieht sich auf «eine streng symmetrische Welt, auf der die Farben verbannt sind; auf immer dasselbe Feld, das weiße, versucht sie den Kritiker zu ziehen. Dort mag er reden, solange er will. Seine Parteigänger haben keine Zeit, ihm zuzuhören. Sie sind vollauf damit beschäftigt, im schwarzen, im feindlichen Feld nach

Anzeichen des Beifalls Ausschau zu halten. Auf diese Weise machen sie ihre Feinde zu Schiedsrichtern des eigenen Redens. Unerheblich, was an den Worten ihres Sprechers wahr oder unwahr ist; Kritik, die sich taktisch auf solche Spielregeln einlässt, sich ihnen beugt, wird vollends fungibel.»

Offen bleibt, welche Wahrheit ich 1976 hätte mitteilen können; die lebensfeindlichen Dimensionen der marxistisch-leninistischen Dogmen waren seit Jahrzehnten enthüllt. Wir gründeten die «Berliner Hefte» 1976 nicht, weil wir nach den Enttäuschungen mit den ML-Parteien die Wahrheit gefressen zu haben glaubten, sondern weil wir nicht wussten, wie es weitergehen sollte. Wir brauchten ein Experimentierfeld, auf dem Neues ausprobiert, das heißt ausgedacht werden konnte, ohne die «Wachsamkeit» der Umwelt zu fürchten.

Ich las in dieser Zeit das Meisterwerk des Renegatentums, Arthur Koestlers «Sonnenfinsternis», in einer Ausgabe der Stuttgarter Hausbücherei von 1948. Ein denkwürdiger Kartoneinband: eine pechschwarz ausgetuschte Sonne mit vergittertem Kerkerfenster und Treppenstufen, die in einer Blutlache münden, auf türkisem Hintergrund, was dem Cover einen Hauch von Hergés «Tim und Struppi»-Comics verleiht. Koestler enthüllt in seinem Roman das Geheimnis der Moskauer Geständnisse in den Säuberungsprozessen von 1937/38 am Fall Rubaschow, in dem leicht Nikolai Iwanowitsch Bucharin zu erkennen ist. Lenin hatte Bucharin den «Liebling der Partei» genannt, die deutsche Kommunistin Ruth Fischer bezeichnete ihn als das «Gehirn des Bolschewismus». Stalin ließ ihn 1938 liquidieren. Koestler beschreibt an seinem Fall das Drama der subjektiven Redlichkeit und des objektiven Verrats, zu dem sich der

Angeklagte bekennt. Bucharin wehrt sich lediglich dagegen, dass ihm im Prozess das Kleid der «Spionage» umgehängt wird, um ihn ehrlos hinzurichten. (Heute lehnt «Sonnenfinsternis» auf dem Regalbrett vor den folgenden Büchern: Hans Peter Duerrs «Obszönität und Gewalt. Der Mythos vom Zivilisationsprozess»; Wolfgang Schivelbuschs «Geschichte der Eisenbahnreise»; Norbert Elias' «Studien über die Deutschen». Hat sich der Zufall diese Nachbarschaften ausgedacht?)

Zur gleichen Zeit beschäftigte mich Merleau-Pontys «Humanismus und Terror», das ich in der handlichen Ausgabe des Syndikat Verlags (weiß, fast quadratisch, praktisch) las. Die Zwietracht beider Bücher stürzte mich in noch größere Verwirrung. Koestler beurteilt den Terror in der Sowjetunion aus moralischer Sicht, es geht ihm um das Recht des Individuums, leidenschaftlich auf Wahrheit zu pochen. Für Merleau-Ponty sind Koestlers Werte «Mystifikationen» des Liberalismus, die, wie Marx erkannt habe, nur die «feierliche Ergänzung» der barbarischen Praktiken des Imperialismus in seinen Kolonien sind und daher untauglich, den revolutionären Machtkomplex der Sowjetunion zu verstehen und zu kritisieren. Zu meinem Erschrecken schlug sich Merleau-Ponty, dessen «Phänomenologie der Wahrnehmung» ich schätzte, weitgehend auf die Seite des Anklägers im Prozess gegen Bucharin, um sich gleichzeitig vom Terror Stalins zu distanzieren.

In einer Welt des Kampfes kann es, Merleau-Ponty zufolge, den indifferenten Spielraum der Moral, den Koestler seinem Helden einräumt, nicht geben. Die von der Moral gesteuerte individuelle Leidenschaft kann eine horrende Wirkung auf das revolutionäre Machtgefüge haben. Merleau-Ponty schließt nicht aus, dass ein Regime, das sich zu seiner Gewalt bekennt, mehr Humanität besitzen könne als ein Regime, das seine Gewalttaten «humanistisch maskiert», wie es im Liberalismus üblich sei. Geschichte ist für ihn *a priori* amoralisch. Damit stimmt der französische Philosoph in den Spott des Anklägers in Koestlers Roman ein, für den die auch von Liberalen geschätzten «großen Revolutionäre» der Vergangenheit nur «moralisierende Dilettanten» waren, die scheitern mussten und aus diesem Grund vom großen Publikum geliebt werden. Während der Held in Koestlers Roman sich schuldig bekennt, den Begriff des Menschen über den Begriff der Menschheit gestellt zu haben, geht es Merleau-Ponty um den Erhalt eines «revolutionären Machtkomplexes», auch wenn die Mittel dazu die individuelle Moral verletzen müssen.

Der Streit der Kommunistischen Internationale über die Pariser Kommune, deren Scheitern man darauf zurückführte, dass sie nicht systematisch Terror gegenüber ihren Feinden ausgeübt habe, war also noch nicht auserzählt. «Humanismus und Terror», lehrte Merleau-Ponty, bilden eine Einheit – und das Ganze muss verändert werden, wie Brecht schon 1929 in seinem «Badener Lehrstück vom Einverständnis» dekretiert hatte.

Mit diesen Büchern waren wir aus der Streitsphäre der ML-Parteien noch nicht entlassen. Grundlinien der Geschichte blieben im Ungewissen. Musste die rigorose Verfolgung rational durchaus begründbarer Projekte in Abgründen der Gewalt enden?

Dass Merleau-Pontys toxische Schrift eine Quelle von Heiner Müllers Dramen war, schien mir damals klar zu sein. Der Machtzynismus des Franzosen war ästhetisch reizvoller als die Opferprosa Koestlers. Einen Ausweg sah ich aber nur in der Moral des Individuums, die Koestlers Renegaten bewegt, während sie für Merleau-Ponty zu den Mystifikationen des Liberalismus gehörte. Ich war folglich ein typischer «Renegat» in Koestlers positivem Sinn.

1977 las ich Peter Handkes «Das Gewicht der Welt». Das Buch stieß mich aus der Projektsphäre der Partei ins Reale unseres Daseins. Wenn stabile ideologische Überwölbungen einstürzen, kommt es darauf an, «nicht-projektdienliche Bewusstseins-Ereignisse» wahrzunehmen. Das tat Handke, und es kam meiner Stimmung sehr entgegen. «In die blaue Luft vor sich schauen nach einem Halt», das entsprach jetzt meiner Haltung. Vollkommen eins war ich mit Handkes Satz: «Meine immer wieder aussetzende Identifikation mit mir, mit meiner Erscheinung, mit meinem Leben – und trotzdem beharre ich auf dieser periodischen Unfähigkeit, mich mit mir zu identifizieren; mein notwendiges Künstlerpech.» So tauchte mein Leitmotiv aus «Stiller» an unverhoffter Stelle als «Künstlerpech» wieder auf.

Unvollkommener Abschied

Das vorläufige Ende meiner Berufslaufbahn in der BRD ist schnell erzählt. 1971 kam ich an der neu gegründeten Universität in Bremen auf Platz eins der Berufungsliste. Schließlich aber erhielt ich einen Brief von Oberbürgermeister Koschnik, in dem ich las, dass er mir den Ruf nicht erteilen könne, weil er die Länderfinanzierung der Universität in Gefahr bringe. Danach ein juristischer Verweis, der mir dunkel blieb. Ich könne mich zur Wahrung meiner Rechte nicht auf das Grundgesetz berufen. Sieben anderen Kandidaten erging es ähnlich.

Daraufhin erhielt ich eine Stelle an der FU als erster nicht lehrstuhlgebundener Assistent der Germanistik. Ich hatte in einem Professor der Utopieforschung einen Fürsprecher gefunden, und der liberale Universitätspräsident Kreibich fand die politische Diskriminierung nicht in Ordnung.

1976 bewarb ich mich für eine Professur in Marburg. Mir war bewusst, dass ich damit in ein Wespennest trat. Die Universität Marburg war zu dieser Zeit eine Hochburg des MSB Spartakus. Zur Ehre dieser Studentenorganisation der DKP muss festgehalten werden, dass sich darin kein Gran Anarchie und Militanz, dafür aber viel Staatsloyalität angesiedelt hatte. Sie durfte sich in Marburg ungeniert unter der Schirmherrschaft des mild-subversiven Politologen Wolfgang Abendroth tummeln. Die Spartakisten brachten mit einer Flugblattkampagne («Es pfeifen die Spatzen von allen Dächern, dass Lethen Kader einer maoistischen Partei ist ...») ungefähr vierhundert Studierende zum Hearing ins Audimax. Gut unterrichtet durch das gemeinsame Seminar mit Hans-Thies Lehmann über Brechts frühe Lyrik, hielt ich einen Vortrag über Rimbauds «Bateau ivre» und Brechts «Hauspostillen»-Gedicht «Das Schiff» von 1919. Dagegen regte sich kein Widerspruch, man schien nur überrascht, dass ein Kader sich beinah täuschend echt als Philologe tarnen konnte.

Auf dem Höhepunkt des Hearings traf mich eine Kränkung mitten ins Herz. In der siebten Reihe des Auditoriums erhob sich eine betörende Schönheit, um mir folgende Frage zu stellen: «Wie Sie wissen, verfolgt der MSB Spartakus hochschulpolitisch die Strategie, das Curriculum so zu gestalten, dass alle Studierenden am Ende des Studiums ein Gewerkschaftsbewusstsein entwickelt haben. Teilen Sie diese Strategie?» Ich war wirklich ratlos, inwiefern die Analyse des «Bateau ivre» das genannte Ziel fördern könnte. Vielleicht hätte der Kontext der Pariser Kommune und die Deportation der Kommunarden auf Galeerenschiffen behilflich sein können. Auf diese rettende Idee verfiel ich nicht, stattdessen brachte ich dreierlei vor: erstens, dass ich die Studenten nicht für «Trivialmaschinen» hielte, aus denen herauskomme, was man reingesteckt habe; zweitens, dass das hehre Ziel von Fall zu Fall in Widerspruch zur Freiheit der Forschung geraten könne; drittens, dass ich kein Freund von bodenlosen Utopien sei. Darauf die Schöne aus der siebten Reihe: «Dann hängen Sie sich doch gleich auf!» Da geht man selbst als Kader sprachlos in die Knie.

Unbegreiflicherweise setzte mich die Kommission auf Platz eins der Berufungsliste, und so wartete ich in Berlin mit gemischten Gefühlen auf den Ruf. Wollte ich wirklich in solche politischen Grabenkämpfe einsteigen? Drei Monate vergingen, ohne dass eine Nachricht aus Marburg eintraf. Als ich schließlich das Dekanat der Philosophischen Fakultät anrief, bekannte der Dekan eher kleinlaut als entgeistert – er hatte das Manöver mitorganisiert –, es tue ihm aufrichtig leid, dass ich nicht benachrichtigt worden sei. Das Ministerium in Wiesbaden habe die Liste korrigiert und den Zweitplatzierten berufen, Professor Theodor Voss von der Columbia University in New York. Voss sei bereits übergesiedelt und habe kürzlich eine Wohnung in Marburg bezogen. Befreiendes Aufseufzen am Telefonapparat meinerseits wäre angebracht gewesen.

Der Germanist Heinz Schlaffer, der meine Kandidatur schon aus Provokationslust unterstützt hatte, fuhr nach Wiesbaden, um Näheres zu erfahren. Ein Ministerialbeamter gab bereitwillig Auskunft: Wer wie Lethen in der SPD-Stadt Bremen abgelehnt worden sei, könne nicht erwarten, in Hessen akzeptiert zu werden. Endlich Klarheit! Ich konnte mein Glück im Ausland versuchen.

Späte Genugtuung: Professor Voss, den der MSB Spartakus und die linke SPD in den Sattel gehoben hatten, um mich zu vermeiden, entsprach nicht den politischen Erwartungen. Schnell wurden dem großen Gelehrten anarchistische Neigungen nachgesagt. Kurz: Er war ein unabhängiger Kopf.

Zu guter Letzt drohte mir 1976 auch noch die Suspendierung vom Dienst an der FU, weil ich im Verdacht stand, die Tür eines Hörsaals aufgebrochen zu haben. Man gewährte mir Einsicht in die Akten des Verfassungsschutzes, der Juraprofessor Uwe Wesel führte dabei Aufsicht. Schnell war zu erkennen, dass der Verfassungsschutz ausgezeichnete Fotografen beschäftigte. Gestochen scharf Freund Ares im Pelz, ein Schild hochhaltend: «Wir Metaller fordern fünfzig Pfennig mehr». Ich war enttäuscht, dass von mir kein vergleichbar markantes Foto zu finden war, überhaupt darüber, wie mager die Beute des Verfassungsschutzes war. Es war davon auszugehen, dass die Akten, die mir vorlagen, zuvor gesiebt worden waren, um Informanten zu schützen. Wesel gegenüber bemerkte ich, dass die Historiker auf der Grundlage so schütterer Quellen kaum unsere Geschichte schreiben könnten, die Unzuverlässigkeit der Fahnder sei ein Grund zur Sorge. So etwas hatte der Jurist noch nie gehört.

Schlafwandlerisch wähnten wir uns in der Sicherheit eines Staates, den wir «faschistisch» genannt hatten. Als ich mich darauf einstellte, meinem Beruf zukünftig im Ausland nachgehen zu müssen, träumte ich mehr als ein Mal, dass ich mich mit Ministerialbeamten, die meine Harmlosigkeit erkannt hatten, versöhnte.

Kurz vor meiner Übersiedlung nach Holland bekam ich ein Angebot, das mich dazu hätte verführen können, in der BRD zu bleiben. Hellmut Becker, Direktor des Berliner Max-Planck-Instituts für Bildungsforschung, fragte an, ob ich in das Kollegium der Odenwaldschule eintreten wolle. Der Drogenkonsum der Schülerinnen und Schüler sei gegenwärtig das Hauptproblem der Schule, das müsse ich wissen, ich solle es mir überlegen. Bevor Loes und ich dieses Angebot ernsthaft in Erwägung ziehen konnten, kam der Ruf aus Utrecht.

Es war ein Glücksfall, dass wir zurück ins Heimatland von Loes ziehen durften. Noch einmal dem Teufel von der Schippe gesprungen. Diejenigen, die vom Berufsverbot betroffen waren, wählten damals oft eine der zwei Ausweichmöglichkeiten: das dänische Aarhus oder die niederländischen Universitäten. Von den hundertzwanzig Bewerbern in Utrecht kamen hundertneunzehn aus Deutschland.

Mit meinem Abschied von der FU und der Übersiedlung in die Niederlande war die Kooperation mit den Berliner Freunden nicht zu Ende. Ab Januar 1977 arbeitete ich zwar als «Hoofddocent» an der Universiteit Utrecht, das Projekt einer neuen Zeitschrift band mich aber nach wie vor an Berlin.

Berliner Hefte

Dass wir unsere neue Zeitschrift ursprünglich «Zeitschrift für Empirie und Erfahrung» nennen wollten, ist bezeichnend genug. Man konnte nicht genug von der Wirklichkeit bekommen, gegen die wir uns sieben Jahre lang eingekapselt hatten. Wir, das waren als ständige Mitarbeiter Heinz Dieter Kittsteiner, Volkmar Braunbehrens, Hortense von Heppe, Detlef Michel, Johannes und Ulla Küchler, Klaus Detlof, Rüdiger Safranski, Horst Domdey, Christoph Buchwald, Erhard Grosskopf, Mario Erdheim, Antonia Grunenberg, Walter Fähnders, Volker Ludwig, Albrecht Flieger, Manfred Lefèvre, Helga Karrenbrock, Dieter Masuhr, Maja Nadig, Helga Prignitz, Friedrich Rothe, Uwe Wagner, Heidegert Schmid Noerr, Walter Aschmoneit, Bernd Weyergraf und Hildegard Müller-Kohlenberg. Wir kamen aus verschiedenen ML-Strömungen, durchmischt mit linksliberalen Freunden – vermutlich war auch ein Trotzkist dabei –, und empfanden uns als politisch heimatlos. Die «Berliner Hefte» gründeten wir als ein Forum der Selbstverständigung.

Als Verleger wollten wir Klaus Wagenbach gewinnen, aber der winkte ab, er plante seine Zeitschrift «Freibeuter». Hans-Peter Gente, Gründer des Merve Verlags, war mehr als skeptisch: Wir glaubten wohl, unbedingt die Reinigungsrituale der französischen Intellektuellen in den vierziger und fünfziger Jahren wiederholen zu müssen. Gentes Spott überraschte mich nicht; als er mich 1972 einmal beim Verkauf der «Roten Fahne» auf dem Walther-Schreiber-Platz traf, reagierte er ehrlich entgeistert, als würde er einem Gespenst begegnen. Habe er mich nicht vor wenigen Jahren der Redaktion der «Alternative» als Nachfolger empfohlen? Und nun treffe er mich als «Imitation einer Imitation» in Steglitz. Das ganze Unternehmen sei zu peinlich, nicht einmal die Farce einer Wiederholung, von der Marx im «achtzehnten Brumaire» geschrieben habe.

Die Gruppe der ständigen Mitarbeiter, die im Frühjahr 1976 zum ersten Mal zusammenkam, war nicht leicht zusammenzuhalten. «Ständig» war nur der mühsame Ausgleich von Zentrifugal- und Zentripetalkräften, um die heftigen Auseinandersetzungen in der Redaktion und in ihrem Umfeld physikalisch zu beschreiben. Selbst aus der Ferne Hollands waren die Kämpfe in der Redaktion zu spüren. Detlef Michel vom Grips-Theater und seine Frau Maria Kempas waren im Hinterhof der Kantstraße 125 die Seele des Unternehmens, ohne sie wäre die Gesellschaft der Abtrünnigen schnell auseinandergebrochen. Den Heften sind

die Zerreißproben abzulesen, die sie vor dem Druck überstehen mussten.

Heiß umstritten war in der ersten Ausgabe der «Berliner Hefte» Klaus Wagenbachs «Grabrede für Ulrike Meinhof», die «klarste Kritikerin des Kapitalismus». Meinhof habe keine neue Lesart des Marxismus verkündet, sondern sich auf die Vergessenen der Gesellschaft konzentriert: Eingesperrte, Fürsorgezöglinge, Weggelaufene und Durchgedrehte. Was Meinhof umgebracht habe, seien die deutschen Verhältnisse ... Und dann ein Aufrechnungssatz, der einem noch heute den Atem verschlägt: «Die Polizei tötete während der zweijährigen Fahndung mehr Menschen als die fünf, die bei den Attentaten der ‹Roten Armee Fraktion› getötet wurden.»

Über viele Jahre hatte ich die Kolumnen von Ulrike Meinhof in der Zeitschrift «konkret» verfolgt, sie war eine Stimme der Aufklärung im Schmuddelklima der Presse; mit dem Griff zur Waffe jedoch hatte sie unsere moralische Linie überschritten. Maos «Bauernbewegung in Hunan» konnten wir mitsamt ihren impliziten Grausamkeiten als Aufstand der Dörfer gegen die Städte idealisieren, die Methoden der Ächtung, Demütigung und Tötung in der chinesischen Kulturrevolution wurden als fernes Schauspiel eines notwendigen Reinigungsprozesses verklärt, in Sartres und Fanons Mythen der Gewalt wurde das legitime Recht der Unterdrückten gefeiert – aber die RAF ging entschieden zu weit. Gerade Moralisten brennen alle Sicherungen durch, wenn sie keine Außenhalte der Moral mehr spüren.

Jürgen Horlemann hatte auf einer Versammlung von Sympathisanten schon in der frühen Phase der KPD/AO eine Parole ausgegeben, die uns gegenüber den Verführungen der Gewalttätigkeiten immunisieren sollte: Mit einer

Phrase von Karl Marx bezeichnete er die Militanten der RAF als «Jeunesse dorée», aufsässige Kinder der Bourgeoisie, die sich in die Revolte einschleichen, um den Linksliberalen zu imponieren. In Anspielung auf Baader sprach er von «Lumpenproleten im Dandylook». Im Film der fünfziger Jahre war dieser Typ der Inbegriff des halbseidenen Machos. Unerträglich, ihn an der Seite unserer Moralistin Meinhof anzutreffen.

Man kann sich vorstellen, wie heftig die Auseinandersetzungen über Wagenbachs Rede in der Redaktion waren. Streit setzte auch die darauffolgenden Hefte unter Strom: Umstritten waren die Tätigkeiten des «Komitees Freiheit für Horst Mahler», das Gerhard Bauer leitete, die Einschätzung von Wolf Biermann als Kommunist halbierte die Redaktion, Rüdiger Safranskis Abhandlung über Ökologie und Marxismus warf unbekannte Fragen auf, das Interview mit Charles Bettelheim über einen «Sozialismus minus Stalin» galt als problematisch, und Peter Brückners Traktat über das politische Mandat der Wissenschaft konnte ebenso wenig mit allgemeiner Zustimmung rechnen. Antonia Grunenberg setzte André Glucksmann, der gerade sein Buch «Die Meisterdenker» veröffentlicht hatte, mit aggressiven Fragen zu. Er empörte uns nicht so sehr mit der Behauptung, Marx sei zwangsläufig bei Stalin gelandet, sondern eher mit Sätzen, die die Studentenbewegung in ein neues Licht rückten: In Frankreich sei schon die Bewegung vom Mai 68 antikommunistisch gewesen. Daniel Cohn-Bendit habe zum surrealistischen Dichter Louis Aragon, Anhänger der KP Frankreichs und der Sowjetunion hörig, gesagt: «Du hast Blut auf deinen weißen Haaren.» Die Kritik an der Sowjetunion habe die Studenten nicht zur Kritik am Marxismus, sondern auf die Seite der Chinesen als den schärfsten Kritikern der Sowjetunion getrieben. «Über China haben wir uns Illusionen gemacht», bekannte Glucksmann, «aber es waren unsere Illusionen, das heißt, es war einfach ein Mai 68 auf China projiziert.» Antonia Grunenberg fragte ihn daraufhin frustriert und aggressiv, was er denn gegenwärtig wolle. Glucksmann: Es reiche zu wissen, was man nicht will – den Gulag.

Ein Gespräch zwischen Margherita von Brentano, Peter Furth, Oskar Negt und Antonia Grunenberg sollte in einem späteren Heft klären, ob wir als Desillusionierte nur noch Skepsis aufzubieten hätten. Vielleicht war auch alles schon mit dem Artikel von Rainer Asch geklärt: «Die chinesische Politik ist chinesisch».

Auf dem Umschlag von Heft 9/10 (1978) war Rembrandts Bild «Raub des Ganymed» abgebildet. Der zum Adler verwandelte Zeus stiehlt das Kleinkind, das vor Angst sein Gesicht verzerrt und pinkelt. Darunter der Titel des Heftes: «Marxismus und subjektive Erfahrung». Sollte der Adler den Marxismus darstellen, der sich einen kleinen Linken krallt, der hilflos Wasser lässt? Hatte er als Verkörperung des Weltmarkts die infantilen Projekte der Emanzipation ergriffen?

Heinz Dieter Kittsteiners Dialog, die neuere Philosophie betreffend, sollte auf diese Fragen eine Antwort geben. Er versetzte uns in die Situation eines Gesprächs unter Renaissancegelehrten. Diese waren nicht dem Zwang zur politischen Entscheidung ausgesetzt, sie durften Theorie und Praxis des Marxismus in aller Seelenruhe entkoppeln. Marxismus als Meditationsmedium, das hatte es noch nie gegeben. Der Sommer der Theorie war lang; in Kittsteiners Nachdenken fand er einen späten Höhepunkt.

Kittsteiner reagierte auf die Provokation von Glucksmanns «Meisterdenkern»: Marx für die Opfer Stalins verantwortlich zu machen, hielt er für absurd. Wie Oskar Negt sah er in der neuen französischen Philosophie überhaupt nur das «Symptom einer gesellschaftlichen Stimmung». Dann nahm er den ersten Schnitt vor: Der Marxismus sei nicht eine Theorie der menschlichen Emanzipation, sondern die einer alle individuelle Selbstverwirklichung unterdrückenden gesellschaftlichen Vernunft. Belustigt verfolgte er die Umorientierung der Linken, in ihrer Suche nach dem neuen Subjekt der Geschichte. Als Wünschelrute diene ihnen dabei der heilsgeschichtliche Topos, dass, wo die Unterdrückung am stärksten, unverhoffte Kraft am nächsten liege. Heute sei die Arbeiterklasse bei vielen Linken abgeschrieben. Dafür fühlten sich die Frauen stark, oder die vom kapitalistischen Produktionsprozess malträtierte «Natur» schlage mit Mangel und Gift auf das Kapitalverhältnis zurück.

Die Flucht in die Ethnologie zeige, dass vorkapitalistische Produktionsweisen mit unwahrscheinlichen Versprechen besetzt werden. Verhängnisvoll sei die Verlagerung des Rebellischen in den Körper, lachhaft die Parole der Surrealisten und der Maikämpfer in Frankreich: «Unter dem Pflaster ist der ...» Schon im Redaktionskreis hatte sich Kittsteiner darüber lustig gemacht: «Na, was ist da? Da liegen nicht Telefonkabel und Abflußrohre, wie man vermuten sollte, sondern da liegt der liebe Strand. Und unter meinem Ich-Pflaster? Was finde ich da? Nicht etwa ein mieses Es, sondern ein produktiv Unbewußtes, prächtige Wunschmaschinen, ‹umgepolte Energie›, ‹ein Entfliehen›, kurz: das realsoziologisch vermißte ‹Plebejische› im Proletariat. Ich brauche keine Arbeiterklasse mehr, weil ich ihre revolutionäre Kraft schon in mir trage.» Lachend in die Runde: «Das sind doch infantile Omnipotenzphantasien!»

Kittsteiner sagte der Umorientierung der Linken ein fröhlich-resignatives Ende voraus. Unter dem Vorwand, das Machbare zu machen, beginne man, sich im Kapitalismus einzurichten – mit reiner Luft, grünen Wiesen und sauberen Flüssen. Immerhin besser, als «unter einem Dach revolutionärer Phrasen» zu leben. Marx habe in seiner «Kritik der politischen Ökonomie» den Verwertungsprozess des Kapitals als den alles beherrschenden Motor der Geschichte erkannt. «Schminkt euch die Illusionen der Heilsgeschichte ab!», rief Kittsteiner. «Taucht lieber in die Kälte der Kapitalanalyse ein. Macht Pause und beginnt zu denken! Lernt von Foucaults technologischem Modell der Macht. Und denkt auch an den von uns in den sechziger Jahren verherrlichten, inzwischen aber verdammten Wilhelm Reich, der 1942 in der dritten Auflage seiner ‹Massenpsychologie des Faschismus› schrieb: ‹Befreien wir uns von allen Illusionen. In der Menschenmasse selbst wirkt eine reaktionäre, mörderische, entwicklungshemmende Macht, die alle Anstrengungen der Freiheitskämpfer immer wieder zuschanden macht!›» Und zu unserer Überraschung zitierte Kittsteiner an dieser Stelle sogar Deleuze und Guattari, die mit Blick auf Wilhelm Reich bemerkt hatten, dass die Massen im Faschismus nicht getäuscht worden seien: «Sie haben den Faschismus in diesem Augenblick und unter diesen Umständen gewünscht.»

Damals war Kittsteiner auch in der Redaktion der «Berliner Hefte» ein Unruhestifter, der so manchen zuvor den ML-Parteien Nahestehenden auf die Palme brachte. Er aber lebte gern im Verdacht, ein Zyniker zu sein. Sein Beitrag «Marxismus und Subjektivität» wurde als so anstößig empfunden, dass die Zeitschrift eine Replik veröffentlichte. Unerträglich schien Kittsteiners Gedanke, die Linke solle sich endlich einfach die Zeit nehmen, die es zur Verarbeitung historischer Prozesse und subjektiver Erfahrung benötige. Die Reaktion ließ nicht lange auf sich warten. Peter Neitzke, der einmal im Politbüro der KPD/AO gewesen war, brachte das entscheidende Argument gegen Kittsteiners kontemplative Wende in Stellung: «Wenigstens dies lehrt die Geschichte, daß im Notfall zum Denken nicht viel Zeit bleibt. Die *Subjekte* des historischen Prozesses ... wird man dann daran erkennen können, ob sie Hoffnungen in der Praxis einlösen, die Marx an die Bewußtwerdung der Ausgebeuteten und Unterdrückten geknüpft hat.»

Damit traf Neitzke einen empfindlichen Punkt. Hatte ich mich nicht von den Theorien der Frankfurter Schule getrennt, weil die Art ihrer Kontemplationen nur zu Paradoxien, also zu Handlungslähmung führte? Zumindest hatte ich diesen Verdacht 1966 in der Rezension zu Rolf Tiedemanns Buch über Walter Benjamin in der Zeitschrift «Alternative» geäußert. Erst viel später leuchtete mir die Bemerkung von Friedrich Balke ein, dass die Kritische Theorie in ihren verschiedenen Spielarten oftmals der verzweifelte Versuch war, im Gegensatz zu Carl Schmitts permanenter Halluzination des Ausnahmezustands und der Theorie einer staatlich organisierten Politik, «die den Ernstfall weniger ausschloß, als sich selbst vorbehielt», «die Ansprüche des Zivilen und der Zivilgesellschaft» unbeirrt und tapfer zur Geltung zu bringen. Neitzkes Warnung, «daß im Notfall zum Denken nicht viel Zeit bleibt», war mir vertraut. Die Frage war nur, ob man ständig den «Notfall» simulieren, ihn gar auf Dauer stellen oder auf kleinem Terrain des Stadtteilkampfes erproben sollte. Zum vorweggenommenen Notfall hatten wir ein Jahrzehnt lang geradezu ein Vertrauensverhältnis aufgebaut, das war nicht so schnell abzubauen. Darum die Neigung zu Carl Schmitts Dekret über den Ausnahmezustand und zu Walter Benjamins «Begriff der Geschichte».

Kittsteiners meditative Wende war 1978 jedenfalls nicht leicht nachzuvollziehen. Entfremdete sie nicht von jeder politischen Praxis? Kittsteiner hätte dem zugestimmt. Später sollte er den Gang der Dinge genauer erklären: 1998 in dem Buch «Listen der Vernunft», 2004 in «Out of Control», 2008 in «Weltgeist, Weltmarkt, Weltgericht». Ging es um das «eigentliche Subjekt» der Geschichte, warf uns Kittsteiner vor, dass wir uns nicht von den Phantomen der *heroischen Moderne* lösen könnten. Was er unter diesem Begriff verstand, wird in den genannten Büchern deutlich.

Die Hoffnung auf heroische Akte eines historischen Subjekts in Gestalt einer Partei des Proletariats oder eines charismatischen Führers sei nach dem Niedergang der Geschichtsphilosophie entstanden. In ihrer klassischen Ausprägung von Kant bis Hegel sei die Geschichtsphilosophie eine erste wissenschaftliche Reaktion auf die bedrohliche Erfahrung gewesen, dass die Menschen bei all ihrem wachsenden technischen Vermögen der Naturbeherrschung einem Prozess unterworfen sind, den sie selbst nicht steuern können. Die Geschichtsphilosophen hätten «das blinde Ungefähr der Geschichte» mit einem Endzweck überlagert, auf den alles hinauslaufen sollte. Gegen Ende des 19. Jahrhunderts sei diese Fiktion eines vernünftigen Endzwecks zusammengebrochen.

Schon Jacob Burckhardt sei skeptisch gewesen. Die Weltgeschichte, hatte er erkannt, ist «nicht um unseretwillen» da. Die «Oekonomie der Weltgeschichte im Großen» bleibe dunkel. Burckhardt zog daraus den Schluss, dass, wenn die Einzelnen schon nicht das Ganze wissen können, nicht Herren der Geschichte sind – und schon gar nicht ihre Avantgarde –, es doch möglich sein könnte, einen beobachtenden Standpunkt einzunehmen, von dem sich das schreckliche Schauspiel der Geschichte nicht ohne den ästhetischen Genuss der Distanz betrachten ließe. Burckhardt verband die Erkenntnis der unbewussten Produktion der Geschichte mit dem Stoßseufzer, dass wir lernen sollten, «die Blindheit unseres Wünschens» einzusehen.

Unter dem Gewölbe einer Geschichtsphilosophie mussten sich die Individuen scheinbar nur mit halber Kraft einsetzen, um die Entwicklung voranzubringen. Sie waren nur ein Medium, nur die «Geschäftsführer» (Hegel) des welthistorischen Prozesses, den Rest besorgte hinter ihrem Rücken die Geschichte. Im 20. Jahrhundert treten nun nicht nur Individuen, sondern in Form von Parteien auch Institutionen auf, die glauben, die «Oekonomie der Weltgeschichte» zu kennen und Mittel parat zu haben, um diese zu lenken. Sie befreien sich von der Resignation vor der Geschichte und stemmen sich im Namen des «Lebens», des «Proletariats» oder des «Volkes» gegen einen anonymen Prozess, den sie nach der Niederlage von 1918 nur noch als einen gegen sie gerichteten begreifen. Man sieht: Widerstand gegen die Geschichte geht nicht ohne Heroismus. Die Akteure der heroischen Moderne glauben nicht mehr, sich auf die Mithilfe eines Prozesses verlassen zu können. Das Individuum, das souverän sein möchte, muss ungeheure Willenskraft aufbringen oder, wenn das vergeblich scheint, diese den

Parteien überantworten, die versprechen, der feindlichen «Oekonomie der Weltgeschichte» die Triebkraft einer Volkseinheit entgegenzusetzen oder sie kraft der im Marxismus geschulten Kenntnis ihrer Gesetzmäßigkeiten in die richtige Richtung umzulenken.

Kein Zweifel, die ML-Parteien der siebziger Jahre hatten sich in der Tradition dieser *heroischen Moderne* begriffen.

Schon in den frühen «Berliner Heften» gab es aber auch Beiträge, die hinter dem Radau der ML-Querelen eine gewisse Ruhe ausstrahlten, Dokumente der Meditation: Hortense von Heppes Überlegungen zur «Schönen Anstrengung» der «Marquise von O...» von Kleist, das Gedicht «Die Störche von Orly» von Martin Pohl, Hilde Domins Gedicht «Flucht», Gregor Laschens Baumgedicht, ein Auszug aus der Partitur «Schattensprung» des Komponisten Erhard Grosskopf.

Eine dieser stilleren Betrachtungen stammte von Henriette Beese, die aus dem Kreis um Peter Szondi kam. Ihr Essay gegen die «Sachlichkeit als Berührungsangst vor Affekten» war gegen mich gerichtet. Beese beobachtete die «Subversion des Gesetzes der Identität» in den Schauspielkünsten Conrad Veidts. Im Gegensatz zu Humphrey Bogart, mit seinem stets mit sich identischen Understatement der Männlichkeit, enden die von Veidt gespielten Charaktere, vom «Cabinet des Dr. Caligari» bis zu «Jud Süß», nach allen Mühen der Individuation in der Zerstörung des sich anstrengenden Individuums. Veidt sei als Schauspieler in der Lage gewesen, alle Aspekte der Nichtidentität vorzuführen. Befolgte man nach Mode der Sachlichkeit die Devise, dass der Mensch niemals zeigen dürfe, dass er ein Mensch ist, weil er bei Nichtbeachtung dieser Regel zwangsläufig Opfer werde, so zeige Veidt den Reichtum des Menschen in seiner Ohnmacht.

Dieser Gedanke war im Kreis abtrünniger ML-Genossen ein sehr fremder Vogel; er faszinierte vielleicht nur mich. Es war nicht einfach, den Veidt-Essay in der Redaktion durchzusetzen.

Die Schwarze Botin

In der ersten Nummer der Berliner Zeitschrift «Die Schwarze Botin» ist auf Seite 26 eine Collage von Gabriele Goettle zu sehen: ein Mann unter der Guillotine, von zwei Frauen zur Hinrichtung hergerichtet; dahinter überlebensgroß eine Frau mit wehendem Haar in der Geste von «Die Freiheit führt das Volk», die einen blutigen Schädel zur Schau stellt, während ein Adler dem Publikum das Haupt eines frisch Geköpften zeigt. Unter der Collage die tröstlichen Worte, die der Radikalfeminismus 1976 für uns Männer übrig hatte: «Kastration war nur eine Übergangslösung.» Ich ahnte davon nichts, als Gabriele Goettle im Wintersemester 1975/76 Tutorin in meinem Seminar «Literatur und Zensur» wurde.

Meine Lage war in einem meiner letzten Semester an der FU etwas angespannt, nachdem das Rektorat das Verfahren wegen Hausfriedensbruch gegen mich eingeleitet hatte und Suspendierung vom Dienst drohte. Der Assistentenvertrag lief aber ohnehin im Oktober 76 aus, sodass ich die Gefahr als nicht allzu groß empfand. Im Zentrum des Seminars sollten bekannte Zensurfälle stehen, die juristischen Querelen um «Mephisto» von Klaus Mann und der Rechtsstreit um F.C. Delius' «Unsere Siemens-Welt» waren geplant; ein umfangreicher Reader mit den Gerichtsunterlagen war vorbereitet. Den theoretischen Dreh- und Angelpunkt bildete Brechts «Dreigroschenprozeß» mit seinem überraschenden Fazit: Der Staatsanwalt sieht schärfer hin, erkennt den Gesetzesbruch schneller, hat ein besseres Gespür für Subversion – die Verteidigung lügt. Während der Vertreter der Anklage die «kriminellen», das heißt die gesellschaftliche Verfassung untergrabenden Züge des Werks zielsicher aufdeckt, werden sie von den Verteidigern des Angeklagten scheinheilig unter Berufung auf die Autonomie der Kunst zugedeckt. Der Scharfsinn des Staatsanwalts habe sich, so Brecht, im Verbotsantrag gegen seinen Film «Kuhle Wampe» gezeigt. Brechts Schulterschluss mit dem Feind bedeutete für ihn Kontaktaufnahme mit der Wirklichkeit. Wenn der Kampf unter der sichtbaren Beleuchtungsapparatur im Boxring mit Fäusten stattfand, war es Theater nach seinem Geschmack.

Gegen die politische Schwerpunktsetzung des Seminars lief Gabriele Goettle Sturm. Sie forderte eine Arbeitsgruppe «Pornographie und Zensur», das sei weit aktueller als die «alten Klamotten der Politik». Ich hätte gewarnt sein können – denn kurz zuvor hatte der Filmclub der FU im Audimax vor vierhundert Studenten einen Streifen gezeigt, in dem Verlautbarungen eines Filmzensors der FSK (Freiwillige Selbstkontrolle) von einem sprechenden Penis vorgetragen wurden. Warum der Seminarleiter, fragte Goettle, den Brennpunkt Pornographie, der die Gerichte in der Mehrzahl aller Fälle beschäftige, ausklammere, um sich auf die harmlosen politischen Fälle zu konzentrieren? Sie, Gabriele Goettle, sei bereit, unentgeltlich ein Tutorium zur Pornographie zu übernehmen.

Gegen Ende des Semesters wurde der Auftritt des Pornotutoriums angekündigt. Goettle informierte mich, dass die Teilnehmerinnen des Tutoriums eine Enquete unter Westberliner Kioskbesitzern durchgeführt hätten. Sie hätten die Kleinhändler gefragt, unter welchen Umständen sie

Snuffpornos verkaufen würden. Nun könnten sie mit überraschenden Ergebnissen aufwarten. Die Studie sei materialreich, wenn auch nicht von regelrecht demoskopischen, statistisch abgesicherten, das heißt «wahrheitsfähigen» Verfahren gelenkt. Aber die Teilnehmerinnen seien ja auch keine Soziologinnen. Man werde, verkündete die Tutorin, in der nächsten Sitzung einen dänischen Pornostreifen vorführen, um Stoff zur Diskussion zu haben.

Aus zwei Gründen zögerte ich, dem Vorhaben zuzustimmen. Wenn schon, dann wollte ich aus politischen Gründen entlassen werden, auf keinen Fall aber wegen Pornographieverdacht. Der hatte schon dem Kollegen Gert Mattenklott zu Unrecht großen Ärger bereitet. «Im Sinne des Beamtenrechts» hob ich vorsorglich die Teilnahmeverpflichtung für das Seminar auf und verbot den Zugang für Minderjährige. Der zweite Grund war pädagogischer Art: Was sollte in dieser Sitzung schon passieren, außer dass die Pornogruppe, aufgeklärt, wie sie war, ihre Überlegenheit über die beschämt schweigende Mehrheit bewies? Ich harrte der Dinge, die da kommen würden.

Der Veranstaltungssaal war schon verdunkelt, als ich eintraf. Die Teilnehmerzahl hatte sich, wie der Geräuschkulisse in der Dunkelheit zu entnehmen war, verdoppelt. Der dänische Streifen war wirklich ein Hardcoreporno. Und wie erwartet versank die Mehrheit, als das Licht wieder anging, in dumpfes Schweigen, während die Mitglieder des Tutoriums munter referierten. Goettle hatte erstaunliche Arbeit geleistet. Die Veranstaltung zog keine disziplinarischen Konsequenzen nach sich.

Wenig später erschien die erste Nummer der «Schwarzen Botin». Bei mir wie anderen männlichen Zeitgenossen weckte sie zwiespältige Gefühle. Dass die «Beseitigung der ruinierten Männerkultur», wie es in der Zeitschrift hieß, den Frauen nicht die Illusion vermitteln solle, jetzt könnten sie da anknüpfen, «wo die Amazonen aufgehört haben», rief die Frage auf, wohin die Reise der Radikalfeministinnen gehen würde. Die Antwort auf die Frage nach der Zukunft fiel unscharf und vage aus. Eine Übereinstimmung bestand darin, dass das Bedürfnis nach subjektiver Erfahrung nicht als Motor eines neuen Aufbruchs betrachtet werden sollte. Die Flucht in eine Innerlichkeit, die meint, sich vor der zunehmenden Korrumpierung der Außenwelt abschirmen zu können, wiesen die Schwarzen Botinnen als Irrweg zurück.

Konnten Männer auch Komplizen sein? Goettles letzte Collage auf Seite 39 erteilte dem eine klare Absage: Über der Textzeile «Werft eure Perlen vor die Säue!» schmeißt eine Frau den Mann einer Wildsau zum Fraß vor.

Die Schwarzen Botinnen erkannten im damals gefeierten Ideal der Frau als naturbelassen Elementares die Kehrseite des patriarchalischen Stereotyps. Die Frontstellung gegenüber dem «Blümchenfeminismus» der Selbstverwirklichung ist deutlich. Dann aber auf Seite 31 eine überraschende Fotocollage von Sarah Schuhmann: Unter dem aufgerissenen Pflaster kommt das schöne Antlitz einer Frau mit geschlossenen Augen zum Vorschein. Also doch ein weiblicher Ursprungsstrand unter dem Asphalt des Patriarchats? Der erste Auftritt der Schwarzen Botinnen gab Rätsel auf.

Ich konnte nicht ahnen, dass ich später Gabriele Goettles Sozialreportagen in der «tageszeitung» und ihre Bücher in der Anderen Bibliothek schätzen würde. Sie tauchte mit ihren Texten in die gottverlassenen Zonen der Gesellschaft ein.

Die Militanz der Schwarzen Botinnen sollte durch eine vornehm böse Invektive, die sich ganz vom Feminismus löste, in den Schatten gestellt werden. Im Juni 1984 erschien im «Kursbuch» der Artikel «Das Leben der MUTTs» von der Malerin Hortense von Heppe, die uns Männer in der Redaktion der «Berliner Hefte» oft inspiriert hatte. Die ersten Zeilen tauchten in unsere Phantasiewelt ein:

«Die Filmstars der fünfziger Jahre waren die Dinosaurier des Weiblichen: Sie hatten das erotische Detail zur Abnormität ausgebildet. Die enormen Brüste aus ‹La dolce vita› sind nicht mehr stilbildend, auch nicht der vorgestülpte Bardot-Mund. (NB: Er bringt den Frauen unweigerlich die zur Oberlippe führende Senkrechtfalte – ein hoher Preis für jahrzehntelanges Schmollen.) Fanny Ardant rennt eckig durch Truffauts letzten Schwarzweißfilm und weitet die Mundöffnung von einem Ohr bis zum anderen. Die Kind-Frau ist zur Mann-Frau geworden.»

Die Frau habe sich durch langjähriges Training, Kosmetik, Sport und Diät von der Gestalt des 19. Jahrhunderts entfernt. Die Gesellschaft könne inzwischen «mit einem punktuellen *Knalleffekt* junger Mädchenblüte» nichts mehr anfangen. Die Blütenphase des Weibes liege heute nicht mehr bei achtzehn Lebensjahren. Sie sei durch innere Disziplin ausgewalzt und dehne sich bis in die Dreißiger hinein. Mit der MUTT sei ein neuer Zivilisationstyp entstanden, während der Mann sich im Schatten der MUTT und ihrer staatlichen Versorgungseinrichtungen zu einem langweiligen und feigen Typus entwickelt habe. Historisch betrachtet, seien die Männer «von Verdun bis nach Stalingrad und noch weiter» gelaufen, um sich mit Exzessen der Gewalt aus dem Bannkreis der MUTT zu entfernen. Entkommen seien sie ihr nicht – denn in den Kleinhirnen der Männer «spulen sich ein Leben lang zwei Sehnsuchtsfilme ab; ein Sexstreifen und ein MUTT-Cinema».

Vielleicht war das MUTT-Manifest schon damals nur ein Geheimtipp des Berliner Freundeskreises; vielleicht ist es das geblieben. Zumindest ging von ihm ein Impuls aus, der in den «Verhaltenslehren der Kälte» nachwirkte – vom MUTT-Artikel aus betrachtet: ein verzweifelter Versuch, den Mann als Trennungsspezialisten in einer weichen MUTT-Umwelt zu rehabilitieren.

In unserer Wohnung in der Wiener Burggasse hängt ein großartiges Bild der Malerin; die Morgensonne scheint von links auf die Leinwand. Es mag an Arnold Böcklins «Toteninsel» erinnern, doch statt erhabener Landschaft: der Tierpark von Bielefeld. Gut, Reinhart Koselleck hat von Heppe verehrt, ihr Freund Kittsteiner war, wie erwähnt, eine Zeitlang sein Assistent in Bielefeld, aber Hortenses Malerei unterläuft Provinz, Gelehrsamkeit und ikonographische Muster: ein schwarzer Rabenvogel auf dem Ast über dem Teich, in dem Enten dümpeln. Nicht der Rede wert, wenn nicht die Farbenpracht Hans von Mareés, des zu Unrecht fast vergessenen Malers, den die Malerin über alles liebt, wie ein orientalischer Teppich jeden Winkel erstrahlen ließe. Als eine Münchener Freundin das Bild sah, bemerkte sie spöttisch: «Dein Ich dümpelt auf dem Es wie jene Enten auf dem Bielefelder Teich.»

TEIL III

Er is koffie na de dood

Ein Plakat am Utrechter Busbahnhof ist in der Erinnerung gestochen scharf: auf lackschwarzem Grund eine weiße Porzellantasse, aus der der Dampf heißen Kaffees aufsteigt. Darüber wölbt sich die Parole: «Er is koffie na de dood!» – Kaffee gibt's auch nach dem Tod! War es die große Kaffeefirma Douwe Egberts, die das Werbeplakat sinnvollerweise in der Nähe von Friedhöfen, Krankenhäusern, Krematorien und eben auch am Busbahnhof platziert hatte? Nach Intervention der Reclame Code Commissie, einer Art Ethikkommission der Medien, wurde es entfernt. Es dringe, so der Zensor, in die Privatsphäre des Todes ein, sei pietätlos und rücke durch die Direktheit seiner Botschaft der Sterblichkeit den Leuten auf den Leib.

Dabei entsprach die Losung einer Wirklichkeit, mit der ich bald konfrontiert werden sollte. Als mein Schwiegervater gestorben war, versammelten sich die Trauernden am offenen Sarg, in dem der Vater von Loes, nicht nur Boxer in Brüssel und Heizer auf der Hapag-Lloyd-Linie, sondern auch Bauarbeiter an der Golden Gate Bridge, Farmer in Australien, endlich Fahrradhändler in Amsterdam und passionierter Angler, in blauweiß gestreiftem Pyjama lag – die Angehörigen standen in lockerer Formation, die Verlegenheit wegplaudernd, mit einer Tasse Kaffee in der Hand um ihn herum.

Heute zeigt mir eine kurze Recherche im Internet, dass mich die Erinnerung an das Plakat täuscht. Das Plakat war nicht schwarzweiß, wie das Gedächtnis die Dinge oft abspeichert, es war sehr farbig. Nicht Douwe Egberts, sondern die Begräbnisversicherung AVVL hatte es lanciert, um, wie sie sich rechtfertigte, das Tabu des Todes zu brechen und dem Schicksal eine persönliche Note zu geben. Auch den Werbeslogan habe ich nicht korrekt wiedergegeben. Im Original formuliert er eine Frage – «Is er koffie na de dood?» –, auf die das Versicherungsunternehmen naturgemäß, aber nicht explizit mit einem klaren Ja antwortet. Im Übrigen habe man den Tod nur «bespreekbaar» machen wollen. Durch das Verbot «frustriert», schaltete die Versicherung einen neuen Slogan: «Leven doe je maar een keer. Doodgaan ook.» Etwa: Du lebst und stirbst nur einmal.

Als ich später in der Amsterdamer Oper Wagners «Parsifal» sah, in der zauberhaften Regie von Klaus Michael Grüber und mit einem Bühnenbild in den spanischen Farben von Miró, konnte es mich also nicht überraschen: In der Pause breitete sich der Geruch von Kaffee in der ganzen Oper aus und umgab uns, wie uns der niederländische Pragmatismus umgab.

Um die Mentalität der Holländer zu begreifen, riet mir schon kurz nach unserer Ankunft Freund Dick Kwakkelstein, solle ich den Roman «Max Havelaar oder Die Kaffeeversteigerung der niederländischen Handelsgesellschaft» lesen, in dem der Schriftsteller Eduard Douwes Dekker unter dem Pseudonym Multatuli 1860 die Praktiken der Ostindischen Handelskompanie brandmarkte. Die Scheinheiligkeit der Kaffeebonzen komme hier ans Licht, ein «echt investigativer» Roman, ein Steinbruch mit Einschüssen von Listen, Verwaltungsakten und Zahlenkolonnen aus der Buchhaltung der Kolonialmacht. Das waren «Readymades», für einen Roman aus dieser Zeit unwahrscheinlich modern. 1977 sah ich die Verfilmung des Romans von Fons Rademakers. Die Abschlussszene zeigt die Amsterdamer Kaffeeunternehmer mit ihren Familien in der Westerkerk bei inbrünstigem Gesang. Sie erinnert an das Wort von Pfarrer Wawelaar im Roman, dass die Kolonialherren die Javaner doch nur in die Nähe Gottes bringen wollten. Wer die Heiden Kaffee pflanzen und veredeln lehre, sorge sich um ihre Seligkeit.

Was machte die Fremde mit dem Eingewanderten? Wenn sich mein Hollandbild erst einmal auf den Kaffee fixierte, musste es um einen weiteren Zug der anderen Kultur ergänzt werden. Meine Amstelveener Schwiegermutter zitierte oft – und vielleicht mit einem Seitenblick auf ihre studierte Tochter – einen Satz von dem damals populären Schriftsteller Simon Carmiggelt: «Hoef niet van mij!» Carmiggelt hatte in einer seiner Kolumnen, die er in der «Volkskrant» unter dem Namen Kronkel publizierte, von einem Besuch im Zirkus mit seinen Enkelkindern berichtet. Als die Artisten am Trapez halsbrecherische Kunststücke vorführen und die Kinder staunen, seufzt er halblaut: «Hoef niet van mij» – meinetwegen brauchen sie sich das nicht anzutun. Lebensgefahr ist überflüssig. «Wees normaal», bleib auf dem Teppich, wurde ich oft ermahnt – vor allem an der Uni Utrecht.

Dass wir im Sommer 1977 nach Maarssenbroek, eine neue Reihenhaussiedlung zwischen Utrecht und Amsterdam, ziehen würden, entsprach nicht unseren Wünschen. Für eine Wohnung in einem Utrechter Grachtenhaus, von der wir geträumt hatten, gab uns keine Bank einen Kredit. Also zogen wir ins Eckhaus Boomstede 102 in Maarssenbroek:

eine Betonplatte auf vier in den morastigen Grund gerammten Betonpfählen, im Erdgeschoss die «doorzonkamer» (Durchblick von der Straßenseite bis zum Garten), zwei Schlafzimmer in der ersten Etage, ein Arbeitsplatz unterm Dach. In derselben Bauweise wie die Häuser aller etwa zwanzigtausend Bewohner in die zuvor baureif gemachte Polderlandschaft gepflanzt.

Gegen jede Erwartung erwies sich der Ort jedoch als ideal. Schule und Gesundheitszentrum waren zu Fuß schnell zu erreichen. Hinter dem kleinen Garten befand sich ein Wassergraben, an dem die Nachbarn im Sommer angelten. In dreißig Minuten war ich mit dem Fahrrad im Institut in der Utrechter Biltstraat.

Eine der ersten Erfahrungen mit der niederländischen Kultur betraf die Logopädie. Da unser älterer Sohn stotterte, hatten wir noch in Berlin Kontakt zu einer frisch studierten Logopädin aufgenommen. Sie befand, das Stottern rühre vom mangelnden Selbstbewusstsein des Jungen, man müsse das Übel bei der Wurzel packen, eine Familientherapie sei angeraten: sechs Wochen Überwachung des Familienlebens durch eine Videokamera seien ein Anfang, dann müsse man weitersehen. Ein Albtraum! Die Übersiedlung nach Holland vereitelte das Vorhaben. Hier gab es logopädische Beratungsstellen fast in jedem Dorf. Als wir der Logopädin vom Berliner Therapievorschlag berichteten, brach sie mit den Worten «Diese Deutschen!» in lautes Lachen aus. «Immer müssen die an die Wurzeln gehen.» Anstelle der Tiefenanalyse riet sie uns zu etwas, das «die Deutschen» wahrscheinlich als «Symptomkuriererei» verachtet hätten: Zungengymnastik. «Sie werden sehen, die Selbstsicherheit des Jungen wächst, wenn er nicht mehr stottert.» Die Prognose war umwerfend, praktisch und schlicht – und sie traf zu. Die Aufmerksamkeit für Symptome empfand ich als reine Erholung. Das Land war mir sympathisch.

Der Aufwertung der Oberfläche widersprach allerdings ein Ereignis im ersten Jahr, mit dem ich zum Zuschauer eines veritablen Bilderkampfes wurde. 1976 war im Rijksmuseum die Ausstellung «Tot lering en vermaak» zu sehen gewesen. Mit ihr hatte der Utrechter Kunsthistoriker Eddie de Jongh, wie mir der Kollege Joachim von der Thüsen nach meiner Ankunft in Holland im Januar 1977 berichtete, die Einschätzung der holländischen Genremalerei des 17. Jahrhunderts von Grund auf verändert. Die Oberflächen der Bilder täuschten – diese waren keine Momentaufnahmen der Alltäglichkeit in der Sozialgeschichte der Niederlande, sondern Illustrationen von theologischen Argumenten, sozialen Normen, Künsterlegenden und vielem anderen mehr.

Sola scriptura, dachte ich. Bemächtigt sich jetzt der Schriftsinn der protestantischen Theologie der Bilder und macht den Sinnesfreuden der Alltagsdarstellungen den Garaus? War die Auster nicht länger eine Auster, sondern ein allegorischer Fingerzeig auf den Geschlechtstrieb, der gebändigt werden muss? Durfte die Katze keine Milch mehr aus dem Schüsselchen schlecken, ohne die Assoziation von Kopulationswünschen auszulösen? Das bunte Treiben auf dem Bauernhof – Abbild des Welttheaters; seifenblasende Kinder – Gestalten einer «History of bubble performers», die an die Endlichkeit gemahnen. In der Tat konnten alle Vögel auf den Genrebildern, im Käfig oder gebraten, fliegend oder gefangen, als sexuelle Anspielungen verstanden werden. «Erotica in Vogelperspektive» hatte es Eddie de Jongh in einem Essay genannt.

Meine erste Reaktion war Abwehr – Abwehr gegen eine calvinistische Bildkultur, die den Augenschein zugunsten des Schriftsinns zunichtemachte. Sehr viel später, im Februar 2019, beugte ich mich mit dem Kölner Kunsthistoriker Peter Bexte auf Usedom noch einmal über den Katalog der Ausstellung von 1976. Auf dem Umschlag ein Bild von Nicolaes Maes: «De luistervink», Die Lauscherin. Eine Magd lehnt mit erhobenem, Stille gebietendem Zeigefinger am Pfeiler eines Treppenhauses. Gib acht, scheint sie mit theatralischer Geste dem Betrachter, den sie lächelnd anblickt, mitzuteilen: Es gibt Sachverhalte, die man zwar nicht sehen, aber hören kann. Eddie de Jongh zeigt auf dem Umschlag allerdings nur die linke Hälfte des Gemäldes und steigert damit das Gefühl einer Leerstelle, die sich im Grunde nur durch Kenntnis von Emblemen füllen ließe.

Betrachtet man die weggeschnittene rechte Hälfte des Bildes, wird sichtbar, was der Logik des Covers folgend nur hörbar sein sollte. Wir sehen im verschwiegenen Raum ein Liebespaar, ein Herr bandelt mit einer zweiten Magd an. Die erste Magd ist einerseits eine Gatekeeperin der Moral, andererseits, sie hat gerade ein Glas Sekt ausgetrunken, eine Komplizin der zweiten. Die bekommt nicht mit, dass eine Katze Fleisch aus der Küche raubt – dass Katzen für unbezähmbare Wollust stehen, kann das Emblembuch schnell erklären. Die Mägde verhalten sich ungebührlich, der vornehme Gast so, wie man es erwarten darf. Im Speisesaal lärmt die Gesellschaft, und unter der Weltkarte, die der Ostindischen Handelskompanie von Nutzen ist, hat der Herr Mantel, Hut und Degen abgelegt. Verschwiegene Dinge stabilisieren das Herrenhaus – nur: Man kann sie alle sehen, während das halbierte Bild des Covers suggeriert, dass man das Geheimnis des Herrenhauses nur hören oder den Sinnsprüchen der Emblembücher entnehmen könnte.

Eddie de Jongh und seine Mannschaft von jungen Ikonologen legen neben jedes Bild die zugehörigen Embleme, um den Bildsinn nach der simplen «Lock and key»-Methode zu entschlüsseln. Da die emblematischen Decodierungsschlüssel oft am Bildrand angesiedelt sind, sind sie nicht leicht zu finden. Der Einspruch gegen die ausgestellte Sinnenlust erfolgt von der Peripherie.

Mit Peter Bexte untersuchte ich am Beispiel des Genrebilds «Het ochtendtoilet» (Die Morgentoilette) von Jan Steen das Verfahren. Darauf zu sehen ist eine junge Frau, die auf der Bettkante sitzt und mit einem knallroten Strumpf beschäftigt ist. Ob sie den Strumpf an- oder auszieht, blieb lange ungeklärt, bis der Ikonologe die Spuren des Einschnitts der Bänder, mit denen die Strümpfe unterhalb des Knies festgeschnürt wurden, entdeckte und daraufhin beschloss, die Situation sei eindeutig: Der Strumpf wird ausgezogen, um erotische Phantasien zu entzünden. Ein auf den ersten Blick harmloses Bild, das sich virtuos in die Stofflichkeit der Dinge einwühlt und das Seidige der Seide, das Pelzige des Pelzbesatzes, das Hölzerne des Stuhls und das Fleischige des Unterschenkels zeigt. Doch all das kann man vergessen, wenn das Bild wie folgt entschlüsselt wird: Der Strumpf weist auf die weibliche Scham. Damit hängt sich das Bild in die Assoziationskette der zeitgenössischen Betrachter ein, die auch andere Dinge auf dem Bild mit sich reißt. Dass der Nachttopf nur halbvoll ist, weist darauf hin, dass das Mädchen lediglich ein «piskousje» (Pinkelstrümpfchen, heute vielleicht Pissnelke) sei, wie man in der zeitgenössischen Literatur oft als Scherzwort lesen konnte.

Die Entschlüsselung des Bildes entkräftet allerdings meine spontane Vermutung, dass die Genremalerei durch die Reduktion auf moralische Sinnbilder entsinnlicht wird. Denn erst die als Zensur gedachte Reduktion auf einen moralischen Lehrsatz, der hinter allem Unzucht wittert, löst Assoziationsketten aus, die die Augenweide der harmlosen Oberfläche durchschlagen und krasse sexuelle Vorstellungen evozieren, die durch den calvinistischen Wertekanon nur fadenscheinig verhüllt waren.

Dagegen sollte die Kaffeetasse auf dem Plakat am Utrechter Busbahnhof nur auf die Sterblichkeit verweisen und friedlich durch den Kommerz zirkulieren, auf dass die Sterblichen die richtige Begräbnisversicherung abschlössen.

Einige Jahre nach der Amsterdamer Ausstellung erheiterte mich der Spott über die Decodierungsmanie der Ikonologen in Robert Gernhardts Gedicht «Deutung eines allegorischen Gemäldes»:

Fünf Männer seh ich inhaltsschwer;
wer sind die fünf?
wofür steht wer?

Des ersten Wams strahlt blutigrot;
das ist der Tod
das ist der Tod.

Der zweite hält die Geißel fest;
das ist die Pest
das ist die Pest.

Der dritte sitzt in grauem Kleid;
das ist das Leid
das ist das Leid.

Des vierten Schild trieft giftignaß;
das ist der Haß
das ist der Haß.

Der fünfte bringt stumm Wein herein;
das wird der Weinreinbringer sein.

Nach den politischen Grabenkämpfen in Berlin fühlte ich mich plötzlich in die Welt von Bilderkämpfen versetzt. Auf jeden Fall: Holland tickte anders. Ein anderes Gewicht der Welt.

Ende August 2019 wieder einmal in Utrecht. Ins Herz der Stadt hat man eine Super-Mall gepflanzt, die man in Abu Dhabi erwarten könnte. Die Globalisierung schafft Flecken verbrannter Tradition. Abends ziehe ich mit meinem Sohn auf Kneipentour an ruhigere Orte: In einer aufgelassenen Kirche trinken wir «Averbode»-Bier, in der früheren, im Tempelstil gebauten Bank an der Oudegracht «Hertog Jan», in «De Rechtbank», einem ehemaligen Gerichtsgebäude, «Brand Weizen» und in «The Anthony», dem alten Hospiz, «Lowlander». Vier Orte vormalig stiller Transaktionen: des Gebets, des Geldverkehrs, des Gerichts und des Sterbens – noch immer relativ still, aber von Hunderten Gästen mit dem niederschwelligen Geräusch des Essens, Trinkens und Sprechens ausgefüllt. In der Janskerk, einer Kirche, die nach dem Bildersturm die Kühle der Architekturbilder von Pieter Jansz. Saenredam ausstrahlt, hätte ich mich gern ausgeruht; aber sie ist an diesem Tag als Ort des Festivals der Alten Musik nachmittags geschlossen.

1977 empfand ich die Situation an der Universität Utrecht nach den Auseinandersetzungen in Berlin als Aufenthalt in einem Sanatorium. Die Klugheit älterer Demokratien zeigte sich schon an Kleinigkeiten des Universitätslebens. Gab es einen wissenschaftlich klugen Rebellen in der Studentenschaft, übertrug ihm die Fakultätsspitze das Amt des Verantwortlichen für Baumaßnahmen. Ernst nehmen konnte ich die damals radikalste Gruppierung, die Studentengewerkschaft, allerdings nicht. Eine ihrer Forderungen war die Einführung der Vierzigstundenwoche für Studenten. Prompt setzte die Fakultät eine Kommission ein, die berechnen sollte, wie groß der Zeitaufwand etwa für die Lektüre von Romanen bemessen werden könnte. Schwierigkeiten bereitete Lyrik. Rebellische Energien schickt man über verschiedene Instanzen in absurde Situationen, wo sie sich erfahrungsgemäß erschöpfen. Nebenbei fiel mir auf, dass einige Aktionen der Rebellen ferngesteuert waren: Als das deutsche Seminar gegen die Ausbürgerung von Wolf Biermann protestierte, wurde es als «reaktionär» bezeichnet – der Einfluss der DDR auf die Studentengewerkschaft war unverkennbar.

Das Institut an der Biltstraat, das mich aufgenommen hatte, duftete, um das Wichtigste zu sagen, nach Kaffee. Es gab dort einen hervorragenden Mediävisten, Lambertus Okken, der mir eintrichterte, dass man ohne Ovids «Metamorphosen» die Literatur des Mittelalters nicht verstehen könne. Der konservative Peter Delvaux quälte die Studenten mit zwölf Formen des deutschen Konjunktivs, die nur ihm geläufig waren. Ansonsten widmete er sich der Atriden-Tetralogie von Gerhart Hauptmann. Der Ordinarius Peter Küpper war ein Gelehrter alten Schlags, der es aufgegeben hatte, mit den neuen Tendenzen des Fachs Schritt zu halten, und uns durch lakonische Erkenntnisse entgeisterte: Auf einer Konferenz über die Jahrhundertwende hielt er einen kurzen, von der Mathematik inspirierten Vortrag über die Null. Aufsehenerregend war seine Theorie der Einheit: Ausnahmslos jedes literarische Werk habe drei Teile, Anfang, Mitte und Schluss – das gelte besonders für Fragmente. Die Adalbert-Stifter-Expertin Jattie Enklaar hielt zu ihm. Später kam Gerda Meijerink hinzu, die den Elan des Feminismus ins Institut trug. Joachim von der Thüsen war der hellste Kopf in der Methodologie unseres Fachs; er schrieb erkenntnisreiche Studien zur Ästhetik der Naturwahrnehmung im 18. und 19. Jahrhundert. Sein gelehrtes Buch «Schönheit und Schrecken der Vulkane» erschien 2008. Peter Wessels war Fontane-Spezialist, zudem ein versierter Kenner der Kinder- und Jugendliteratur und ein geschätzter Übersetzer.

Ein Outlaw in mancher Hinsicht war der Kollege und Dichter Gregor Laschen. Er hatte zum ersten Mal jenseits aller Kalten-Krieg-Rhetorik die poetischen Qualitäten von DDR-Schriftstellern erschlossen. Mit seiner Lyrikbegeisterung steckte er eine ganze Generation von Studenten an; seine Schüler Ton Naaijkens, Gerrit-Jan Berendse, Ewout van der Knaap und Jan Gielkens traten eine akademische Laufbahn in den Niederlanden an. Laschen war ein weitherziger Gastgeber, ihm verdanke ich die Begegnung mit dem DDR-Schriftsteller Erich Arendt, den er oft bei sich aufnahm. Sollte ich noch den Mustern des sozialistischen Realismus angehangen haben, so brach die Erfahrung von Arendts Gedichten mit den stereotypen Formen: «Worte, / gedreht und / gedroschen: Hülsen / gedroschen, der / zusammengedroschene Rest.»

In diesem Kreis der Kollegen fühlte ich mich achtzehn Jahre lang wohl. Doch lebte ich nur halb in der Fremde. Ich schielte nach Austauschzonen außerhalb der niederländischen Universitäten. Die Kollegen in Utrecht wiederum schielten ebenfalls, allerdings nicht wie ich zum deutschen, sondern zum angelsächsischen Resonanzraum, das war ein schwerwiegender Unterschied. In der Fakultät hätte ich erst Anerkennung gefunden, wenn ein Buch von mir in englischer Übersetzung erschienen wäre. Mit der deutschen Zunft der Germanisten hatte ich kaum noch Verbindung, mich interessierte ohnehin mehr der deutsche Buchmarkt und das Feuilleton. Als der Leiter des Forschungsinstituts Douwe Fokkema bemängelte, dass in der Dissertation meines ersten Promovenden Antoon Berentse über Wilhelm Bölsche Metaphern vorkämen, die laut Popper in der Wissenschaft nichts zu suchen hätten, las ich gerade Nietzsches Essay «Über Wahrheit und Lüge im außermoralischen Sinne», in dem die Erkenntniskraft der Metapher ausgelotet wird. Ich diskutierte darüber mit klugen Studentinnen und Studenten der Gruppe «Suppe und Theorie» in Maarssenbroek; ich erinnere mich an Mariusz Kierui, Temilo van Zandwijk, Susanne van Briemen und Bettina Brandt.

In den Ferien machten wir, wie viele Holländer, herrliche Fahrten nach Südfrankreich. Loes am Steuer des R4, auf dem Weg nach Beaumes-de-Venise oder zur Gorges du Tarn, einmal nach Korsika, ein andermal zu den Cinque Terre in Italien. Zelturlaube, frei atmend bis auf eine Ausnahme. Man hatte uns einen einsamen Campingplatz an der Côte d'Argent empfohlen, angeblich ein Geheimtipp der alternativen Szene – Tausende waren diesem Geheimtipp gefolgt. Wir zelteten unter Kiefern neben einer Motorradtruppe, fünf Meter weiter eine Jugendgruppe der DKP aus Lüneburg. Den Strand hatten die Deutschen im Handstreich zum FKK-Strand erklärt, wenige französische Familien bildeten Wagenburgen schwarz bekleideter Frauen, die ihre Kinder vor dem Anblick der Deutschen schützen wollten. Hoch oben auf der Kante der Dünen immer noch die Betonblöcke des Atlantikwalls. Darauf mit weißer Kreide die Heidelberger Parole: «PROLETARIER ALLER LÄNDER,

VEREINIGT EUCH! KBW». Die Invasoren waren nackt; der Kosmopolit kennt keine Grenzen. Nackt hatten auch die Indigenen zu sein.

Als wir eines Abends von einem Ausflug zurück zum Campingplatz kamen, herrschte Totenstille, der Strand war menschenleer. Es war bekannt, dass die Côte d'Argent gefährlich war; ein Welle hatte alle, wirklich alle jungen Menschen der Lüneburger Jugendgruppe und einen der angeseilten Rettungsschwimmer auf einen Schlag in den Tod gerissen.

Der einzige Schrecken auf vielen Campingfahrten; vorherrschend bleibt das Glück der Erinnerung an die Tuchfühlung mit allen Wetterlagen in unseren Zelten.

1984 zerbrach meine Familie. Seit wir in Maarssenbroek wohnten, hatten Loes und ich jedes Jahr einmal eine Bob-Marley-Platte («No Woman, No Cry» womöglich) aufgelegt, ein Zeichen, dass wir auf einem langen Spaziergang nach Vleuten-De Meern überlegen wollten, ob wir uns trennen sollten. Ich erinnere mich, dass wir beide voller Neid am Fernseher die lautstarken Zerwürfnisse der Ehepartner im Film «Die Katze auf dem heißen Blechdach» oder «Wer hat Angst vor Virginia Woolf?» sahen. Das war uns nicht gegeben. «Funkstille» war das Wort, mit dem wir uns darüber verständigten, dass wir inzwischen in verschiedenen Welten lebten.

In akuten Situationen der Trennung ist der Innenraum der Psyche vom Räderwerk pragmatischer Entscheidungen ausgefüllt. Der Schmerz hinkt nach, die Trauer hält noch hinterm Berg.

Ich zog in die Satellitenstadt De Bijlmer. Einen Monat später begann die Episode mit einer Freundin aus Varel am Jadebusen, Helga mit den Korkenzieherlocken, und nächtlichen Lacan-Lektüren. Ich traf Helga im Salon von Alexander von Bormann in Laaren, wo Erich Fried viktorianisch verklemmte Liebeslyrik vortrug. Helga war Reizstoff von Kopf bis Fuß. In Kenntnissen der Humaniora war sie mir klar überlegen, an und für sich keine Kunst. Auch Theorien der Avantgarde waren von ihr zu lernen. Ein anderes Leben konnte beginnen. Der Jadebusen, den ich mir smaragdgrün vorgestellt hatte, präsentierte sich allerdings beim ersten Mal in grauem Schlick. In nebliger Ferne war die Industriesilhouette von Wilhelmshaven zu erkennen, eine Reißbrettgründung des Kaiserreichs.

Resonanz fanden meine Arbeiten in der philosophischen Fakultät von Utrecht nicht. Der Kreis der niederländischen Geisteswissenschaften bildete keinen Echoraum; das sollte achtzehn Jahre lang so bleiben. Für die Isolation entschädigte mich in den Jahren 1984 bis 1987 ein Unternehmen, das der Kultursoziologe Dietmar Kamper und der Erziehungswissenschaftler Christoph Wulf aus Berlin gestartet hatten. Veranstaltet wurden Symposien, die sich für die neuen aus Frankreich einströmenden, an deutschen Universitäten aber noch kaum beachteten Theorien öffneten. Eine Art Wanderzirkus, der seine Zelte mit reizvollen Themen in reizvollen Städten aufschlug.

Ich nahm an drei der Symposien teil: «Die erloschene Seele» in Wien, «Die sterbende Zeit» in Venedig und «Das Schweigen» in Palermo, das während eines der großen Mafiaprozesse wohl noch lauter als sonst war. Unzählige Mafiosi, in einen Käfig auf einem entlegenen Fußballplatz gesperrt, waren angeklagt. Palermo, ohnehin die Stadt mit der größten Blechdichte Europas, wurde permanent von den heulenden Sirenen des Begleitschutzes zerschnitten, der den Richtern und Staatsanwälten den Weg durch die überfüllten Straßen bahnte. Der richtige Ort für ein Symposium über das Schweigen. Der Philosoph Rudolf zur Lippe versammelte schon aus reinem Trotz eine kleinere Gruppe Schweigender zu Atemübungen in beinah lärmgeschützten Räumen, gab die Flucht aber schnell auf.

Am Abend vor dem Symposium waren bereits acht Handtaschen geklaut. Auch Helga traf es schon nach unseren ersten Schritten in der Altstadt: Eine Vespa fuhr spielerisch Schleifen hinter uns auf dem Bürgersteig, rempelte sie dann plötzlich an und raste davon. Wir empörten uns über die Grobheit und waren ahnungslos. Nicht so die älteren Frauen, die, auf Kissen gestützt, lächelnd aus den Fenstern zusahen. Sie wussten, was geschehen war: Mit der Vespa war Helgas Handtasche verschwunden.

Die Religionswissenschaftlerin Renate Schlesier demonstrierte daraufhin beim Empfang in einem Kellerrestaurant vor der versammelten Mannschaft mit bis zu den Schultern hochgezogenem Wollkleid, dass man, um auf Nummer sicher zu gehen, das Portemonnaie am besten in die Strumpfhose steckt. Ebenso unvergesslich: Gerburg Treusch-Dieter, Schauspielerin und Soziologin, ihre Dissertation ein früher feministischer Auftritt: «Die Spindel der Notwendigkeit. Zur Geschichte eines Paradigmas weiblicher Produktivität». Sie kam etwas verspätet zur Morgensektion des Schweigens, um sich mit Schwung in der ersten Reihe niederzulassen, das Kosmetiketui aufzuschlagen, sich die Haare zu kämmen und Lidschatten anzubringen.

Schön war in diesem Wanderzirkus die Freiheit, sich nicht auf einer Jobbörse zu befinden. Bei den Diskussionen konnte es auch hart zugehen. Die Tiefe des Schweigens, dachte ich zum Schluss der Palermo-Tagung, reicht, wenn es hochkommt, bis zur Oberfläche höflichen Verhaltens.

In Padua schließlich war ich auf einer Konferenz mit dem Titel «Communicatio humana» Zeuge des Auftritts von zwei göttergleichen Dioskuren: mit aristokratischem Antlitz Paul Watzlawick, die Damen mit der Eleganz des Weltmanns in vielen Sprachen betörend, und als sein Antipode Niklas Luhmann. Konnte das gutgehen? Ich war mit einem physiognomischen Vorurteil gekommen und erwartete einen westfälischen Beamtenschädel. Luhmann trat auf und bezauberte im Handumdrehen durch Wortwitz und Geistesgegenwart in ebenso vielen europäischen Sprachen die Versammelten in Padua. Seine Dominanz hatte er auch einem Trick zu verdanken. Wie ein Chirurg, der sich vor der Operation Gummihandschuhe überzieht, eröffnete er seinen Beitrag zur «Communicatio humana»: Man brauche, hob er an, nur das «humana» im Titel der Konferenz zu streichen, um zu erkennen, wie richtig sein systemtheoretischer Ansatz sei.

Begann die Diskussion, schnellten fünfunddreißig Hände der italienischen Kollegen in die Höhe, und ich wunderte mich, wie der Moderator daraus eine Rednerfolge herstellen konnte, bis ich begriff: Nummer eins war der Ordinarius aus Rom, Nummer zwei der Ordinarius aus Neapel, und dann ging es die Stufenleiter hinunter – allerdings nicht besonders weit, da jede Intervention, mit advokatorischer Gestik vorgetragen, in ein Koreferat ausartete. Die Hierarchie war hier so vertraut, dass sie der gottgegebenen Ordnung zu entsprechen schien.

In einer Pause spazierte ich mit Jean Baudrillard zu Giottos «Blauer Kapelle». Er trug eine schwarze Lederjacke und bahnte sich den Weg durch den hupenden Verkehr, als ob ein Schutzengel ihn bewachte. In der Kapelle angekommen, kümmerte er sich nicht um die Fresken, sondern steuerte auf einen kleinen unverputzten Ziegelstein in einer schattigen Ecke zu, um mich dort in sein Nachdenken über die Bedeutungslosigkeit des Ziegelsteins unter dem Blau des allegorischen Himmels einzubeziehen.

Ich war ein kleiner Fisch in der Gelehrtenwelt Paduas, und das Abhaspeln der berühmten Namen kann eigentlich nur mitteilen, dass ich in dieser Welt nicht zu Hause war. Aber immerhin genoss ich als Randfigur die Freiheit des Austausches – fern von den Haifischbecken der deutschen Universitäten.

Männer, die sich in Holland von ihrer Familie trennten, zogen 1984 oft nach De Bijlmer. Der Leerstand in der soeben fertiggestellten Satellitenstadt bei Amsterdam war erheblich; ich besichtigte sechs Wohnungen und bezog eine in der achten Etage eines vierhundert Meter langen zehnstöckigen Hauses, genannt Groeneveen.

Bijlmermeer war ein Desaster der Städteplanung. In den sechziger Jahren nach Vorbild des französischen Avantgarde-Architekten Le Corbusier am Reißbrett entworfen, hatte man trotz Vorwarnung von Architekten und auf Betreiben einer Zementlobby sehenden Auges eine Banlieu für sechzigtausend Bewohner gebaut. Die kolossalen Baukörper waren hexagonal angeordnet und durch weite Grünflächen voneinander separiert. Die Verkehrswege waren entflochten, schneller und langsamer Verkehr getrennt. Für Autos war die obere Ebene bestimmt, in deren Schatten lag die untere Ebene für Fußgänger und Fahrradfahrer; im lichtlosen Raum unter den Garagen fand sich zuweilen Platz für soziale Infrastruktur, Apotheken und Jugendzentren.

Die Visionäre des urbanen Raumes waren davon ausgegangen, dass Bewohner einer Stadt wie Amsterdam, die aus allen Nähten zu platzen drohte, in die moderne Gartenstadt fliehen würden. Als die Amsterdamer diesem Wunsch in nur sehr geringem Ausmaß nachkamen, lotste man die Migranten aus der ehemals holländischen Kolonie Suriname, das 1975 seine Unabhängigkeit gewonnen hatte, nach De

Bijlmer. Die Konsequenzen waren vorauszusehen. Da die Nachbarschaftskontrolle der aus ländlichen Gebieten eingewanderten Surinamer in der Anonymität der Megabauten wegfiel und Perspektiven der Integration und des sozialen Aufstiegs fehlten, stieg die Kriminalitätsrate drastisch an; die Trabantenstadt wurde Zentrum der Drogenszene, und bald wurden bis zu zweitausend Raubüberfälle jährlich gezählt. Die Hälfte der auf fünfzigtausend Bewohner gewachsenen Trabantenstadt war arbeitslos.

Als ich 1984 einzog, waren die Balkongeländer der Parterre-Apartments oft mit Stacheldraht umwunden. Die Feuerwehr rückte einmal in der Woche an, um in Brand gesteckte Müllcontainer zu löschen, die Surinamer bildeten eine Wagenburg. Einmal flog ein Fernsehapparat aus der zehnten Etage am Fenster meines Schlafzimmers vorbei und zerschellte auf dem Boden des Parks, den keine Frau zu durchqueren wagte. Die sehr kleinen Kakerlaken wären

nicht der Rede wert, aber ich erinnere mich an das Gefühl, mit nackten Füßen auf die nachtaktiven Tierchen zu treten. Man wurde mit niedlichen Fachwerkhäuschen versorgt, in denen ein giftiges Leimbeet auf die Kakerlaken wartete. Liefen sie in eine dieser Fallen, konnte man ihrem wochenlangen Todeskampf zusehen. Als der Kammerjäger kam, flohen die Tierchen scharenweise über die Heizungsrohre in das Apartment der neunten Etage, dessen Mieter leider nicht anzutreffen war.

Doch die Wohnung war schön, luftig mit gläsernem Zwischenraum und Ausblick über die menschenleere Parklandschaft; man konnte Le Corbusiers urbane Utopie nachvollziehen. Hundert Quadratmeter für sechshundert Gulden, für den Geschiedenen ein Fenster zur Welt, die er nicht verstand. Denn wie sich bald herausstellen sollte, war der auf Transparenz designte Wohnraum von sozialer Dunkelheit umgeben. Die Gemeinde Amsterdam war auf die Idee verfallen, aus der Psychiatrie Entlassene zur Reintegration in leerstehenden Wohnungen der Satellitenstadt unterzubringen.

Mein Nachbar, ein vermutlich italienischer, gut aussehender Mann von Mitte dreißig, war ein solcher Fall. Er hatte einen Tick, der die ganze Nachbarschaft nicht in den Wahnsinn, sondern zur Mordlust trieb: Gegen Mitternacht begann er, mit einem Teelöffel auf die Heizung zu klopfen, was sich auf ungefähr dreißig Wohnungen übertrug. Es war klar, der Arme suchte Kontakt. Reagierte aber nur ein einziger Nachbar, fing das Lärminferno an. Als ich unwissend diesen Fehler beging, rückte gegen fünf Uhr morgens die Polizei an, brach die Tür auf und kämpfte, dem Geräusch nach zu urteilen, mit Emilio – dann Stille. Sechs Stunden später stand der Geschundene vor meiner Tür, seine Wunden waren verpflastert. Er habe keinen Schlüssel und bitte, über meinen Balkon in seine Wohnung einbrechen zu dürfen. Nicht unbedenklich auf der achten Etage.

Drei Wochen Ruhe, dann fing es wieder an, und Richter, Sozialamt und Psychiatrie fanden es in Ordnung. Die Nachbarn dachten an Bürgerwehr. Die Polizei war ratlos, sie könne erst eingreifen, wenn Verbrechen angezeigt würden. Der Sozialarbeiter sagte, ich hätte es doch gar nicht nötig, hier zu leben. Am Ende zogen alle aus, nur der Patient blieb in der sozialen Kälte des Quartiers seiner gutgemeinten Resozialisierung.

Ich hielt noch eine Weile aus. Nachdem Emilio aber Bierflaschen gegen mein Küchenfenster geworfen hatte, weigerten sich meine Söhne, nach Groeneveen zu kommen. Ich packte die Koffer und ging. Im finsteren Durchgang zur S-Bahn wurde ich noch Zeuge eines Raubüberfalls, ich schrie, worauf Täter wie Opfer, man konnte sie nicht unterscheiden, blitzschnell flüchteten. Auf dem Bahnsteig traf ich Marijke, die als Sozialarbeiterin versucht hatte, im Souterrain des gegenüberliegenden Wohnblocks einen sozialen Treffpunkt einzurichten, und jetzt kapitulierte, um wieder als Prostituierte in Amsterdam anschaffen zu gehen. Ich fuhr zum Haus meiner Freundin, die gerade in Cambridge war. Hier, in der Missionarisstraat in Tilburg, konnte ich eine Zeitlang bleiben.

De Bijlmer – sonnenklare Architektur, von Avantgarde-Architekten entworfen, Produktionsstätte von sozialem Chaos! Das hätte mir bei dem Essay, an dem ich in diesen Monaten schrieb, zu denken geben müssen.

Als seine «Kritik der zynischen Vernunft» ins Holländische übersetzt worden war, besuchte Peter Sloterdijk mich mit seiner Frau in Groeneveen. Ich schätzte Sloterdijks Buch wegen des brillanten geologischen Schnitts, den er durch das Diskursgemenge der Weimarer Republik gemacht hatte. Jeden Morgen, gleich nach dem Aufstehen, ließ Sloterdijk ein Tonband laufen, auf dem Geräusche von Bahngleisen und Vogellaute aus Poona zu hören waren, bis die Stimme seines Gurus sich in den Geräuschpegel einschwang.

Kurz nach dem Einzug in Groeneveen folgte ich einer Einladung von Manfred Moser nach Klagenfurt, wo ich den Vortrag «Lob der Kälte» hielt. Ich trat mit einem Gipsverband um das rechte Handgelenk auf, beim Einschrauben von sechzig Bücherbrettern in der neuen Wohnung hatte ich mir eine Sehnenscheidenentzündung zugezogen, das sorgte für Heiterkeit. In Klagenfurt sang ich zum ersten Mal Brechts «Großen Dankchoral»:

> Lobet die Kälte, die Finsternis und das Verderben!
> Schauet hinan:
> Es kommet nicht auf euch an
> Und ihr könnt unbesorgt sterben.

Ein tapfer atheistisches Lied nach der Vorlage von Paul Gerhardts «Lobet den Herren, den mächtigen König der Ehren», in den Hallraum des Kärntner Christentums gesungen. Eva Meyer, Pionierin des Feminismus, die mit Elfriede Jelinek auftrat, hielt mir anschließend vor, ich hätte mich beim Kältesong sehr erhitzt. Dabei zupfte sie mir am T-Shirt. Der Gipsverband überschattete alles Mögliche; dennoch war es eine schöne Zeit.

Über den Mann der Romanistin Helga Moser hatte ich den Landarzt von Reifnitz kennengelernt, der mir wiederum das Haus einer Grazer Familie vermittelte. Ein Fertighaus aus Holz in Bauhausfarben, das in den zwanziger Jahren zum Südufer des Wörthersees transportiert worden war, wo es auf Pfählen stand. Trat man auf den Balkon, sah man Fische tief im klaren See. Fünf Jahre lang verbrachte ich dort meine Sommerferien. Robert Schindel aus Oberösterreich, 1944 in Bad Hall als Kind jüdischer Kommunisten geboren, noch nicht Star der Lyrikszene, zeigte der Frauenwelt seinen Waschbrettbauch und machte zum Erstaunen aller einen Kopfsprung vom Geländer des Balkons in den See; er hatte allerdings eine noch elegantere Schwimmerin an seiner Seite. Der Verleger Helge Malchow ruderte mit Hubert Winkels etwas linkisch über den See, und einmal stieß Ginka Steinwachs, die ich aus dem Szondi-Kreis kannte und die sich inzwischen einen Namen als Performerin gemacht hatte, etwas verspätet zur Schar der Gäste im Holzhaus. Sie hatte ihren neuen Bikini vorführen wollen, es aber nach eigener Auskunft nicht geschafft, «rechtzeitig mit der Bürste die Schamhaare unterm knappen Textil unterzubringen». Dieser Satz entgeisterte die Gäste in der Seehütte; das war Performance genug, obwohl sie gar nichts vorgeführt hatte. Die Männer kamen ohnehin nur wegen Helga mit den Korkenzieherlocken ins Haus auf Pfählen am Ufer des Wörthersees.

Zurück in Bijlmermeer, schrieb ich: «Lob der Kälte. Ein Motiv der historischen Avantgarde». Der Essay verfolgt mich seitdem.

Entscheidend für die Aufwertung der Kälte war ein Einfall von Hans-Thies Lehmann. Er hatte mich 1976 in einem gemeinsamen Seminar über Brechts «Hauspostille» aus den politischen Grabenkämpfen in Berlin herausgeholt. Nachdem ich vier Jahre lang rund um die Uhr von der Druckerpresse in Schöneberg bis zum «Rote Fahne»-Verkauf an der Kreuzberger Möckernbrücke, vom Bethanienkrankenhaus bis zur Zellensitzung am Mariannenplatz eingespannt gewesen war, versuchte er, mir den Strukturalismus, der mich aus der Zeitschrift «Alternative» vertrieben hatte, näherzubringen. Wir stritten uns vor hundertzwanzig Studenten, und ich wollte partout nicht glauben, dass wir der Wirklichkeit nur im Text begegnen. Ob er denn mit einer Zeitung gestillt worden sei, rief ich verzweifelt, und er schlug über so viel Naivität verzweifelt die Hände über dem Kopf zusammen.

Als Erstes aber lernte ich von Lehmann, der aus dem Szondi-Kreis kam, Folgendes: Wir haben Zeit! Als Philologen lassen wir uns nicht jagen, sondern verteidigen das Vorrecht und den Luxus, nicht unter Entscheidungsdruck zu stehen. Natürlich gab es im Sommer 1976 Vorstöße, das Seminar umzufunktionieren, um etwa das Deutsch-Amerikanische Volksfest zu stören, doch das war nicht weiter schlimm. Es blieb Muße genug, das «Spiel der Zeichen» zu beobachten, um sich im Medium der Literatur ungelösten lebensgeschichtlichen Fragen auszuliefern. Hier wurde man nicht mit Direktiven ausgestattet, sondern durfte sich in die Ratlosigkeit der Texte stürzen. Existenzielle Fragen von Familie, Sexualität und Gewalt wurden wortwörtlich in den Fluss geworfen und in Fluss gebracht. In Brechts «Schwimmgedicht» waren Bilder zu entdecken, die Körpergrenzen öffneten. Endlich einmal herrschte nicht der Zwang zum politischen Eingriff.

Allein – das Eintauchen in Bilderwelten des Transitorischen und der Reiz, der von der «Pluralisierung des Subjekts» ausgeht, war sicherlich auch ohne Strukturalismus zu haben. Lehmann setzte die Analyse anders an, und das sollte meine Arbeiten in den nächsten Jahrzehnten beeinflussen. Er deckte Strukturen auf, die zeigen, in welchem Ausmaß Brecht mit den Exerzitien des Ignatius von Loyola Ordnungselemente in die Bilder der Verflüssigung bringt. Die Gedichte bauen ihr anarchistisches Sprachfeld in Spannung zum Spiegelsaal der Exerzitien auf. «Der Text», so Lehmann, «produziert gleichzeitig eine verschwimmende Bildwelt aus Regression, Ich-Auflösung, Zersetzung und haltloser Bewegung, andererseits ist er von strengster Logik, Kontrolle und prüfendem Blick bestimmt.» Vor meiner Entdeckung von Baltasar Gracián, dessen «Handorakel» für mich so wichtig werden sollte, kreuzte also schon ein anderer spanischer Jesuit mit Verhaltenslehren der Stabilisierung meinen Weg. Später las ich bei Siegfried Kracauer: «Das Leben ist stets mehr als das Leben, es reißt sich von sich selber los und tritt sich als hartes Gesetz gegenüber, es ist der Fluß und zugleich das Festland.»

Mit diesen Erkenntnissen verließ ich im Januar 1977 Berlin – um im folgenden Jahrzehnt die Exerzitien der Kälte zu verfolgen. Das Schwimmen in Seen und Flüssen war ein kurzes Intermezzo. Ich widmete mich nun Überlebenstechniken im «kalten Lebensstrom». Von Hans-Thies Lehmann lernte ich ein Motiv Nietzsches kennen, der im «Ecce homo» das «freiwillige Leben in Eis und Hochgebirge» gepriesen und einen Ort der Existenz entworfen hatte, der nicht vom Wüstensand des Schirokko christlicher Tugenden vernebelt ist. Die Hüllen der moralischen Fiktionen, die sich wie ein wärmender Pelz um den Menschen legen, sollte der «Freigeist» ablegen. Gegen Peter von Matts traditionelle Erzählung von der Kälte als einer Verlustgeschichte der Wärme betonte Lehmann die «produktive Kälte» im Fall Brecht.

Der ungarische Psychoanalytiker Sándor Ferenczi hatte 1913 erklärt, der Kälteschock der Geburt (oder der Trennung von der Horde) sei die unabdingbare Voraussetzung für die Entwicklung des Wirklichkeitssinns. Brecht griff diesen Gedanken auf – und Brecht war in diesen Jahren mein Idol. Wenn er Lernprozesse darstellte, dann in einem Raum mit Minusgraden. Lernen bedeutete für ihn das Zurücklegen einer Wegstrecke durch diesen Kälteraum. Das Bild eines Kindes, das nie einem Kälteschock ausgesetzt wird – für ihn eine Horrorvision. Dem Wärmestrom folgen die «Mitmenschen», die Brecht in der «Hauspostille» zusammenfaltet: Herausgezogen aus dem Mutterbauch, mit Schwamm, Leinen und Musik empfangen, findet das mitmenschliche Kind auch als Erwachsener keine Sekunde, in der es sich aus der Symbiose mit der Umwelt trennen könnte. In diesem Raum wird nichts gelernt.

Ich begann, den negativen Kältebildern des späten 18. und des gesamten 19. Jahrhunderts nachzugehen. Manfred Franks Erforschung des «kalten Herzens», eines Motivs der Romantik, war eine Fundgrube der ästhetisch faszinierenden Schattenseiten der Kälte. Schließlich kam ich zu einem einfachen Schluss: «Kälte» war die sinnfällige Metapher für den Effekt, den Trennungen verursachen. Die Kältefreaks des frühen 20. Jahrhunderts erkannten in der Trennung von wärmenden familiären Binnenräumen die Chance erhöhter Mobilität; Revolution war die Trennung von historisch gewachsenen Gemeinschaften; die «Entzauberung» (Max

Weber) der Wissenschaften ermöglichte die Trennung von mythischen Fiktionen; den Ballast des kulturellen Erbes abzuwerfen, wurde als Chance begriffen, auf der Tabula rasa der Zeichentische neue Welten zu entwerfen.

Diese Umwertung verband die Umstürzler verschiedener politischer Lager, und so kam es, dass ich im Goethe-Institut in Rom die Kältebilder von Ernst Jünger und von Bert Brecht in einem Aufwasch behandelte. Das fanden die Brecht-Fans im Goethe-Institut empörend, während sich die Jünger-Fans freuten, als ob ihrem Idol eine Rangerhöhung zuteilgeworden wäre.

Um zu erklären, warum die Avantgardisten gegen Ende der Weimarer Republik zu ähnlich simplen Denkfiguren gekommen waren, griff ich auf eine Beobachtung des holländischen Ökologen van Leeuwen zurück, die ich noch heute für plausibel halte. Van Leeuwen hatte beobachtet, wie sich in verschiedenen Ökosystemen die Faktoren von Katastrophe, Störung und Zufall zur räumlichen Struktur verhalten: Unter sich stetig ändernden Bedingungen, dort also, wo die Dynamik extrem hoch ist, etwa an Dünen der Meeresküste, die immer wieder von Fluten umlagert, überspült oder vom Wind zerstört werden, auf frisch aufgeschütteten Abraumhalden von Bergwerken und überbesetzten Viehweiden, ist die räumliche Struktur, wie sie insbesondere in der Zahl der Arten von Lebewesen und der Komplexität ihrer Beziehungen zueinander zum Ausdruck kommt, sehr reduziert. In ständig von Veränderung bedrohten Strukturen sind die Beziehungen der Lebewesen einfach. Umgekehrt sind die unter zeitlich konstanten Verhältnissen existierenden Lebensgemeinschaften sehr komplex. Die artenreichsten Ökosysteme der Erde sind die tropischen Regenwälder, die zum Teil seit Millionen Jahren unter praktisch unveränderten Bedingungen Bestand hatten, ehe sie von Rodungen zerstört wurden. Die einfachen dynamischen Ökosysteme sind dagegen auf ein Leben mit der Katastrophe eingestellt.

Brecht und Jünger begriffen zum Ende der Weimarer Republik ihre Gesellschaft als ein einfaches ökologisches System. Jeder Einrichtung in diesem Raum hatte sich nach ihrer Wahrnehmung der Arbeitsstempel aufgeprägt: «Nichts ist beständig – außer der Veränderung.» Sie nahmen die Republik als «Erdbebenlandschaft» wahr, die durch eine rechte oder linke Planlandschaft abgelöst werden sollte. Beide erhoben den von der Katastrophe heimgesuchten Raum zur «heroischen Landschaft», auf deren Bühne sich in Brechts Lehrstücken zuletzt nur noch Sterbeszenen abspielen.

Die Architekten des Neuen Bauens dachten ähnlich. Erich Mendelsohn begrüßte ein Naturereignis wie ein Erdbeben, weil es Tabula rasa mit den gewachsenen Strukturen der Städte macht: «Ein richtiger Architektengedanke, grausam und herrlich zugleich.» Es war kein individueller Spleen von Ludwig Hilberseimer, Berlins Zentrum dem Erdboden gleichmachen zu wollen, um der modernen Architektur Platz zu verschaffen. Später sorgten die Bombardements der Alliierten für die erhofften Freiräume. Aber wie hässlich wurden sie in den fünfziger und sechziger Jahren ausgefüllt.

Kurz nachdem ich De Bijlmer verlassen hatte, bohrte sich eine Frachtmaschine der israelischen Luftfahrtgesellschaft El Al just in meinen Wohnblock Groeneveen. Bis heute ist unklar, was sie geladen hatte. Irgendeine Substanz verursachte bei den Bewohnern der Satellitenstadt langzeitige Gesundheitsschäden. Das Areal rund um Groeneveen musste zeitweilig evakuiert werden. Die Erforschung der Krankheiten stieß auf seltsame Schweigemauern.

Nach diesen Ereignissen leuchteten mir Brechts späte Verse ein:

> Außer diesem Stern, dachte ich, ist nichts und er
> Ist so verwüstet.
> Er allein ist unsere Zukunft und die
> Sieht so aus.

Der Jesuit am Küchentisch

Da der Grundstückspreis gefallen war und Loes nach Amsterdam übersiedelte, zog ich 1990 von der Nazarethstraat im katholischen Tilburg, in die ich von der Missionarisstraat übergesiedelt war, wieder in unser Reihenhaus in Maarssenbroek; wir hätten es sonst mit großen Verlusten verkaufen müssen. Der ältere Sohn blieb bei mir. Max zog mit seiner Mutter nach Amsterdam. Für ihn begann ein tumultuöses Leben, das ihn erst einmal in einen israelischen Kibbuz und dann in die Küche der Beefeater-Kette in England führte, bevor er seine Ausbildung in Amsterdam fortsetzte.

An einem Januartag 1991 weckt Joscha mich mit der Nachricht von Luftangriffen im Golfkrieg. Wir schalten sofort den Fernseher an und kommen gerade recht, um zu hören, wie ein amerikanischer Bomberpilot nach seinem Einsatz sagt: «That's the beauty of the system!» Er sei in einer für die Flugabwehr unerreichbaren Höhe geflogen und habe seelenruhig seine Bomben auf einem Laserstrahl ins Ziel geschickt.

Später sehe ich beim Einkaufen die ersten wagemutigen Kinder auf der dünnen Eisdecke des Kanals hinter unserem Haus Hockey spielen, und ich überlege, ob mich das Einbrechen so eines Balgs im Eis mehr mitnehmen würde als der mediengerechte klinische Krieg, der diesmal nur aus «chirurgischen Eingriffen» zu bestehen scheint. Blitzkriege sind in der Regel der Anfang von sehr langen Kriegen, schreibe ich Helga in Amsterdam.

Am Morgen des 28. Februar hören wir in der BBC, dass nun der Frieden ausgebrochen sei. Vielleicht war das einer der Kriege, deren Inferno erst in Friedenszeiten enthüllt werden wird, mutmaße ich, skeptisch gegenüber Militärinterventionen, die mit humanitären Parolen begründet werden. Ich las Carl Schmitt.

Am Küchentisch in Maarssenbroek schrieb ich von 1989 bis 1993 die «Verhaltenslehren der Kälte». Eigentlich hatte ich den Auftrag von Bernd Weyergraf, dem Unergründlichsten des Berliner Freundeskreises, für einen Band von Hansers «Sozialgeschichte der Deutschen Literatur» einen Beitrag über die Anthropologie der Neuen Sachlichkeit zu schreiben, als ich auf einem Tisch der Atelierwohnung von Hortense von Heppe in Berlin den Reclamband von Graciáns «Handorakel» entdeckte und darin auf die Maxime Nr. 289 stieß: «Nichts setzt den Menschen mehr herab, als wenn er sehen läßt, daß er ein Mensch sei.» Perplex legte ich den Band aus der Hand. Der Satz hätte von Brecht sein können – doch er stammte aus dem Jahr 1647, aus dem «Orakel der Weltklugheit», in dem der spanische Jesuit Baltasar Gracián in dreihundert Sinnsprüchen Techniken der Verstellung und Taktiken des Überlebens im Konkurrenzkampf am Hof Philipps II. zusammengefasst hatte. Gleichsam ein Machiavelli für Einzelkämpfer, dachte ich. Besonders die Form von Graciáns Ratschlägen faszinierte mich. «Die Maxime ist ein harter, glänzender – und zerbrechlicher – Gegenstand, ähnlich dem Panzer eines Insekts; und wie das Insekt besitzt sie einen Stachel», bemerkte Roland Barthes einmal zu den

Maximen La Rochefoucaulds. Wie viel mehr galt das für die Sinnsprüche des spanischen Jesuiten.

Zurück in Utrecht, fahndete ich nach Literatur über Gracián und fand, ein Glücksfall, in der Universitätsbibliothek nur einen einzigen Titel: Werner Krauss, «Graciáns Lebenslehre», erschienen im Verlag Vittorio Klostermann, Frankfurt am Main 1947. Mit Blick auf den Wassergraben hinter dem Haus und die von mir gepflanzte Trauerweide, die eine bedrohliche Größe angenommen hatte, im Bett liegend und eine Gastritis bekämpfend, verschlang ich das Buch. Der Romanist Werner Krauss hatte es 1942/43 geschrieben, mehr wusste ich nicht. Die Lebenslehre des Jesuiten war für ihn, wie er sagt, eine Herausforderung zum intellektuellen Training im «Grenzgebiet zwischen Humanismus und Barbarei». Ein Ratgeber für das Verhalten auf vermintem Gelände, auf dem man keinen Schritt tun darf, ohne vorher zu prüfen, wo man den Fuß hinsetzt. Moral dient in solchen Situationen nicht als innerer Kompass. In einem Milieu, in dem jeder bedroht ist, empfiehlt es sich, von Moral abzusehen und taktische Regeln zu beachten.

Ich wusste nicht, dass Werner Krauss als Mitglied einer Widerstandsgruppe, die von der Gestapo «Rote Kapelle» genannt wurde, zum Tode verurteilt worden war. Das Buch über Graciáns Lebenslehre hatte er im Zuchthaus geschrieben, auf seine Hinrichtung wartend. Als ich dem gelehrten Richard Faber aus Berlin, der zufällig zu Besuch nach Amsterdam gekommen war, von meinem Fund berichtete, erzählte er mir, dass Carl Schmitt in seinen Aufzeichnungen der Jahre 1947 bis 1951, die soeben unter dem Titel «Glossarium» erschienen waren, böse Maximen im Stil Graciáns verfasst hatte. Daraufhin griff ich zu Schmitts «Begriff des Politischen» in der Ausgabe von 1932 und fand darin einen Hinweis auf die Anthropologie von Helmuth Plessner, sodass ich bei den «Grenzen der Gemeinschaft» von 1924 landete. Schließlich brach ich zum Werner-Krauss-Archiv in Ostberlin auf, wo ich den Romanisten Karlheinz Barck traf, der mich über die Verbindung von Krauss zur «Roten Kapelle» und seine Zeit im Zuchthaus unterrichtete.

Klack – klack – klack – klack, ein Dominoeffekt innerhalb relativ kurzer Zeit: So begann das Abenteuer der Suche nach einer Verhaltenslehre zwischen den Kriegen, ohne Plan zwar, aber mit dem Suchbefehl der «Kälte». Nennt man das «Forschung»? Man muss nur kluge Freundinnen und Freunde haben und zusätzlich vielleicht noch in Trennung leben (als wenn sich Leben und Denken unter dem Stern der Trennung intensivieren würden), dann kann es gutgehen. Ein Drittmittelantrag hätte so nie entstehen können.

Die Kette der Zufälle war damit noch nicht abgeschlossen: Eher beiläufig hörte Inka Mülder-Bach aus dem Szondi-Institut der FU von meinem Unternehmen, sie leitete die Nachricht an Winfried Menninghaus, damals freier Lektor des Suhrkamp Verlags, weiter – so kam die Sache ins Rollen, bis der gedruckte Band im Februar 1994 im Briefkasten in Maarssenbroek lag. Am nächsten Tag pries Ulrich Raulff das Buch in der «Frankfurter Allgemeinen Zeitung».

Ich war ein Glückskind und insofern ein Spekulant, als ich im Buch behauptete, Bert Brecht und Ernst Jünger hätten Graciáns «Handorakel» mit Sicherheit gelesen, ohne dafür eine einzige Quelle als Beweis anführen zu können. Nur zu begreiflich, dass die Experten meine Vermutung strikt zurückwiesen. Aber es gibt Spekulationen, die magnetische Anziehungskraft auf Quellen ausüben. Im Fall von Jünger lag der Beweis schon lange unübersehbar auf dem Tisch. In Heimo Schwilks Bildmonographie war der Brief abgedruckt, in dem Ernst Jünger am 1. November 1920 aus der Militärturnanstalt Wünsdorf seinem Bruder Friedrich Georg schrieb, dass die Lektüre des «Handorakel» zu seinem morgendlichen Attitüdentraining gehöre. So sei er, nach einem obligatorischen Bad in eiskaltem Wasser, in der richtigen Form, um neue Heeresdienstvorschriften zu verfassen. Ein Jahr nach dem Erscheinen meines Buchs war auch der Fall Brecht geklärt. Erdmut Wizisla, Leiter des Brecht-Archivs, rief mich aufgeregt an: Man habe in dem Koffer, den Brecht ins skandinavische Exil mitgenommen habe (oder mitnehmen wollte?), ein Gracián-Exemplar gefunden. Es sei mit vielen Anstreichungen versehen. Auf der Titelseite befinde sich in mikroskopisch kleiner Schrift als Widmung der Satz: «Denn für dieses Leben ist der Mensch nicht schlau genug», zwei Verse, die Brechts «Lied von der Unzulänglichkeit menschlichen Strebens» aus der «Dreigroschenoper» entstammen. An den winzigen Schriftzeichen erkannte Wizisla, wer die Widmung verfasst haben musste: Walter Benjamin, der das «Handorakel» – hellsichtig wie alle Ahnungslosen vor 1933 – seinem Freund geschenkt hatte.

Einer der Aphorismen, die Brecht unterstrichen hatte, lautet: «Das Schwierigste beim Gehen ist das Stillestehn.» Stillestehen hätte mir gutgetan; ich schrieb die «Verhaltenslehren der Kälte» in der niederländischen Polderlandschaft, in dem Standardplattenhäuschen Boomstede 102, fasziniert von Gestalten mit einfachen Konturen, die die historischen Avantgarden entworfen hatten. Frei von komplizierter seelischer Tiefengliederung, als metallisierte Körper von Organischem anscheinend entlastet, betraten sie den historischen Kampfplatz der jungen Republik und des NS-Staates. Gepanzert bewährten sie sich im Kraftfeld zerstörender Ströme, waren wachsam, «als ob irgendwo im Körper ununterbrochen eine kleine elektrische Klingel läutete» (diese Charakterisierung des Kriegers hatte mich schon in Jüngers «Stahlgewittern» gereizt). Öffentliche Gefühlsaufwallungen werden von ihnen vermieden. In Zuständen der Erschöpfung bitten sie: «Tragt mich / In einen dunklen Schuppen, dass / Keiner sehe meine / Natürliche Schwäche» (so Charles Lindbergh in Brechts «Ozeanflug»). Walter Serner sekundierte in seinem «Handbrevier für Hochstapler» lakonischer: «Wenn es dir schlecht geht, bemühe dich, es zu verbergen.»

Die «Verhaltenslehren der Kälte» stachen 1994, wie es später hieß, in eine Blase der «Betroffenheitskultur». Das Buch folgte darin Richard Sennetts Invektiven gegen die «Tyrannei der Intimität» und berührte sich mit Lionel Trillings Buch über das «Ende der Aufrichtigkeit». Glaubt man der «Süddeutschen Zeitung», wurden die «Verhaltenslehren» in den neunziger Jahren zu einem «Kultbuch». Sie galten als Heilmittel gegen eine Kultur der Aufrichtigkeit, gegen die bereits zuvor Cora Stephan und Gustav Seibt journalistisch zu Felde gezogen waren.

Wer aber hätte damals ahnen können, dass der Titel zum geflügelten Wort werden sollte? Noch 2003, als der Garagenrock aus Detroit und New York in Berlin einzog, sprach die «Frankfurter Allgemeine Zeitung» von einer «Wiederkehr der Verhaltenslehren der Kälte». Ein neues Album von Herbert Grönemeyer begriff sie dagegen als «Verhaltenslehre der Wärme». In der Berliner «tageszeitung» wurden Wollmützen mit dem Titel beworben, am befremdlichsten aber empfand ich eine Werbeanzeige über den innovativen Umgang mit Pelzdessous als eine Variation der Verhaltenslehren der Kälte – was insofern nicht überraschen konnte, als das Buch zuweilen als Anweisung zur Amoral gelesen wurde. Politisch konnte man es keinem Lager zuordnen. Thomas Assheuer charakterisierte es in der «Frankfurter Rundschau» treffend als ein Dokument des «lagerübergreifenden Enttäuschungsdiskurses». Ehrenrührig erschien mir das nicht: Enttäuschung ist doch, dachte ich, der Anfang von Erfahrung. Aleida Assmann machte noch 2019 darauf aufmerksam, dass die Kälte-Lehre just in dem Augenblick

die Schamkultur der dreißiger und vierziger Jahre auffrischte, als die Schuldkultur endlich Einzug in die deutsche Gesellschaft hielt und die Erinnerung an die Verbrechen der Deutschen ermöglichte. Sollte das Lob der Distanz, die aristokratische Kälte, von der sich Helmuth Plessner 1924 so viel versprochen hatte, die Härte der NS-Mörder nobilitieren? Aleida Assmann hatte diesen Verdacht. Das Buch blieb ein Stein des Anstoßes.

Dabei hatte ich mit einer länger anhaltenden Aktualität des Buchs nicht gerechnet. Schon der Untertitel, den Rüdiger Safranski vorgeschlagen hatte, «Lebensversuche zwischen den Kriegen», verwies auf eine untergegangene Epoche, wobei die historischen Grenzen nicht genau festgelegt waren. Der Fehler des Buchs, schrieb mir Werner Hamacher aus Baltimore, einer der besten Philologen meiner Generation, sei, dass der Verfasser «im Denkhorizont der Figuren, die er beschreibt», stehen bleibe. Meine Darstellung versenke sich in die Denkmöglichkeiten ihrer Helden, also von Bertolt Brecht, Helmuth Plessner, Franz Blei, Walter Serner, Marieluise Fleißer, Ernst Jünger, Werner Krauss oder Carl Schmitt, überschreite aber nie deren Selbstwahrnehmung. Das Buch bleibe also in der untergegangenen Epoche stecken; es sei historistisch, verliere sich in Relativitäten. Er riet mir: «Wage den Exzess!» Ich wusste nicht, was «Exzess» heißen sollte, und heute weiß ich es immer noch nicht genau.

Womöglich liegt der anhaltende Reiz der «Verhaltenslehren der Kälte» darin, dass Leserinnen und Leser darin eine Art Anleitung zu richtigem Benehmen zu finden meinen, ein «how to»-Buch. Es schlägt nützliche Spielregeln der Distanz vor, mit denen selbst auferlegte, erzwungene und verletzende Näheverhältnisse überwunden werden können.

Liest man es als Ratgeber, geht es darin um das Erlernen von Spielformen, mit denen sich Menschen nahekommen, ohne sich zu treffen, mit denen sie sich voneinander entfernen, ohne sich zu verletzen. Wer möchte diese Regeln, die Plessner 1924 nahelegte, nicht beherrschen? Als Emblem der Regel, die Mitmenschen mit zu großer Nähe zu verschonen, wurde schon in der ersten Rezension von Ulrich Raulff die Stachelschweinparabel von Arthur Schopenhauer aus dem Jahr 1851 zitiert:

«Eine Gesellschaft Stachelschweine drängte sich an einem kalten Wintertage recht nah zusammen, um sich durch die gegenseitige Wärme vor dem Erfrieren zu schützen. Jedoch bald empfanden sie die gegenseitigen Stacheln, welches sie dann wieder voneinander entfernte. Wann nun das Bedürfnis der Erwärmung sie wieder näher zusammenbrachte, wiederholte sich jenes zweite Übel, so daß sie zwischen beiden Leiden hin und her geworfen wurden, bis sie eine mäßige Entfernung voneinander herausgefunden hatten, in der sie es am besten aushalten konnten.»

In Plessners «Grenzen der Gemeinschaft» hatte ich gelernt, dass Lebenskunst im permanenten Ausbalancieren der richtigen Distanz besteht, nackte Ehrlichkeit indessen glatte «Spielverderberei» ist. Wahrheit, die verletzt, macht unglücklich, während Unwahrheit den Mitmenschen schonen kann. Eine Grundregel, die man bei Trennungen beherzigen sollte. Dem widerspricht ein holländisches Sprichwort, an das mich mein Sohn erinnerte: «Zachte heelmeesters maken stinkende wonden», etwa: Sanfte Therapeuten machen stinkende Wunden. Ich aber schwörte auf Plessners Litanei des Indirekten: Zum Überlebenskampf in der Gesellschaft gehören die Masken der sozialen Rollen. Das Individuum muss sich eine Form geben, in der es unangreifbar wird, eine Rüstung gleichsam, mit der es den Kampfplatz der Öffentlichkeit betritt. Hinter den Masken darf der Mensch als Person «bis zu einem gewissen Grade unsichtbar» werden, wie Plessner dunkel raunt; denn man erfährt nicht, wer sich hinter den Maskierungen der Person verbergen soll.

In Abwandlung eines vielzitierten Passus aus Georg Wilhelm Friedrich Hegels Vorrede der «Phänomenologie des Geistes» formulierte ich frohgemut den Leitspruch der Kältefreaks:

«Nicht das Leben, das sich vor der Kälte scheut, sondern sie erträgt, ist das Leben des Geistes. Er gewinnt Wahrheit nur, indem er der Kälte der Gesellschaft ins Angesicht schaut, bei ihr verweilt. Dieses Verweilen in der Kälte ist die Zauberkraft, die den Geist praktisch werden lässt.»

Die Zauberkraft des Idealismus, von der Hegel spricht, versieht Plessner in seiner Anthropologie mit einer biologischen Grundlage: Der Mensch sei «von Natur aus» fähig, die Kälte der Abstraktion, die ihn von der Wärme der Gemeinschaft trennt, zu leisten. Plessner geht so weit zu behaupten, dass «die Seele ohne die kalte Luft der Diplomatie» nicht atmen könne. So konstruiert der Philosoph eine faszinierende Kunstfigur – die im Leben, wie er weiß, nur in Allianz mit dem «Bösen» zu realisieren ist: «Wer mit dem Teufel speist, muss einen langen Löffel haben.» Das hatte zuvor schon Max Weber gegen die «Gesinnungsethik» verlauten lassen. 1924, gegen Ende des offenen Bürgerkriegs und nach der Erfahrung einer Hyperinflation, die die bürgerlichen Grundsicherungen erschüttert hatte, empfahl Plessner, den Kampfplatz der Gesellschaft mit stoischem Gleichmut und aristokratischer Haltung zu betreten.

Das konnte ich in der «doorzonkamer» in Maarssenbroek nachempfinden, und das Schreiben wurde nur durch die Live-Übertragungen von der Tour de France unterbrochen, bei der Joop Zoetemelk und Jan Raas eine Favoritenrolle spielten.

Das Nachleben der Kälte-Theorie

Ein Vierteljahrhundert nach Erscheinen der «Verhaltenslehre der Kälte» lese ich mit meinem Seminar an der Kunstuniversität Linz Plessners «Grenzen der Gemeinschaft» und falle aus allen Wolken. Acht Studentinnen und zwei Studenten halten die Kälte-Lehre für ganz und gar unbegreiflich und votieren für die Wärmesphäre der Gemeinschaft; der Mensch habe ein «Naturrecht auf Wärme», sagen sie – und zitieren damit Plessner.

Ihre Skepsis wurde durch unser Vorgehen im Seminar verstärkt, jedes Kapitel mit einem zeitgenössischen Film zu konfrontieren: Das erste Kapitel über «Herrenmoral und Gemeinschaftsmoral» verglichen wir mit Fritz Langs Film «M – Eine Stadt sucht einen Mörder», in dem der Ehrenkodex, den Plessner hochhält, nur noch für die Gangster der Berliner Unterwelt gilt. Für das Kapitel «Der Kampf ums wahre Gesicht. Das Risiko der Lächerlichkeit» zogen wir Josef von Sternbergs Film «Der blaue Engel» heran, um zu sehen, wie Professor Unrat mit seiner Blamage umgeht, nachdem er sich in der Öffentlichkeit als sklavischer Liebhaber entblößt hat. In Bert Brechts, Ernst Ottwalts und Slatan Dudows Film «Kuhle Wampe» konnten wir die Gemeinschaftsrituale der kommunistischen Jugendbewegung beobachten.

Je mehr Filme wir sahen, desto wirklichkeitsferner schien uns die Wirklichkeit, die Plessners «Grenzen der Gemeinschaft» unterstellt. Die Filme suchen soziale Orte auf: die

Hinterhöfe der Berliner Mietskasernen und das Kellergewölbe des kriminellen «Ringvereins», das Klassenzimmer und die Varietébühne der Kaiserzeit, das Zeltlager und den Fabrikhof, die Eisenbahnschienen und die Modeboutiquen, die Arbeitslosenkolonien und den S-Bahn-Waggon – Plessners Verhaltenslehre dagegen kennt keinen sozialen Ort. Sie entwirft Regeln für virtuelle Gestalten einer abwesenden Aristokratie oder einer Elite, deren Zeit noch kommen soll. Als sie kam, wurden ihre Verhaltensmuster mit der Logik des politischen Extrems besetzt, Carl Schmitt und Brecht konnten mit ihnen etwas anfangen. Erst viel später, gegen Ende des 20. Jahrhunderts, gewann man ihnen den Reiz des «cool conduct» ab, sie glitten in einen moderaten Lebensstil, der mit dem militant-deutschen Kälte-Kult der Zwischenkriegszeit nichts mehr zu tun hatte.

Neu gelesen, fiel meine alte Lesart der Grenzschrift wie ein Kartenhaus zusammen. 1924 sollte die «Maskiertheit des öffentlichen Menschen», die Plessner preist, ein «Sicherungsfaktor» menschlicher Würde sein. Doch das Wesen des Menschen sollte nicht gänzlich in einer auf Abstand, Höflichkeit, Gewaltbereitschaft und Fechtkunst achtenden Verkehrsform aufgehen. Die Maske verbarg eine gefährdete Substanz, über die man nichts erfuhr. Gab es überhaupt ein existenzielles Wesen unterhalb der aus Masken montierten personalen Identität? Die Grenzschrift von 1924 zeigte den Menschen in einem chronischen Alarmzustand. Wohin stürzt er, wenn er die Distanz verliert? Ins «Unergründliche» des Selbst, das so unergründlich ist, dass Plessner das Wort «Identität», wie es uns heute geläufig ist, vermied?

Sieben Jahre später hat sich für Plessner die Situation drastisch geändert. 1931 musste mit anderen Worten von ethnischer Identität geredet werden. Dem Schicksal seiner Verhaltenslehre in der Endphase der Republik hatte ich kaum Aufmerksamkeit geschenkt. Unter dem Entscheidungsdruck des Jahres 1931 entwirft Plessner eine «Politische Anthropologie», die er unter dem Titel «Macht und menschliche Natur» in einem rechten Verlag veröffentlicht. Jetzt ist von offenem Maskenspiel und dem Möglichkeitshorizont der Personen im Verkehrssystem der Gesellschaft, den er in den «Grenzen der Gemeinschaft» aufgespannt hat, keine Rede mehr. Jetzt ist Schluss mit der Vorstellung von der Souveränität eines aristokratischen Duellsubjekts, mit der er sich 1924 aus der Situation des Bürgerkriegs herausgewunden hat. 1931 sucht Plessner auf der Flucht vor der «Bodenlosigkeit des Seienden» nach Halt. Er findet ihn in der «Haltung» – ein Schlüsselwort der Konservativen Revolution. Eine Haltung «politischer Entschlossenheit», abhängig von der «ganzen Lage des Volkes», dem der Mensch, wie er sagt, in «bluthafter Affinität» verbunden sei. Das «Dasein dieser Nation» müsse verteidigt werden. Mit diesem Gedanken verbündet Plessner sich für kurze Zeit mit dem Staatsrechtler Carl Schmitt, der viele Intellektuelle faszinierte, weil er mit der Fackel des Begriffs in verdunkelte Zonen des Liberalismus vordrang.

Diese Allianz war von Plessner nicht zu erwarten gewesen. Geschichte hatte für ihn immer in einer stetigen Verlagerung des «Unheimlichkeitshorizonts» der Existenz bestanden. Gegen Ende der Republik verengte der Druck der politischen Entscheidung den «Unheimlichkeitshorizont» auf die «Freund-Feind-Relation» Carl Schmitts. Plötzlich war die «Volkhaftigkeit» des Lebens Boden der Existenz. Da Plessner wusste, dass er mit diesem Gedanken in die Nähe zur völkischen Bewegung geriet, baute er ein Moment des Zögerns ein. Das Volkstum, in das wir eingebettet sind, sei nämlich reiner *Zufall*, wie die Fremden aus *Zufall* einem anderen Volkstum angehörten. Kontingenz nimmt dem Volksbegriff das Pathos. Sich auf den Zufall zu berufen ist antifundamentalistisch. Man muss, heißt es jetzt diplomatisch, aus dem eigenen Volkstum die «Kunst des Möglichen» machen und gleichzeitig seine «Absolutsetzung» verhindern. Erst damit «zivilisiere» sich die Politik.

Trat mit der «Bindung an das Volk» die bisher verheimlichte Substanz hinter dem Maskenspiel zutage? Verabschiedete sich Plessner vom Maskenspiel diverser Rollen, als sei es nur ein Schönwetterkonzept gewesen? Wie dem auch sei. Die Identitätsfrage wurde 1933 von den NS-Behörden als nicht besonders kompliziert erachtet und in Aktionen der ethnischen Säuberung schnell und drastisch oder tödlich gelöst. Die Homogenität einer «arischen Volksgemeinschaft» war zwar ein Phantom, aber wirkmächtig war es zweifelsfrei; denn man wusste jetzt, wer nicht dazugehörte und aus dem Volk als «Fremdkörper» herausgeschnitten werden musste. Einer dieser «Fremdkörper» war Plessner, der ins Exil gezwungen wurde.

Plessners unerwarteter Sturz brachte mich dazu, die frühere Grenzschrift noch einmal neu zu lesen. Ich stellte fest, dass ich auf der Suche nach dem Glück in der Künstlichkeit der Entfremdung einen wesentlichen Punkt übersehen hatte: Während der Mensch als Staatsbürger von sich als Angehöriger einer bestimmten Gemeinschaft «abstrahieren» muss, um als Rechtssubjekt im Staat handeln zu können, bleibt er als Gemeinschaftswesen seiner «primären Einbettungssphäre» verbunden. Er muss den Kreis seiner

«Blutsgemeinschaft» verlassen und sich einer Transformation zum Bürger unterwerfen. Nur so kann er als Subjekt nach den Regeln eines Staates leben. Die Kosten dieser «Irrealisierung» im Kältebad der Gesellschaft sind hoch. Was bleibt von der Person übrig nach ihrer Transformation zu einem Subjekt, das mit Macht umgehen kann?

Damit ist eine Scheidelinie erreicht, die für die «Verhaltenslehren der Kälte» offenbar undenkbar oder zumindest leicht zu übersehen war, obwohl sie auf den letzten Seiten von Plessners Schrift überdeutlich hervortritt. Der Mensch muss sich auf eine «Gemeinschaft natürlichen Vertrauens» als zuverlässige «Konstante» verlassen können; er hat das Bedürfnis, «etwas zu haben, worin man untertauchen, aufgehen, auftauen, warm werden kann, was dem Resonanzverlangen unserer Person Befriedigung gewährt, das bleibt». Der Mensch hat - und hier kommt das Zitat, auf das sich meine Studenten beriefen - ein «Naturrecht auf Wärme» in der Gemeinschaft, wenn er auch als Gesellschaftswesen davon «abstrahieren» muss.

Ende des 20. Jahrhunderts wurde unter Philosophen ein Streit ausgefochten zwischen «Kommunitaristen», die den Gemeinschaftspol favorisierten, und «Universalisten», die den Menschen als Rechtssubjekt eines Staates, das universellen Prinzipien gehorcht, verteidigten: Charles Taylor gegen John Rawls und Jürgen Habermas. Er endete in der Unversöhnlichkeit der Lager. Leicht zu erkennen, dass in Plessners Grenzschrift Prinzipien der Kommunitaristen mit denen der Universalisten verknüpft sind. Die Person, die Plessner entwirft, muss lernen, in beiden Sphären zugleich zu leben.

In Kenntnis des Schicksals des 1933 in die Emigration

gezwungenen Gelehrten fällt heute auf, mit welcher Sehnsucht Plessner von der «primären Einbettungssphäre» in der Gemeinschaft der Deutschen spricht. Für ihn hatte es den «deutschen Geist» «als Stilgedanken aller Deutschen» schon gegeben, «bevor er zum Rechtfertigungsprinzip einer politischen Organisation wurde» – und es werde ihn weiterhin geben, auch «wenn der Nationalstaatsgedanke unter den Einflüssen von Industrialismus, Technik und Rassenmischung längst verblaßt sein sollte, solange noch ein Herz für ihn schlägt und blutwarme Menschen sich ihm verbunden fühlen». Jede Sehnsucht erfindet ein Phantom.

Im Mittelteil des Buches schreibt Plessner: «Das Leben ist zu kurz, schnell, beengt und für die Wurfbahn, in der es sich von Geburt an befindet, sind wir nicht verantwortlich. Von Anfang an ist unserer Freiheit vom Schicksal ein höchst begrenzter Spielraum gelassen. Doch die Wurfbahn beginnt mit der Geburt.» Das weist auf eine Merkwürdigkeit dieser Schrift hin. Obwohl von Geburt die Rede ist, kommt die Mutter nicht vor. Von einer Anthropologie kann man erwarten, dass sie alle Arten des Menschseins umfasst, dass also Plessners Grundsatz «Der Mensch ist von Natur aus künstlich» für alle gilt. Bei Plessner sollen die Regeln auf dem Kampfplatz der Gesellschaft allerdings nur für Männer gelten. Für die «naiven Frauen» gelte die Ansicht der Romantiker, dass sie «bei sich selbst bleibende Natur» seien, wehrlos, ironiefern, nicht kältebeständig. Dem «Zwang zur Form» unterlägen sie nicht. Dem Prinzip der Irrealisierung des Bedürfnisses nach Gemeinschaft bräuchten sie nicht zu gehorchen.

Daraus kann man schließen, dass die Rede von der «primären Einbettungssphäre» der Gemeinschaft, von der sich der Mann getrennt hat und in die er zuweilen «untertauchen» will, die Welt der Frauen meinen muss. Mütter sind als anthropologische Instanz in der Grenzschrift zwar abwesend, aber Plessners Beschreibungen der Sehnsuchtslandschaften außerhalb des Kampfplatzes sind «mütterlich» im traditionellen Sinne gefärbt. Schade, dass ein so wilder Text auf ein so unterkomplexes Schema zurückgeführt werden kann.

Reisen nach Amerika

Im Oktober 1989 flog ich zum ersten Mal in die USA. Frank Trommler aus Philadelphia hatte mich zu einer *lecture tour* eingeladen. Mit Headphones und Ghettoblaster («Sweet Dreams» von den Eurythmics war damals mein Lieblingslied, Laurie Andersons «Strange Angels» kam hinzu) zog ich durch die Lande, denn die Unis wollten immer nur das eine: den Vortrag «Reflections on the Fridge», Überlegungen zur Kältemetapher im 19. und 20. Jahrhundert. Meine Reise begann mit einer Bootstour um Manhattan, und ich genoss es in vollen Zügen, zwei Stunden lang von einem Lautsprecher zugetextet zu werden. Mich faszinierte, dass beim New Yorker Sightseeing die von der Eiszeit abgeschliffenen Granitblöcke im Central Park genauso nah schienen wie

die Büros in den Twin Towers, die gefährlichen Ecken des Morningside Parks so nah wie die Einwanderungsschleusen der Jahrhundertwende. Jetztzeit war überall, und sie war US-amerikanisch.

Die erste Station meiner Vortragsreise war das German Department der Johns Hopkins University in Baltimore. Da Johns Hopkins ein Zentrum der Dekonstruktivisten war, kam ich nicht gerade angstfrei. Leichter wurde es auch nicht dadurch, dass Werner Hamacher, den ich nach der erlaubten Länge des Vortrags fragte, freundlich antwortete, wir würden um zwanzig Uhr in einem Restaurant am Hafen Taschenkrebse essen; das war gegen fünfzehn Uhr. Man hatte mich gewarnt, Hamacher neige dazu, mit seinen Studenten sehr lange, manchmal ein ganzes Semester, über einen einzigen Satz zu meditieren.

Die fünf Stunden waren entspannt wie selten. Keinem ging es darum, sich zu profilieren, Freundlichkeit war das Gesetz der Stunde, als wir über die Tücken der Kälte-Metapher grübelten, vom Schock der Gottesferne bis zum Zweiten Hauptsatz der Thermodynamik. Diesen Zustand des langsamen Denkens in einer Gruppe hatte ich noch nie erlebt. Später sollte ich Hamacher als ungenierten Kämpfer schätzen lernen: Auf dem ersten Internationalen Walter-Benjamin-Kongress in Amsterdam störte er die Teilnehmer mit der Feststellung auf, die Forschung habe den revolutionären Nerv Benjamins durchgeschnitten. Es war, als hätte er einen Molotowcocktail in die zarte Gelehrtenschar geworfen.

Die Taschenkrebse, die Rainer Nägele, der zweite prominente Dekonstruktivist in Baltimore, für uns bestellt hatte, waren vorzüglich. Wie sie uns serviert wurden, hat sich mir eingeprägt: Schätzungsweise zweihundert Krebse wurden von einem großen Tablett aus direkt auf den Tisch geschüttet. Das Geräusch des klappernden Gleitens der Krebspanzer auf der schiefen Ebene des Tabletts ist mir heute noch im Ohr.

Nach Baltimore ging es weiter zu meinem großherzigen Gastgeber Frank Trommler in Philadelphia, mit dem Greyhound Bus in die Abgeschiedenheit der Cornell University mit Blick auf kanadische Wälder in der Pracht des Indian Summer, zu Andreas Huyssen an der Columbia University, zu einem Kinobesuch mit Mark Anderson, der mir die Laurie-Anderson-CD schenkte, und zur Lust des Lebens nach Charlottesville in Virginia mit Crystal Ockenfuss und Volker Kaiser. Die Krokodile auf dem Campus von Gainesville in Florida lockten mich weniger, Houston (Texas) wiederum war interessant, Berkeley sowieso, in Stanford traf ich Eva Geulen, im Getty Center von Los Angeles Tony Kaes.

Aufregend wurde es im Hotel Sussex in San Francisco. Das German Department von Stanford hatte mich im Rotlichtbezirk der Stadt einquartiert; wahrscheinlich aus Kostengründen. Um den Eingang des Hotels zu erreichen, musste man durch ein Spalier spöttischer Afroamerikanerinnen Spießruten laufen – aber die Passage erschien mir reizvoll. Als harmlos erwies sich auch das Ereignis einer Nacht: Eine schwarze Stretchlimousine hält neben mir, und fünf Frauen, schön wie aus der «Vogue» geschnitten, springen heraus. Sie bilden – Häschen in der Grube – einen Kreis um mich, eine tritt auf mich zu und fragt: «Are you gay?» Als ich «no, sorry» entgegne, verschwinden sie, blitzartig, wie sie daraus aufgetaucht waren, wieder im Wagen. Den Rücklichtern der Limousine sah ich lange nach. Man kann im Leben eben nicht alles haben.

Auf der Bettkante des Hotels sitzend, traf mich dann das völlig Unerwartete. «Good Morning America» meldete den Fall der Mauer, wobei «melden» nicht das richtige Wort ist: Man sah sie auf dem Bildschirm fallen. Meine Freunde hatten mich um die Vortragsreise durch die USA beneidet, jetzt saß ich weitab vom Schuss des Weltgeschehens.

Ich rief sofort Freund Kittsteiner in der Sybelstraße in Westberlin an. Er hatte immer prophezeit, dass das Experiment der sozialistischen Staaten fehlschlagen werde: «Die Systemkonkurrenz mit dem kapitalistischen Westen halten sie nicht durch», pflegte er lächelnd zu sagen. Und spöttisch: «Wenn ihr schon nach einem Subjekt der Geschichte sucht, es hält sich nicht im Verborgenen auf. Es ist der Weltmarkt, der alle sozialistischen Staaten konsumieren wird.» Das Wort «konsumieren» prägte sich mir bitter ein. Das war Kittsteiners Litanei in den Jahren 1975, 1976, 1977, 1978 und so fort – nun wollte ich ihm zu seiner richtigen Prognose gratulieren. Und was ruft er am anderen Ende der Leitung, atemlos wie alle? «Wahnsinn!» Und hängt auf. Das sollte mir eine Lehre sein: Prognosen und Ereignisse gehören getrennten Sphären an. Im Strudel des Ereignisses scheint plötzlich alles dem Zufall unterworfen.

Ich schloss mich damals der Prognose der «New York Times» an: «The end of the forced divorce could be the beginning of an amical separation.»

Als ich im August 1990 zum ersten Mal nach der Wende Berlin besuchte, zogen wir nachts um ein Uhr von der «Paris Bar» los, um zu beobachten, wie der Ost-West-Express, zum Gütertransport nach Polen umfunktioniert, losfuhr. Den Abend zuvor hatten wir im «Goldenen Adler» am Marktplatz von Wittenberg verbracht. «Die Berliner», schrieb ich in einem Brief nach Wien, «neigen im Augenblick zu amerikanischen Raumauffassungen: Man fährt ‹mal eben› zum Abendessen (aber der Sauerbraten ist kein Sauerbraten, und den Köchen möchte man insgesamt einen kleinen Gewürzkursus verordnen) nach Wittenberg, picknickt ‹mal eben› im Klostergarten des Zisterzienserklosters von Chorin und ist, man glaubt schon, in Stettin zu sein, noch immer am Berliner Ring (welch herrliches Raumgefühl erfüllt den Kolonisator!!!).»

Ein Jahr später hatte sich viel Hass bei den Westberliner Freunden aufgestaut. Ich höre Bernd im Originalton klagen: «Warum sollten wir gezwungen werden, den Schwarzhandel der Nachkriegszeit und die Fresswelle der fünfziger Jahre noch mal mitzumachen, warum sollten wir uns mit einer Bevölkerung mischen, die gelb ist von schlechter Ernährung?» Dem pflichtete Kitt bei: «Warum Kompromisse schließen mit einem Staatsgebilde, in dem es die Aufbruchsphase der sechziger Jahre nicht gab, und wenn das alles nur ein Fensteröffnen war, zum Durchatmen, auch gut; und was mit Landarbeitern tun, die ihre Waren nicht auf fremde Märkte tragen? Vor einem Jahr dachten wir: Fesseln werden gelöst, Energien können sich entfalten. Stattdessen warten die Ossis still und depressiv auf den Energieimport und bezeichnen die Wessis als Importeure der Annexion. Ich kann mir kein annexionshungrigeres Land vorstellen!»

So oder so ähnlich klang also der Nachwendekater meiner Freunde – Himmelherrgott, welche Regression zurück ins gemachte Bett der alten BRD. Im Grunde, fand ich, hassten sie vor allem den Aggregatzustand des Protestantismus in der DDR. Das schrieb ich an eine Freundin in Wien, um nach einer längeren Pause meine Briefschuld zu begleichen. «Ohne Schuld», sagte mir Kitt beim Frühstück, «haste überhaupt nichts vom Leben, darfst dich aber auf die faule Bärenhaut legen.» Da hatte er recht – während ich sein Urteil über die Schadstoffe der Wiedervereinigung nicht teilen mochte. Die Haltung der Berliner Freunde änderte sich bald wieder. Ihre Nachwendedepression war wohl eher die Kehrseite übertriebener Erwartungen gewesen. Kitt, inzwischen Professor an der Frankfurter Viadrina, schwärmte von seinen polnischen Studierenden.

1994 lud mich die Anglistin und Filmhistorikerin Mirjam Hansen ein, für ein Semester als «Lurcy Professor» an die University of Chicago zu kommen. Ein lukratives Angebot: zweiundzwanzigtausend Dollar für acht Wochen Unterricht. Dagegen herrschte auf dem Campus im Hyde Park der Geist der *austerity*. Die Universitätsleitung hatte alle Jazzclubs auf dem Gelände schließen lassen, Sportclubs fristeten ein marginales Dasein. Unter den Studierenden der Geisteswissenschaften gab es, wie Mirjam mir sagte, einen einzigen Afroamerikaner. Die Universität galt, im Gegensatz zur Northwestern University, als Pauk-Uni. Schien die Sonne, sah man die Studis auf dem Rasen, vertieft in ihre Reader. Das German Department war damals in keiner guten Verfassung, aber ich habe selten ein so produktives Graduiertenseminar geleitet. Fünf Essays der sechs Teilnehmer meines Seminars wurden publiziert.

An einem sonnigen Nachmittag passierte endlich, was den Erwartungen entsprach: Ich wurde in einer stillen Seitenstraße überfallen. Wobei «Überfall» nicht die richtige Bezeichnung ist. Ein baumlanger Schwarzer mit randloser

Brille und weißem Kragen trat aus einem Hauseingang, um mich mit seiner misslichen Situation vertraut zu machen. Er sei Lehrer an einer Schule für behinderte Kinder auf der 20. Straße. Leider habe er eine Autopanne, und nun fürchte er, es nicht mehr rechtzeitig zu den Kindern zu schaffen; fünfzig Dollar für ein Taxi würden ihm aus der Klemme helfen. Als ich zögerte, öffnete er seinen Mantel: Man kenne ja die rassistischen Vorurteile, aber er sei unbewaffnet. Erst in diesem Augenblick bekam ich Angst. Ich gab ihm, wie von Freunden angeraten, fünfzig Dollar aus der Hosentasche und verabschiedete mich. Für ihn aber war die Sache noch nicht zu Ende: «Halt, mein lieber Freund, du scheinst zu vergessen, dass ich auch noch zurückkommen muss.» Daran hatte ich in der Tat nicht gedacht; nach meiner Einschätzung der Strecke musste die Rückfahrt noch einmal so viel kosten. In aller Freundlichkeit wurde der Handel mit weiteren siebzig Dollar beglichen, und der Mann ging pfeifend von dannen.

Am Abend war ich auf einer Party eingeladen, wo man mich zum Ausgang der Geschichte beglückwünschte. Die Sache mit der Panne sei bekannt – originell seien die behinderten Kinder, die in der Ferne warteten.

Und dann der Anruf aus dem Ritz-Carlton downtown: Herr Unseld sei in der Stadt und lade mich am nächsten Morgen zum Frühstück ein. Ich ahnte dunkel, worum es gehen würde, und brach am nächsten Tag unbeschwert auf. Wir trafen uns in luftiger Höhe, vielleicht war es auch nur die zwölfte Etage. Unseld begrüßte mich mit ausgebreiteten Armen und bot mir einen Margarita an. Köstlich der Salzrand, erfrischend die Mischung aus Tequila, Limettensaft und Orangenlikör, so etwas hatte ich noch nie getrunken. Es fing also gut an.

Ich wisse wahrscheinlich, warum er, Unseld, mich hergebeten habe. Sein Freund Cees Nooteboom habe ihm von meiner Klage berichtet. Unseld spielte auf meinen Austausch mit seinem Lektor an. Auf die Bitte, das Manuskript der «Verhaltenslehren» einmal im Verlag zu besprechen, hatte der mir geantwortet: Wo komme man denn hin, wenn die Autoren auch noch nach Frankfurt reisen würden. Ich müsse wissen, so nun Unseld, dass diese erstklassige Kraft im Jahr 1993 ungefähr zweiundachtzig Bücher habe lektorieren müssen, neben der «Edition» alle Skandinavier, die Holländer, die damals boomten, und obendrein noch Peter Handkes «Mein Jahr in der Niemandsbucht». Ich solle seine Situation verstehen.

Ich verstand sofort und nippte an meinem dritten Margarita. Schwamm drüber – aber worüber dann noch sprechen? Er kannte die «Verhaltenslehren» nicht, und wir fanden kein Gesprächsthema. Ich saß dumm vor ihm rum, bis ich die Bitte aussprach, seine Frau kennenlernen zu dürfen. Er werde versuchen, antwortete Unseld, sie in ihrer Suite in einem der höchsten Stockwerke zu kontaktieren. Sie kam, war bezaubernd, und wir unterhielten uns über Schreibgeräte.

Inzwischen war ich beim vierten Margarita, was mir erst bewusst wurde, als ein kleiner glatzköpfiger Herr nahte, den Unseld umarmte, bevor er ihn als Verleger der University of California Press vorstellte. Er werde Unselds Buch «Goethe und die Verleger» in englischer Übersetzung herausbringen. Unseld und seine Frau erhoben sich und verabschiedeten sich zum Mittagessen, während der Frühstücksgast mit seiner Verhaltenslehre der Kälte sitzen bleiben durfte. Das war, wie sich schnell herausstellte, sein Glück. Denn er kam nicht mehr aus dem Sessel hoch. Nach zwei Stunden Ausnüchterung stürzte ich in den erstbesten McDonald's, um mein Frühstück nachzuholen. Schade, dass ich den großen Mann nur so erleben durfte.

Im Frühsommer 2004 unterrichtete ich an der University of Los Angeles. Ich wohnte in Westwood Village, zehn Minuten auf dem Fahrrad vom Campus entfernt, auf dem die Jacarandabäume in blauer Blüte standen.

Eingeladen hatte mich der Leiter des German Department, Andrew Hewitt. Er besaß ein Glashaus im Stil Mies van der Rohes, hoch oben auf dem Mulholland Drive. Ein Kubus, in dessen Mitte ein japanischer Brunnen Wasser über weiße Kieselsteine rinnen ließ, wie man von der Straße aus sehen konnte, aber kein Buch im Haus. Er hatte mit seinem Freund zwei Kinder aus Mittelamerika adoptiert; die Sorge um ihre Gesundheit verzehrte seine ganze Energie.

Ich hatte den Auftrag, ein Undergraduate-Seminar mit fünfzig Teilnehmerinnen und Teilnehmern aus vor allem naturwissenschaftlichen Disziplinen zu unterrichten: Die Geschichte des Krieges im Spiegel der Literatur. Ich begann mit den klassischen Schilderungen der Schützengräben und des Trommelfeuers, der Telegraphie und des Giftgasangriffs im Ersten Weltkrieg. Was man in Europa eine «Urkatastrophe» nennt, lag den Studierenden so fern wie der Punische Krieg. Der Zweite Weltkrieg war für sie ein Gerücht, dem man in Schulbüchern nachgehen konnte. Nur der Vietnamkrieg hatte sich der Generationenkette als immer noch spürbarer Schmerz eingebrannt.

Zu Beginn einer der Sitzungen trug ich aktuelle Meldungen aus dem Irak vor. Die dortige Schlacht war, George W. Bush zufolge, längst geschlagen, als sich im Frühsommer 2004 die amerikanischen Verluste dramatisch erhöhten. In der «New York Times» erschien die berühmte Selbstanklage: Die Redaktion habe ein Jahr lang der offiziellen Darstellung der Bush-Administration Glauben geschenkt und Fehlinformationen verbreitet. Wie befreiend, dachte ich, würde eine deutsche Zeitung einmal eine derartige Selbstkritik riskieren.

Mein Versuch der Aktualisierung schlug fehl, die Meldungen aus dem Krieg fanden keinerlei Resonanz. Was kümmere sie das Schicksal der Soldaten im Irak, bemerkte schließlich ein Student. Es gebe keine Wehrpflicht, daher berühre sie die Zahl der Gefallenen kaum. Heftiger Protest einiger Mitstudentinnen. Kurze Zeit später las ich, dass unter den etwa fünfundzwanzigtausend Angestellten des Pentagon nur ein Fall bekannt war, in dem der Neffe eines Beamten im Irak kämpfte. Eine niederschlagende Erkenntnis. Die «politische Klasse» war vom Tod ihrer Soldaten gar nicht direkt berührt. Er spielte sich fern von den Befehlszentralen in den sozialen Niederungen der patriotischen Gesellschaft ab.

Das German Department war damals ziemlich verwaist. Ein akademischer Höhepunkt fand andernorts statt: Im History Department stritten Hayden White und Fredric Jameson über das Problem des Historischen Romans. White hatte mit seiner Entdeckung, in welchem Ausmaß die Geschichtsschreibung von Gesetzen literarischer Genres (der Tragödie, der Romanze, der Komödie oder der Satire) gesteuert wird, regelrechte Flügelkämpfe unter Historikerinnen und Historikern entfacht; auf deutscher Seite traf er größtenteils auf Abwehr, nur Reinhart Koselleck ergriff für ihn Partei. Der undogmatische Marxist Fredric Jameson bekämpfte dagegen den Oberflächenkult der Postmoderne. Deren Ironie habe dem Glauben an die Möglichkeit politischen Handelns den Nerv gezogen. Jameson, an den ich mich aus früheren Zeiten nur in der Lederjacke eines Lastkraftwagenfahrers erinnerte, las vom Blatt und klang wie ein ins Amerikanische übersetzter Georg Lukács, als er dem Historischen Roman die Kraft zumaß, die Tiefendimension der Geschichte zu erschließen. White spielte den Gegensatz seiner aristokratischen Erscheinung zum marxistischen Kontrahenten weidlich aus. Nachdem Jameson vom Blatt gelesen hatte, legte White mit dandyhafter Geste sein Manuskript beiseite, um sein Publikum schon mit dem ersten Satz zu erheitern: Es gebe also noch Menschen, die an die Wirklichkeit der Geschichte glaubten. Ich fror vor Fremdscham, war aber erleichtert, als sich White und Jameson anschließend als alte Freunde austauschten. Plötzlich war Ironie ein Medium, in dem sich die theoretischen Gegner freundlich verständigen konnten. Warum war das auf Foren der deutschen Universitäten nicht möglich?

2006 wurde ich nach Bloomington (Indiana) eingeladen. Das lebendigste German Department in den USA, das ich kennenlernen durfte. Ich erinnere mich an Michel Chaouli, William Rasch, Benjamin Robinson, Marc Weiner, Johannes Turk und Fritz Breithaupt. Eine wilde Truppe. Sohn Hans ging für zwei Monate auf die University Elementary School, in der die Schüler nur in Gruppen und mit «Voice Level Zero», mucksmäuschenstill, über die Gänge marschieren durften. Das gefiel ihm sehr und gab uns zu denken, ob rigorose Ordnung Kreativität nicht auch fördern könnte.

Zehn Jahre später flog ich mit Hans noch einmal in die USA, nach Berkeley. Er hatte gerade seine Matura hinter sich und war unschlüssig, was er studieren sollte, wenn er denn überhaupt studieren wollte, denn eigentlich war sein Berufsziel, Koch zu werden. Entsprechend genossen wir die Vielfalt der Küchen in Berkeley, die wir unter Anleitung von Mario Wimmer und Jakob Moser erkunden durften. Als ich Hans bat, sich eine Stunde mit dem Laptop in dem berühmten Lesesaal aufzuhalten, um zu überdenken, ob ihm das Studieren nicht vielleicht doch zusage, kam er nach einer halben Stunde entrüstet ins Institut: Das könne man ihm nicht antun, zweihundert Leute verbreiteten eine solche Stille, das sei nicht auszuhalten. Eigentlich eine gute Schilderung der Atmosphäre in einer Bibliothek.

Einen Monat später erhielt Hans eine Stelle als Lehrling bei dem Wiener Kultkoch Christian Petz, ein Choleriker wie alle großen Köche. Eines Nachts kam er nach Hause, um zu berichten, er habe nachmittags in der Küche einen großen Korb mit schillernd-schwarzem Gefieder vorgefunden, daneben ein Zettel mit der Nachricht des Chefs, ein italienischer Winzer habe ihm hundert Stare geschenkt, Hans solle sie für die Abendgäste als Gulasch präparieren. Das Gericht hieß dann «Des Winzers Glück». Das war aufregender als ein Studium.

Das Filmseminar mit Tony Kaes in Berkeley war äußerst anregend. Ich habe immer wieder Originalität und Obsession von Graduate-Studentinnen und -Studenten bewundert; Tony wusste diese Eigenschaften in seinen Seminaren zu *triggern*. Das Klima auf dem Campus glich dem der University of Chicago, allerdings aus einem völlig anderen Grund: Von den zweiundzwanzigtausend Studierenden stammten, wie man mir sagte, zehntausend aus asiatischen Ländern. Gab das dem Campus den Hauch von *austerity*? Oder war es der Druck einer calvinistischen Leistungsgesellschaft, die sich unter der kalifornischen Lässigkeit versteckte? Mag sein, sagte mir Jakob Moser, einst Junior Fellow am Internationalen Forschungszentrum Kulturwissenschaften, Lukrez-Experte, dass diese Leistungsideologie mit der zahlreicher asiatischer Kulturen gut zusammenpasst. Dem Freund fiel auf, dass ihm auf dem Campus regelmäßig Drogen angeboten wurden – zu seiner Überraschung aber kein Haschisch oder LSD, sondern Neuro-Enhancer, das heißt Stoff für Hirn-Doping. Aus den Psychonauten waren Leistungsfreaks geworden.

Als ich beim Abschied darum bat, ein Foto von meinem Brecht-Seminar schießen zu dürfen, wurde es mir von meiner Hilfskraft untersagt – es seien Persönlichkeitsrechte zu beachten. So viel Korrektheit fand ich erstickend.

Im Januar 2019 bewarb ich mich mit dem Projekt «Geschichten der Stoa» für ein Fellowship am Thomas-Mann-Haus im kalifornischen Pacific Palisades. Es wäre zu schön gewesen, am Ende des Lebens noch einmal die Luft zu atmen, von der Adorno in den «Minima Moralia» sagte, es gebe selbst in der Hölle gerade genug davon. Im Juli erhielt ich die Absage.

TEIL IV

Unterm Rosenbusch

Sonnige Tage im Schreibasyl auf Usedom, Zempin im Februar 2019. Vom Schreibtisch aus der Blick auf schneefreie Birken und Kiefern. Bruno Ganz stirbt am 16., Karl Lagerfeld am 19. Februar. Wenn es heißt, mit jedem neuen Erdenbürger schlage die Welt ihr Auge auf, so haben sich jetzt zwei Welten verschlossen. Bei Bruno Ganz denke ich weniger an seine Darstellung Hitlers im Film «Der Untergang» (von der ein englischer Zeithistoriker behauptete, so authentisch habe man die Stimme des Führers noch nie vernommen, während Diedrich Diederichsen spottete, der Effekt des Authentischen rühre daher, dass Hitlers Schnapplaute vom süßen Schmelz des Schwyzerdütsch wie mit Zellophan überzogen seien), sondern an Helga, die für Bruno Ganz schwärmte. Für die Stadsschouwburg in Amsterdam hatte sie sündhaft teure Karten gekauft, um ihren Star in seiner Sandalenrolle in Hölderlins «Empedokles» aus der ersten Reihe zu betrachten; ich muss bei der Vorstellung eingenickt sein, der kühle Luftzug aus der Tiefe des attischen Gebirges beförderte den Schlaf. Helga war empört. Mit dem Ausdruck tiefster Verachtung sagte sie «Du Dortmunder» zu mir, um die Niedrigkeit meines «Massengeschmacks» mit einem Ort zu verbinden, mit dem sie wahrscheinlich das Milieu von Bergarbeitern assoziierte. Unvergesslich Bruno Ganz auf der Schaubühne am Halleschen Ufer in «Peer Gynt». (Das waren, in den sechziger Jahren, herrliche Theaterzeiten, als noch der Vorhang aufging und man in die Tiefe von

Tschechows Kirschgarten eintauchen konnte! Dagegen das Burgtheater in einer Shakespeare-Inszenierung 2008 – kein Vorhang, versteht sich, auf der Bühne simulieren Bühnenarbeiter Bühnenarbeit, bis einer ruft: Sollen wir anfangen? Nein, heißt es, wir warten auf den Hauptdarsteller, der sich dann auch fünf Minuten später aus dem Publikum erhebt und leichtfüßig zur Bühne geht.)

Karl Lagerfeld sehe ich 2017 als Jupiter in Jean-Philippe Rameaus Oper «Platée» im Theater an der Wien vor mir, eine Freitreppe herunterschreitend, oder vielmehr schritt Jupiter als Karl Lagerfeld kostümiert zur Inszenierung einer Scheinheirat in die Festgesellschaft, die, wenn ich mich recht erinnere, sein Täuschungsmanöver feierte. In den Nachrufen lese ich Lagerfelds Spruch: «In der Mode muss man ständig zerstören, um sich zu erneuern.» Benjamins «destruktiver Charakter» ist zum Idol der Mode geworden. Eine Epoche ist zu Ende gegangen.

Jetzt sehen beide Männer, deren Metier die Authentizität des Gespielten und der Schein der realen Existenz war, auf die politischen Verwirrungen hinunter, selbst aus der Vogelperspektive müssten sie unübersichtlich sein, da hilft kein Stoizismus.

Wenn ich nun beginne, mir meine Zeit in Rostock vor Augen zu führen, ist Ernüchterung unvermeidlich. Nach den suggestiven Bildern von Ganz und Lagerfeld erinnere ich mich nur zögernd daran, dass 1995 der «Vergleich des Warenkorbs» im Kultusministerium von Schwerin das erste Hindernis war, das meine Rückkehr an eine deutsche Universität erschwerte. Man rechnete mir vor, dass der Kaufwert des vorgeschlagenen Gehalts nahezu an den Kaufwert meines Gehalts in Utrecht herankomme. Nach Intervention von Eberhard Lämmert wurde mir ein zusätzlicher Betrag als Lebensversicherungsbeitrag gewährt und dem Gehalt zugeschlagen, wodurch nun aber – die Personalabteilung der Uni Rostock hatte mich vor diesem Trick gewarnt – der Nettobezug sank, weil ich in eine höhere Steuerklasse kam. Zugleich zierte sich die Fakultät, einen Mann ohne Habilitation in ihre hehren Reihen aufzunehmen. Der Widerstand war erst gebrochen, als Kollege Hans-Jürgen Staszak im Fakultätsrat Ulrich Raulffs Rezension der «Verhaltenslehren» in der FAZ vorgetragen hatte. Da knickten selbst alte DDR-Professoren ein, die FAZ hatte untrüglich Autorität.

Die nächste Hürde bildete das Gästehaus der Universität am Vögenteich. Das Badezimmer der mir angebotenen Wohnung glich einer Tropfsteinhöhle, Lackfetzen hingen von der Decke, die Fenster waren jahrzehntelang nicht geputzt worden, auf dem Teppich des Wohnzimmers war Honig ausgelaufen. Als ich mich beschwerte, teilte man mir mit, dem Vormieter, ein Anglist, sei der Honigtopf umgefallen, es sei seine Schuld, man werde trotzdem den Teppich entfernen. Eine Woche später war Abhilfe geschaffen: Man hatte einen zwei Meter breiten Teppich mit Einschnitten einer anderen Wohnung ausgelegt, er passte also nicht, und die nicht verbrauchte Teppichrolle dagelassen. Die Heizung wurde durch das Öffnen der Fenster reguliert. Das Erste, was ich im Osten lernte, war, dass man sich in der DDR um staatliches Eigentum keine Sorge hatte machen müssen, man konnte es ruhig ruinieren; dagegen hatten sich die Kollegen in ihren Privathäusern mit List und Tücke und gut funktionierender Schattenwirtschaft vortrefflich eingerichtet.

Für allen Kummer aber entschädigten die Ostsee und die

Mecklenburger Studis, helle Köpfe, die den aus den Niederlanden Zugezogenen erst einmal schätzten, weil er eben aus den Niederlanden und nicht aus Westdeutschland kam. Ermutigend war die Ringvorlesung «Orientierung in der Moderne», die ich zusammen mit Heiner Hastedt und Dieter Thomä organisieren durfte. Zu meinem ersten Seminar, «Literatur und Fotografie», fanden sich dreißig Studierende ein. Zum Auftakt verteilte ich zehn Thesen, die ich vorbereitet hatte – keine davon konnte meine Mecklenburger zu einer Reaktion reizen. Bis ein Student bemerkte, er könne sich nicht vorstellen, dass dieses Thema prüfungsrelevant sei. Auf die Frage, warum sie sich für mein Seminar eingeschrieben hätten, wurde ich darüber informiert, dass eine Mitstudentin zwanzig von ihnen eingetragen habe. In ihren Stundenplänen stand tatsächlich: «Montag 11 bis 13 Uhr, Deutsch». Ich verkündete feierlich, ich würde jetzt fünf Minuten die Augen schließen, sodass alle, die das Thema nicht interessiere, den Saal verlassen könnten. Großes Scharren. Als ich aufsah, waren von den dreißig noch sechs Teilnehmer da. Es wurde ein extrem gutes Seminar, in dem wir intensiv Vilém Flussers «Kleine Philosophie der Fotografie» studierten und zu Ergebnissen kamen, die mich überraschten.

Nicht ganz einfach hatte ich es im Seminar «Lyrik des Expressionismus». Als es um Gottfried Benns Gedichte aus dem Leichenschauhaus «Morgue» ging und ich keine Resonanz spürte, fragte ich die Teilnehmer, was sie von den Gedichten «persönlich» hielten. Langes Zögern, bis sich eine mutige Studentin meldete, um mitzuteilen: «Meine Mutter findet die Gedichte auch ganz ekelhaft.» Eine Aussage, die in einem Seminar in Berlin oder Utrecht undenkbar gewesen wäre. Hatte es in der DDR den Konflikt der Generationen nicht gegeben? Verdutzt sagte ich: «Meine Mutter auch!» Immerhin war mit dem «Ekel» ein Kontakt zu Benns «Kleiner Aster» hergestellt, sodass wir untersuchen konnten, mit welchen Kunstgriffen Benn diesen Effekt erzeugte.

Aber das waren Kinderkrankheiten, der Wandel der Einstellungen in den kommenden Jahren war erstaunlich. Vor ein größeres Problem stellte mich eine Gruppe von Studenten, die kämpferisch an der Wende teilgenommen hatten und zutiefst enttäuscht waren, dass die Kolonisatoren aus dem Westen ihnen hauptsächlich konservative Professoren zugemutet hatten. Vom Niederländer erwarteten sie das «System» einer Methodologie, das ich nicht liefern konnte. Verzweifelt rief ich Friedrich Kittler aus Berlin zu Hilfe, mit dem sie ebenfalls nicht zufrieden waren, weil der den frühen Foucault unter dem Einfluss von Blanchot vernachlässigte und ihnen zurief, sie sollten erst einmal die Ordnungsfaktoren des Diskurses begreifen lernen. Schließlich setzte sich die kluge Konterbande unter Führung von Arne Klawitter ab und ging mit Hans-Jürgen Staszak eigener Wege. Klawitter sollte es bis zu einer Professur in Japan bringen.

Die Spannungen der theoretischen Modelle setzten sich im Kollegium fort, sodass sich eine elektrisierende Situation ergab. Da war zum einen der Kollege Staszak, der über Literatur und Kybernetik promoviert hatte und zur Strafe nach Rumänien versetzt worden war. Schlimm war es für die Kollegen im Arbeiter-und-Bauern-Staat der DDR gewesen, an die Basis zu irgendwelchen Gewerkschaftstätigkeiten der Arbeiter und Bauern versetzt zu werden. Noch schlimmer war jedoch die Versetzung in ein «Bruderland» wie Rumänien. Als ich ans Institut kam, war Staszak ein feuriger Anhänger der These vom «Tod des Autors». Der Showdown zu dieser

Frage fand im überfüllten Literaturhaus statt, und er ging zu Staszaks Gunsten aus. Ich erinnere mich daran, mein Plädoyer für die Autorschaft mit einem Witz begonnen zu haben, den mein Freund Hans-Thies Lehmann von einer jüdischen Kunsthistorikerin in New York gehört hatte: Nach einem jüdischen Weltkongress steigen drei Rabbis in ein gelbes Taxi mit einem schwarzen Fahrer. Nach einem Block bemerkt der erste Rabbi seufzend, dass er, gemessen an den anderen, doch ein Nichts sei; woraufhin der zweite einen Block weiter hinzufügt, wenn er, der erste Rabbi, ein Nichts sei, dann sei er ja wohl das Nichts eines Nichts. Als nach einem weiteren Block der dritte Rabbi anhebt, wenn der erste das Nichts und der zweite das Nichts eines Nichts ..., tritt der Schwarze auf die Bremse, sieht sich verzweifelt um und ruft: «Wenn Sie, verehrte Rabbis vom berühmten Rabbikongress, behaupten, Sie seien ein Nichts oder vielmehr das Nichts eines Nichts, ja bin ich dann etwa ...?» Woraufhin der erste Rabbi ihn brüsk unterbricht, um seine Kollegen zu fragen: «Wofür hält der sich eigentlich?»

Ja, dachte ich, das muss bei meinem Publikum verfangen. Der «Tod des Autors» gilt nur für Autoren mit einer unverwechselbar individuellen Handschrift, nur sie können behaupten, sie seien ein Nichts – also keineswegs für Konsalik oder Simmel, sondern nur für Genies wie Michel Foucault oder Roland Barthes, die die Wucht des Nichts so wunderbar originell auslegen. Mein Beispiel überzeugte niemanden, zumindest nicht die Mehrzahl. Worin überhaupt der Witz liege, und ob er nicht antisemitisch ausgelegt werden könne? So sei er sicher nicht beabsichtigt gewesen, verteidigten mich andere. Die Verbindung des Witzes mit dem Tod des Autors blieb dem Publikum schleierhaft.

Hecht im Karpfenteich des Rostocker Kollegiums war ein Professor für Neuere deutsche Literaturwissenschaft. Den Erzählungen eines Zynikers hört man gern zu, das sagten die Studenten, und ich fand es auch. Am Anfang, erzählte man, sei er regelmäßig mit dem Motorrad aus einem anderen Bundesland nach Rostock gefahren. Er war zehn, zwanzig Jahre jünger als ich, hatte ein renommiertes Stipendium genossen und war Mitte der Neunziger an die Universität Rostock berufen worden, wo er knapp anderthalb Jahrzehnte blieb. Sein Absturz war rasant, und der Fall eines gelehrten Zynikers hat zuweilen tragische Züge. Er wurde verdächtigt, seltene Bücher aus der Bibliothek einer anderen Universität ausgeliehen, die Seiten herausgelöst und die Bücher, gefüllt mit Altpapier, in ihrem Originalumschlag in die Bibliothek zurückgestellt zu haben. Er kam vor Gericht und wurde vom Dienst suspendiert. Kurz vor seiner Entlassung traf ich ihn in der Weinwirtschaft am Neuen Markt. Es wurde ein interessanter Abend, er erzählte mir die Geschichte des Brandes in der Anna-Amalia-Bibliothek vom September 2004 in Weimar. Aus Angst vor der zu erwartenden Revision, meinte er, und er war sich sicher, hätten die Bibliothekare, die wussten, dass etwa zwanzigtausend Bücher im Lauf der Jahre irgendwie verschwunden waren und als verloren gelten mussten, nicht nur den Brand gelegt, sondern die Bevölkerung Weimars sofort aufgefordert, bei der Rettung der Bücher zu helfen. Hundertzwanzigtausend Bücher wurden gerettet, dreißigtausend waren verloren. Der Kollege erfand für seinen Krimi einen lückenlosen Indizienbeweis. Der Krimi aber wurde nie geschrieben; dann verloren sich seine Spuren. Ein Verlust für die Wissenschaft, finde ich noch immer.

Da ich beiläufig Friedrich Kittler erwähnt habe, muss ich von einem Treffen an der Berliner Humboldt-Universität erzählen. Es wird im Herbst 2000 gewesen sein. Als dritter Gutachter nahm ich an einem Rigorosum teil. Der Promovend hatte eine Dissertation über die «Narrative der Polarexpeditionen» vorgelegt, ein interessantes Thema, schlüssig, schien mir, entfaltet (es war ja auch die Stunde der «Narration»). Der Haken an der Sache war: Die Arbeit war bereits zwei Jahre zuvor abgeliefert worden; seitdem hatte man auf Kittlers Gutachten gewartet. Inzwischen hatte der Junge schon einen Beruf ergriffen, und es wurde schnell klar, dass er nicht mehr ganz «im Stoff» war. Das sollte jedoch nicht das Problem sein. Nach etwa zehn Minuten unterbrach Kittler den Vortrag mit der Bemerkung, er bedauere, dass der «Herr Kandidat» keine Schweigeminute anberaumt habe, um des Untergangs des Atom-U-Boots «Kursk» im August zu gedenken, immerhin am Polarkreis, dem Ort der Narration, auf den sich der Kandidat konzentriere. Als der Promovend verstört entgegnete, dass sich seine Geschichten Ende des 19. Jahrhunderts abgespielt hätten, winkte Kittler ab: Mit diesem Mann war nichts anzufangen.

Gegen Ende des Vortrags kam es zu einer zweiten Unterbrechung: «Herr Kandidat, kennen Sie die Truppenstärke der deutschen Wehrmacht am Polarkreis und die Stärke der Roten Armee, die ihr gegenüberstand?» Wir hielten den Atem an; denn das wusste von uns keiner. Wir konnten nur dunkel ahnen, dass aus Kittlers Sicht wohl eine kleine deutsche Truppe einem riesigen sowjetischen Truppenkontingent die Stirn geboten hatte. Dann war es still – und der Promovend bestand mit zwei Schrammen die Prüfung.

Danach sah man drei Gutachter beim Abendessen. Während Thomas Macho und Friedrich Kittler darüber stritten, ob der Satz des Pythagoras arabische Wurzeln habe, löffelte der dritte stumm seine Suppe. Bis ich mich besann, dass ich mit meinem Kindheitserlebnis einen Trumpf im Ärmel hatte: Ich wusste durch seine Kommentare zu Pynchons «Gravity's Rainbow», dass Kittler ein Raketennarr war. Als Zeitzeuge war ich überlegen, ich hatte die V2 (oder war es die V1?) wirklich mitgekriegt. Also unterbrach ich den Disput und erzählte, wie ich mit meiner Mutter im Oktober 1944 über die Dorfstraße von Jünkerath in der Eifel zum Bäcker lief und sie plötzlich nach oben zeigte und rief: «Die wird uns befreien!» Und dass sie verschwunden war, als ich in den Himmel sah. Kittler murmelte, das könne stimmen, und dachte einen Augenblick nach. Wenn die Abschussrampe der Rakete, sagte er dann, sich im Kylltal, das heißt etwa sechzig Kilometer von Jünkerath entfernt, befunden habe, könne die Rakete bei einem bestimmten Neigungswinkel beim Überfliegen von Jünkerath eine Höhe von etwa achthundert Metern erreicht haben, bei wolkenlosem Himmel wäre sie also gut sichtbar gewesen. Ich sah ihn entgeistert an, meine Trumpfkarte hatte nichts bewirkt. Er aber tröstete mich mit den Worten: «Machen Sie sich nichts draus. Die Rakete ist sowieso im Kanal abgestürzt.» Danach ging es wieder um die möglichen arabischen Wurzeln des Satzes von Pythagoras. Jedes Genie wird von Anekdoten umrankt; im Fall Kittler sollte man sie sammeln.

Wenn man einen neuen Assistenten oder eine Assistentin brauchte, konnte man ihn oder sie aus einem Pool von etwa sechshundert stellenlosen Habilitanten fischen. In meinem Fall trafen vierundachtzig Bewerbungen ein, sechs Bewerberinnen und Bewerber wurden zum Vortrag eingeladen. Mein Favorit war Stefan Andriopoulos, der eine phantastische Arbeit über Mord unter Hypnose geschrieben hatte, in der er nachwies, dass dieser kriminelle Fall, in seriösen Zeitschriften der Psychiatrie behandelt und durch Literatur und Film popularisiert, nie vorgekommen war. Sie erschien später unter dem Titel «Hypnotic Crimes, Corporate Fiction, and the Invention of Cinema» in den USA, wo Andriopoulos inzwischen Professor an der Columbia University geworden war. Ausgewählt wurde dann aber der mir zuvor unbekannte Moritz Baßler aus Tübingen, der die Methode des New Historicism an einer Novelle von Thomas Mann so erläuterte, dass das kleine Publikum in heiteres Gelächter ausbrach. Er kam aus Dithmarschen und wurde bald Libero im Fußballclub der Abgewickelten: «Die Silberlöwen vom Waldessaum». Von seinem Habilitationsplan, die Korrespondenzsysteme um 1800 zu untersuchen, riet ich ihm ab. Stattdessen schlug ich vor, den Stoff seines Seminars über die Popliteraten in vier Monaten zu einem Buch zu machen. «Die neuen Archivisten» waren ein Erfolg. Heute ist Baßler Professor in Münster.

Im Hintergrund lief eine andere Geschichte. Die infolge der Westanbindung «abgewickelten» Wissenschaftler schienen wie vom Erdboden verschwunden. Vor allem berührte mich der Fall des früheren Institutschefs, den ich einmal in Cambridge kennengelernt hatte, ein, wie mir damals schien, linksliberaler Mann, der immerhin den Druck von einigen Romanen Heinrich Bölls in der DDR durchgesetzt hatte. Nach der Wende platzte mitten in eine Institutsversammlung, in der es um den Aufbau einer neuen Germanistik ging, die Nachricht aus Schwerin, dass der Institutsleiter

Mitarbeiter der Stasi gewesen sei. Ein hoher Preis für die Erweiterung seines Bewegungsradius. Als ich ihn später in einem Café traf, erzählte er mir seine Geschichte als Widerstandsgeschichte. Es sei nicht leicht gewesen, Böll im ZK durchzusetzen. Er habe sich mit den Staatsorganen verbündet, um einen marxistischen Kollegen niederzuhalten.

1991 hatte ich mich von Helga mit den Korkenzieherlocken getrennt. Sieben herzzerreißende Jahre lebten wir zusammen, was eine Übertreibung ist, da sie oft in England war. Gegen die Eifersucht zu kämpfen, erklärte sie, sei vergeblich: «Der Rivale hat immer eine Eigenschaft, die du nicht überbieten kannst: Er ist anders.» Helga war immer eine Sensation gewesen: in der Amsterdamer Oper bei Wagners «Parsifal», in der Holzhütte am Wörthersee, wo sie beim Schreiben eines potenziellen Bestsellers nur bis zur Seite drei kam, weil dann ein Atlantiktaucher vor unserem Holzsteg auftauchte, um nach dem Weg zu fragen und um ein Tempotaschentuch zu bitten; in ihrem blauen Mercedes, in Modeboutiquen ...

Nein, die Liebe war über jeden Zweifel erhaben und die kleinen Zerwürfnisse kaum der Rede wert. Sie entstanden etwa aufgrund unserer abweichenden Einteilung der Tag- und Nachtzeiten. Als Helga in der Keizersgracht eine feudale Wohnung bezogen hatte, war es uns jahrelang nicht möglich, das Rijksmuseum, das nur fünfhundert Meter entfernt war, zu besuchen, weil es bereits um siebzehn Uhr seine Tore schloss. Ich übertreibe, wie ich in der Erinnerung an Helga alles übertreibe. Sie studierte also bis vier Uhr in der Früh die Schriften von Lacan, die mir unzugänglich blieben, und hielt es für ausgesprochen «kleinbürgerlich», dass ich gegen zwei Uhr nachts müde wurde. Wir schrieben zusammen einen Essay über Odysseus in der «Dialektik der Aufklärung» (der größte Teil war von ihr), «König Ottokars Glück und Ende» von Grillparzer war ihr Lieblingsstück. In der Trennungszeit schrieb ich, wie bereits erzählt, die «Verhaltenslehren der Kälte», und als ich Helga das Buch mit der Widmung «Dem kalten Engel dieses Buchs» übergab, bemerkte sie spöttisch: «Das Buch hast du doch mit dem Hintern auf der Heizung geschrieben.»

Ganz anders als Helga war Carrie, die ich auf einem Brecht-Kongress in Augsburg kennenlernte. Sie stammte aus Inverness an der Bodega Bay bei San Francisco. An dieser Bucht drehte Hitchcock «Die Vögel», unter dem Wasser verläuft die San-Andreas-Spalte, die immer wieder Erdbeben verursacht, von denen Carrie in ihrer Kindheit einige mitbekommen hatte. Das Haus ihres Vaters lag in Point Reyes, auf einer Halbinsel nördlich von San Francisco. Wenn in San Francisco die berüchtigten kalten Sommernebel hereinzogen, herrschte dort eitel Sonnenschein. Beim ersten Besuch hatte ich allerdings ein unheimliches Erlebnis. Wir begegneten einer alten Freundin von Carrie, die ganz unerwartet ihr herrliches Haus auf einem Steg in der Bucht zum Verkauf anbot. Von Carrie nach dem Grund gefragt, antwortete sie, sie wolle nach dem Tod ihrer Mutter jetzt endlich ihre entsetzliche Kindheit in dem einsamen Haus über dem Wasser vergessen. Kalifornien verbarg immer etwas.

Wir lebten fünf Jahre zusammen, am schönsten in der Meraner Straße am Bayerischen Platz in Berlin. Vom Hinterzimmer unserer Wohnung aus konnten wir die ehemalige dunkle Praxis des Arztes Gottfried Benn zu ebener Erde sehen. Carrie untersuchte seinerzeit die Funktion des

Schmucks in Malerei und Literatur. Nach einem Streifzug im Louvre kam sie zu dem Schluss, dass die Ketten, Broschen und Ringe auf den Gemälden erst in dem Augenblick einen erotischen Reiz ausstrahlen, in dem sie asymmetrisch auf dem Busen angeordnet sind. Die Louvre-Expedition gehört zu den schönsten Museumsbesuchen, an die ich mich erinnern kann.

Ich verkaufte zwei Bilder von Peter Herrmann, eines davon das herrliche «Ägypten in Kreuzberg», um unsere Reise nach Kalifornien zu bezahlen. Im Pazifik wurde ich einmal fast von einer Welle verschlungen, hatte aber das Glück, die Augen in den Armen zweier Rettungsschwimmerinnen wieder aufzuschlagen, die der Serie «Baywatch» hätten entsprungen sein können. Schön waren die nächtlichen Fahrradtouren mit Carrie durch Berlin, an der Grünheider Seenkette entlang oder durch den Staub des Gründorfer Muschelkalktageabbaus, unbeschwerte Tage.

Aber auch die Beziehung mit Carrie fand ein Ende, und ich verliebte mich in Rostock in eine Studentin. Es begann vor einem Rosenbusch, wir saßen auf einer Bank neben dem Hörsaal der Hautklinik, in dem ich – an den Wänden anatomische Querschnittzeichnungen von Hauterkrankungen wie einem durch Haarwurzelentzündung entstandenen Furunkel – eine Vorlesung zur Geschichte der Physiognomik hielt. Caroline war in Mölln als Atheistin groß geworden, wohl aufgehoben in der Religion der jungen ökologischen Bewegung. Sie hatte in der Lauenburgischen Gelehrtenschule in Ratzeburg ihr Abitur gemacht und war zum Studium der Philosophie und der Germanistik nach Rostock gezogen. Ein scheues Wesen mit einer konstitutionellen Furcht vor Menschenansammlungen.

Im Oktober 1997 eröffnete ich als Direktor des Instituts die Tagesordnung des Institutsrats mit der Mitteilung, dass ich mit der Studentin Caroline Sommerfeld zusammenlebe. Die Kollegen waren erleichtert, dass das offene Geheimnis nun offiziell gelüftet war. Caroline promovierte mit einer Arbeit bei den Philosophen, in der sie Kants Moralbegriff mit der französischen Moralistik verband und im Licht von Luhmanns Systemtheorie betrachtete. Sie trug den Titel «Wie moralisch werden?». Die Frage sollte mit den Jahren immer dringlicher werden.

Caroline bezauberte durch ihr glänzendes Gedächtnis, bis heute gehören viele Verse von Cat Stevens zu ihrem Repertoire, aber ihr absoluter Favorit ist Leonard Cohen. Mich hatte die Hotel-Melancholie des Stadtnomaden nie sonderlich beeindruckt, aber Caroline sang mit Hingabe: «Suzanne takes you down to her place near the river ...» Unser Lieblingscartoon stammt von Robert Gernhardt, dessen Verse Caroline ebenfalls größtenteils auswendig kann. Es zeigt einen waagerechten Strich, an dessen Ende ein kleiner Teufel steht. Unterschrift: «Wo dieser Strich zu Ende ist, da wartet schon der Antichrist.»

Zu meiner Emeritierung im Februar 2004 las Rüdiger Safranski in der Hochschule für Musik und Theater sein Kapitel über die Obduktion der Leiche Friedrich Schillers, während der Rektor der Universität meinen Abschied ignorierte. Ich hatte mir eine konzertante Aufführung von Strawinskys «Petruschka» gewünscht, das von zwei polnischen Pianisten auf zwei Klavieren furios gespielt wurde. Damit wollte ich Safranski, den Adorno-Verehrer, aufziehen. Nach seiner Rede durchschnitten unversehens die melancholischen

Klänge einer Klarinette die Gesellschaft, gespielt von einem russischen Studenten. Das Fest konnte beginnen. Abschied von Rostock.

Das Ende der sauberen Wehrmacht und der Fall der Türme

Im Wintersemester 2000/01 war ich für vier Monate Fellow am Internationalen Forschungszentrum Kulturwissenschaften (IFK) in Wien. Ein Apartment am Schwedenplatz, von dem aus unser zweijähriger Sohn auf die Straßenbahnlinien 1, 2, J, N und 21 hinunterblickte, um sie bald schon unterscheiden zu können, während ich jeden Morgen mit der U-Bahn zur Taubstummengasse fuhr, um noch am Maronistand Ecke Danhausergasse haltzumachen und den lieben langen Tag zu arbeiten.

Ich schlug am IFK einen Arbeitskreis zu Roland Barthes' Buch «Die helle Kammer» vor. Die Situation erinnerte mich an Berlin 1965: Damals war Benjamins Traktat über das «Kunstwerk im Zeitalter seiner technischen Reproduzierbarkeit» im Diskussionskreis des Argumentclubs zum archimedischen Punkt meines Nachdenkens geworden; nun wurde Barthes' «Helle Kammer» zu einer Schrift, die mich viele Jahre begleiten würde. Wie schon Benjamins Kunstwerkaufsatz empfand ich Barthes' Buch als Befreiung. Ich entnahm ihm vorerst die Erlaubnis, in Schwarzweißfotografien Fenster zur Wirklichkeit zu sehen. Zwei Sätze bildeten für mich den Kern von Barthes' Fototheorie: «Von einem realen Objekt, das einmal da war, sind Strahlen ausgegangen, die mich erreichen, der ich hier bin; die Dauer der Übertragung zählt wenig, die Photographie des verschwundenen

Wesens berührt mich wie das Licht eines Sterns. Eine Art Nabelschnur verbindet den Körper des photographierten Gegenstandes mit meinem Blick.» Wie ein «Blitz», heißt es an anderer Stelle, könne die endgültig vergangene Wirklichkeit den Betrachter im Medium der Fotografie treffen.

2001 begriff ich zwei spektakuläre Ereignisse im ontologischen Licht der «Hellen Kammer».

Sechs Jahre zuvor hatte ich die Ausstellung «Vernichtungskrieg. Verbrechen der Wehrmacht 1941 bis 1944» des Hamburger Instituts für Sozialforschung besucht. Die hier im Dunkel eines Eisernen Kreuzes gezeigten Fotografien aus den Brieftaschen in Russland gefallener deutscher Soldaten brannten sich mir tief ein: Bilder, auf denen die Erhängung weiblicher Partisanen festgehalten wurde, neben Familienfotos, die Eheschließungen oder die Kommunion der Kinder zeigen. War das der «Blitz», der den Betrachter trifft?

Die Ausstellung machte Furore und stieß auf erbitterten Widerstand. Bekanntlich wurde sie vorzeitig geschlossen. Ein polnischer Historiker hatte mit forensischer Genauigkeit nachgewiesen, dass es sich bei den Ermordeten auf einem der Fotos nicht um Opfer der Wehrmacht, sondern des NKWD handelte; er war seinerseits interessiert daran, die Verbrechen der Roten Armee aufzudecken. Umso gespannter wartete ich auf die gründlich revidierte zweite Wehrmachtsausstellung. Rückblickend kann ich sagen: Die erste hat Geschichte gemacht, die zweite Wissenschaftsgeschichte.

Nach der Neueröffnung im Jahr 2001 erschien in der Presse kaum mehr eines der Skandalfotos, die seit 1995 Gegenstand heftiger Kontroversen gewesen waren. Stattdessen fand man in der NZZ oder der FAZ Bilder von transparenten Sitzvitrinen, in denen sich die Ausstellungsbesucher über Dokumente beugten. «Man kann sich», schrieb die «Neue Zürcher Zeitung», «an zahlreiche Tische setzen, in die auf feste Tafeln aufgezogene Dokumente, Darstellungen, Karten und Schaubilder eingelassen sind. Diese Arbeitsplätze sind jeweils von Glaskästen umgeben.» Der Besucher finde sich geradezu in einem «Klinikum der Geschichte» wieder – «weiße Tafeln tragen lange Texte, weiße Stühle fordern zum Verweilen vor Quellenspeichern auf». Die Fotos vom Pogrom und Massaker in Tarnopol etwa, beobachtete der Berichterstatter der «Frankfurter Allgemeinen Zeitung», lagen in relativ kleinen Formaten aus, «eingebettet in einen Kokon aus Kommentaren und Erläuterungen», die man, auf einem von Plexiglas überdachten Stuhl sitzend, studieren konnte. «Kaum noch Bilder», «totaler Kontext», registrierte die Presse. Statt mit Schockfotos einen Affektsturm zu inszenieren, verlasse sich die neue Präsentation, so das allgemeine Lob, auf die Entzifferung von Texten. Ein Konsens hat sein Medium gefunden: Historiker suchen Evidenz lieber in Schriftdokumenten.

Die Provokation der ersten Ausstellung hatte darin bestanden, dass sie den Blick auf einen Tatbereich jenseits des begrenzten Raums der KZs, der Sonderkommandos und Polizeibataillone lenkte: ins Zentrum der Wehrmacht. Plötzlich drangen Bilder von Mordpraktiken «auf freiem Feld» in die öffentliche Wahrnehmung. Solange solche Bilder nicht vorgelegen hatten, konnten die Bildhaushalte des Krieges einerseits und des Verbrechens andererseits säuberlich voneinander getrennt nebeneinander bestehen. Der Skandal lag in der Überschreitung dieser Trennlinie. Die Ausstellung von 1995 erinnerte daran, dass die Wehrmacht die größte Schnittstelle zwischen der männlichen deutschen Bevölkerung und dem nazistischen Gewaltapparat und seiner Ideologie war. Diese Schnittstelle war plötzlich keine abstrakte Größe mehr. Taten und Täter wurden sichtbar.

Die KZ-Bilder hatten den Blick auf die händische Tat erspart, der Komplex Auschwitz konnte lange als anonymer Vorgang eines fabrikmäßigen Mordprozesses begriffen werden. Nun galt alle Aufmerksamkeit dem Handwerk von Tätern mit den individuellen Physiognomien einer Vätergeneration.

Eine Historische Kommission zur Beurteilung der ersten Ausstellung kam zu einer Erklärung des entfachten Tumults, die nicht einer gewissen Komik entbehrte. Es habe seit den Nürnberger Prozessen unter Militärhistorikern ein zwar der Öffentlichkeit prinzipiell zugängliches, aber dennoch verborgenes Wissen um die Beteiligung der Wehrmacht an den Verbrechen gegeben. Der Schock sei ausgelöst worden durch die jähe Überführung der «Insider-Kommunikation», die in der Historikerzunft gepflegt wurde, in das öffentliche Bewusstsein. Das bilderlose Arkanwissen aus den Zentren der Wehrmachtsforschung sei dabei der Eigendynamik der Bilder in den Massenmedien ausgeliefert worden.

Der unkontrollierbaren Mediendynamik, die – ohne auf die Erlaubnis der Geschichtswissenschaft zu warten – ihre eigenen Geschichtszeichen produziert, wollte die Überprüfungskommission Einhalt gebieten. Die erste Ausstellung sei «nicht diskursiv angelegt» gewesen, urteilte sie, man habe sich auf Fotografien als Evidenzhersteller verlassen. Die neue Wehrmachtsausstellung 2001 war dagegen, das zeigen schon die Berichte nach ihrer Eröffnung in Berlin, *sehr* diskursiv angelegt.

Immerhin merkte die Historische Kommission an, es sei ausgerechnet der unwissenschaftliche, rhetorische oder auch magisch-naive Einsatz der Fotos gewesen, der den Schock ausgelöst und die «Gedächtnisgemeinschaft» der Erinnerung an die Wehrmacht «massiv ins Wanken» gebracht habe. Die erste Ausstellung war eine große nachgetragene Aufklärungsleistung der Studentenrevolte; der frühere KPD/AO-Genosse Hannes Heer hatte sie mitverantwortet. Für die zweite wurde der Wert von Fotografien als historischen Quellen systematisch untersucht. 2001 erschienen die Arrangeure der ersten Ausstellung im Rückblick regelrecht als «Barbaren», textferne Gesellen. Gemessen an der neuen scheine die alte Ausstellung «dem Genre der *Arte Povera*» zugerechnet werden zu können, bemerkte Christian Semler (früher Chef der KPD/AO) in der «tageszeitung». Wie die Vertreter dieser Kunstrichtung etwa Reisigbündel, Kohle und Baumwolle mit Geräten der Zivilisation wie Neonröhren zu einer Skulptur verbanden, so schienen die Initiatoren der Ausstellung Fotos wie Fundstücke aus der rohen Natur behandelt zu haben.

Für Klaus Theweleit war dagegen gerade das «Barbarische» der ersten Ausstellung ihre eigentliche Leistung. Er verglich die Machart der ersten Wehrmachtsausstellung mit den Verfahren Pasolinis. Die Initiatoren hätten den Mut zur «notwendigen Unseriosität» besessen, den Pasolini gefordert habe, um den «faschistischen Gewalthorror» zu vergegenwärtigen. Die Ausstellung habe ein «Staging von Hinrichtungs-Akten» vorgenommen. «Genau das, was die Soldaten & ihre Kameras *gedacht* hatten beim Fotografieren, gedacht und gefühlt, wurde sichtbar gemacht, zur Kenntlichkeit montierte Dokumentation einer dominierenden Gefühlslage der deutschen Ostfeldzügler: ihre in Aufführungsform gebrachte Tötungslust.»

Die zweite Ausstellung reduzierte die Zahl der Schockfotos. An deren Stelle rekonstruierte sie die schriftlichen Befehlsketten, die von den Kommandostäben in die *killing fields* führten. Rechte, die von der revidierten Ausstellung eine Revision der Verbrechen erwartet hatten, wurden schwer enttäuscht. Das Ausmaß des Vernichtungskriegs war größer, als die erste Ausstellung hatte vermuten lassen. Der Mythos der «sauberen Wehrmacht» hätte in Rauch aufgehen müssen, aber er hält sich hartnäckig bei denen, die an deutschen Mythen hängen.

Ein zweites Ereignis des Jahres 2001, das die kommenden Jahrzehnte überschatten würde, warf die Frage der Evidenz in geopolitischer Dimension auf.

Am Morgen des 25. September 2001 stieg ich auf dem Flughafen Hamburg-Fuhlsbüttel in ein Flugzeug, das mich nach Seoul bringen sollte. Die Familie war entschieden gegen diese Reise, die Gefahr einer Thrombose aufgrund der langen Flugzeit wurde beschworen, im Grunde gab es aber nur einen schwerwiegenden Grund: Nur Selbstmörder stiegen zwei Wochen nach 9/11 in eine Boeing. Zunächst hatte ich das Gefühl, der einzige Europäer in der komplett ausgebuchten Maschine zu sein. Es schien die koreanischen Passagiere nicht zu berühren, dass die Monitore die Angriffe und die Zerstörung des World Trade Center in Dauerschleife zeigten. Später erfuhr ich, dass koreanische Studentenverbände auf Versammlungen in Seoul den Anschlag begrüßt hatten. In den englischsprachigen Medien Südkoreas fand ich nach meiner Ankunft nichts, keine Nachbereitung, keinen politischen Kommentar. Als ich einmal in Seoul einen größeren Pulk von Menschen sah, die durch ein Schaufenster einer Fernsehsendung folgten, stellte ich beim Näherkommen fest, dass es sich um ein Baseballmatch handelte. Was mich vierzehn Tage lang in Atem gehalten hatte, fand hier nicht statt. Das erstaunte mich, denn die Hauptstadt Südkoreas glich einer mittelgroßen Stadt in den USA; den Touristen zuliebe hatte man Teile der Altstadt wie in einem Naturreservat verschont.

Ich war vom Verband der südkoreanischen Germanisten eingeladen worden, dessen jährliche Konferenz im nördlichen Sorakgebirge zu leiten. Der Versammlungsort hatte mich vor der Abreise zu lieblichen Phantasien angeregt: Ich würde, stellte ich mir vor, auf einer Terrasse Tee trinken und die bizarren Formen des Gebirges betrachten, die ich von chinesischen Zeichnungen kannte, um dann in heiße Quellen einzutauchen und mich anschließend massieren zu lassen. Alles war etwas anders. Das Hotel war für gefühlte viertausend Gäste ausgelegt, mein Apartment lag im sterilen Licht weißer Neonleuchten, auf dem Weg zu den in runde Betonbecken gefassten verschiedenfarbigen Quellen im Souterrain des Hotels passierte man geschätzt hundert Duschen für kleinwüchsigere Menschen, der Massagetisch stand sichtbar für tausend Augen inmitten der Anlage ... So krass können sich Traumbilder von der Wirklichkeit entfernen.

Sollte ich allerdings erwartet haben, in Südkorea Entwicklungshilfe zu leisten, wurde ich eines Besseren belehrt: Ich traf exzellente Kolleginnen und Kollegen, die ihr Studium in Heidelberg, Frankfurt, München und Berlin absolviert hatten. Die Atmosphäre war angenehm, die Mahlzeiten machten süchtig, ich hatte also eine gute Zeit – die Ereignisse von 9/11 und ihr mediales Echo schienen sich auf einem anderen Planeten abgespielt zu haben.

Am Vormittag des 11. September hatte mich mein Assistent Moritz Baßler im Institut angerufen. Ich solle so schnell wie möglich nach Hause fahren und den Fernseher anschalten, Amerika befinde sich im Krieg. Ich kam rechtzeitig, um zu sehen, wie das zweite Flugzeug in den zweiten Turm flog. Die Losung bei CNN lautete: «America under attack». In der Zeit darauf verschlang ich täglich bis zu acht Zeitungen, ich tauchte ein in die mediale Nährlösung der Katastrophe, bis mir schwindlig wurde. Dann war ich neugierig, wie Kulturwissenschaftler das Ereignis beurteilen würden.

Einen Monat später eröffnete ich meine Vorlesung in der Hochschule für Musik und Theater in Rostock mit einigen Beobachtungen zur Berichterstattung in der Presse. Moritz Baßler, cineastisch bewanderter als ich, hatte Filme herausgesucht, in denen die Zerstörung der Türme vorweggenommen zu sein schien. Dummerweise waren die Videos mit Sicherheitsvorrichtungen versehen: Die Bilder aus «Independence Day» und anderen Filmen zerfielen vor den Augen von hundert Studis in Pixel. Was uns erst entsetzte, war bald willkommen, denn der Zerfall der Bilder schien den Zusammenbruch der Türme zu verdoppeln.

Wurde an jenem 11. September 2001 *die Wirklichkeit* wieder zu einer zentralen Kategorie der Kulturwissenschaften?

Noch am Tag des Attentats hatte der slowenische Kulturtheoretiker Slavoj Žižek von den «Phasenmomenten einer Katastrophe» gesprochen: «Wenn wir uns versehentlich mit dem Messer schneiden, vergehen einige Momente, bis zu dem Anblick der Wunde die Empfindung des Schmerzes hinzutritt. In dieser Zwischenzeit stehen wir auch jetzt; das Echo der Wunde ist noch nicht wirklich zu vernehmen. Das Phänomen ist da, aber es ist noch nicht codiert.» Es dauere eine kleine Weile, so Žižek weiter, bis man von der Empfindung des Schmerzes ins Reich des Ausdrucks gleite, das bereits von Strukturen der Sprache codiert ist. Die Lücke zwischen Schnitt und Schmerz ist, so Žižek, noch nicht durch einen Vorrat von Zeichen gefüllt, mit denen wir das Ereignis wahrnehmen und interpretieren.

Žižeks Beobachtung wurde in diesen Tagen oft bestätigt. «Die Fernseher liefen. Die Türme standen in Flammen. Jedes Wort war zu viel.» (FAZ, 13.9.2001) Überall war die Rede von der «gedanklichen Leere nach den Horrorbildern» (SZ, 13.9.2001), von einer «Situation der Lähmung» (Die Welt, 22.9.2001) oder dem «Delirium des schieren Erstaunens oder gar der ontologischen Bestürzung» (FAZ, 27.9.2001).

Journalisten und Schriftsteller bevorzugten lakonische Formulierungen, um eine vernunftgemäße Einordnung des Wahrgenommenen zu erschweren. Ian McEwan registrierte, in schierem Erstaunen «festgefroren», «das erste Flugzeug, das in der Seite des Turms verschwand, sauber wie ein eingeworfener Brief; das Paar, das ins Leere sprang, Hand in Hand; eine einsame Figur, die mit merkwürdig ausgestrecktem Arm fiel» (Die Welt, 22.9.2001). Durs Grünbein saß am 11. September um drei Uhr vor dem Fernseher und sah Bilder der Unglücklichen, «die aus Verzweiflung vor den Flammen aus den oberen Stockwerken des WTC sprangen und mit wehenden Schlipsen vor der gläsernen Fensterfront des Gebäudes herabtrudelten wie schwarze Papiertüten» (FAZ,

19.9.2001). Paul Auster sah vom oberen Stockwerk seines Hauses in Brooklyn «über den East River hinweg, wie die Rauchwolken den Himmel über der City verdunkeln. Der Wind bläst ins unsere Richtung, und der Geruch des Feuers durchdringt alle Zimmer. Es ist ein schrecklicher, beißender Geruch von brennenden Isolierschläuchen, von Kunststoff und Baumaterialien» (Die Zeit, 13.9.2001).

Wer befürchtete, dass die Bilderflut das Ereignis entwirklichte, wandte sich einer Seite des Schreckens zu, die man nicht fotografieren kann. Verena Lueken etwa ging im Auftrag der FAZ den Geruchswahrnehmungen in New York nach. Die Wahrnehmung sollte sich vom Pathos der Rhetorik lösen. Darum die Rede vom «eingeworfenen Brief» oder von den «schwarzen Papiertüten». Man regenerierte die Sinne, indem man die Horrorbilder abhängte und sich auf den beißenden Geruch konzentrierte. «Die ganze Stadt war von der Tragödie verschluckt worden», erinnerte sich Bret Easton Ellis, «sie hing wortwörtlich in der Luft, wenn man in Manhattan lebte, eine Art chemischer Gestank, der Wochen brauchte, sich zu verziehen.» Apokalyptische Bilder und Allegorisierungen wurden unterlaufen. Ulrich Raulff verglich die Implosion der Türme mit einem «abgleitenden Fahrstuhl» (SZ, 13.9.2001), Louis Begley lenkte die Aufmerksamkeit auf unspektakuläre Straßenszenen (FAZ, 14.9.2001).

Das Phänomen ist da, hatte Žižek gesagt, aber es ist noch nicht codiert. Die Situation sei für den Politiker desaströs. Er fühlt sich zur Untätigkeit verurteilt. Wenn Mangel an Beweisen und Handlungszwang zugleich herrschen und ein konkreter Feind, gegen den man sich im Akt der Dezision richten könnte, abwesend ist, entsteht eine «rhetorische

Situation» (FAZ, 13.9.2001). Dem Minimum an Feinddefinition (man weiß nicht, woher die Bedrohung kommt) antwortet ein Maximum an semantischer Ermächtigung. Da dem Politiker Hören und Sehen nicht vergehen darf, neigt er zu starken Worten. Man weiß, dass es «das Böse» ist, das «vernichtet» werden muss. Die Politik kann die Schrecksekunde nicht übermäßig ausdehnen, sie muss «das Außergewöhnliche operationabel machen» (FAZ, 16.10.2001). Ihr Codierungsapparat läuft auf Hochtouren. Der Sender CNN hat den universalen Augenzeugen geschaffen, dadurch wird er zum definitionsmächtigsten aller Nachrichtenmedien. Das Phänomen ist codiert. Die Parole ist ausgegeben, und sie wird in den nächsten Monaten ihr unkontrollierbares Potenzial entfalten. CNN war zum globalen Evidenzbeschaffer geworden.

Filmexperten und Medienwissenschaftler waren die Ersten, die sich vom Schrecken erholten. Ihre Wortmeldungen sollten die Überlegenheit angstfreier Beobachter ausstrahlen. Sie waren ins Archiv gegangen, wo sie glaubten, Schockbilder zu finden, die als Vorbote der aktuellen Katastrophe erkannt werden konnten. Jetzt trumpften sie mit der Behauptung auf, Herkunft, Fabrikation und Struktur der Bilder bereits zu kennen: «Jede mögliche Katastrophe ist als Angst-Bild in der Bildermaschine gespeichert, einschließlich terroristischer Angriffe auf Atomkraftwerke.» Oder: «Das Kino hat uns gelehrt, mit solchen Bildern umzugehen.» (Die Zeit, 17.9.2001) Die Wissenden der ersten Stunden meinten offenbar über den Schutzschild des Perseus zu verfügen, mit dem sie den Schrecken Medusas auffingen. Eine Reihe von Filmen wurde aufgezählt: «Godzilla», «Die Klapperschlange», «Air Force One», «Armageddon», «Mars Attacks!», «Independence Day», «Stirb langsam» ...

Aber selbst Medienwissenschaftler sind, Gott sei Dank, problematische Naturen. Bald schon wurde der Verdacht geäußert, dass der Gang ins Bildarchiv die Fluchtbewegung einer Generation sein könnte, die versucht, «den Schrecken zu bannen» (FAZ, 13.9.2001). Wenige Tage, nachdem Georg Seeßlen die kinematographische Herkunft der Schreckensmuster, die unsere Wahrnehmung steuern, enthüllt hatte (taz, 13.9.2001), gab er zu bedenken, ob die Analogien von Kino und Katastrophe das Entsetzen nur «maskierten». Fünf Wochen später glaubte man zu erkennen, dass in der frühen Phase nur vertraute Schemata abgerufen worden waren: «Man bemühte die üblichen Analyseapparate und integrierte das Entsetzen in die übliche Pop- und Ironisierungsmaschine.» (FAZ, 16.10.2001)

Über eine Woche lang waren allegorische Geschichten von den zwei Türmen erzählt worden. Klaus Theweleit verglich den Angriff auf das World Trade Center mit der Kultserie «Twin Peaks» von David Lynch. Die «Twin Peaks», «das waren die Brüste der vergewaltigten Tochter ... Das positive Gegenstück dazu sind die Twin Towers, der doppelte Schwanz ... Der Anschlag auf diesen Doppelphallus war, banal gesagt, ein Tritt in die Eier, der auch auf den Kopf zielte.» (taz, 19.9.2001)

Solche Geschichten konnten nur jene erheitern, die dem Pathos der apokalyptischen Erzählungen, die bald die amerikanische Politik antreiben sollten, zu entgehen versuchten. Dass sie zur Entlastung vom Schrecken erzählt wurden, ist verständlich, aber erklären konnten sie gar nichts. Vielmehr trat mit ihnen ein blinder Fleck der Kulturwissenschaften zutage: die Wirklichkeit. So begann die sonderbare Rede vom «Einbruch des Realen», die man Baudrillards Buch über die «Agonie des Realen» entnahm, wobei man sich im Film «Matrix» rückversichern durfte.

Der Auftritt der Cineasten und Medientheoretiker als überlegene Decodierer endete vorläufig mit ihrem zerknirschten Abgang. Der Anschlag auf das World Trade Center drohte zur Sternstunde ihrer Kritiker zu werden. Hatten die nicht immer schon prophezeit, dass sich die Medientheoretiker den Kopf an der Mauer des Wirklichen blutig stoßen würden? Asche und Staub waren ins Feld der Imagination eingedrungen.

Aufgrund der Erfahrung mit den Wehrmachtsausstellungen wie mit der Medienreaktion auf 9/11 beschloss ich sechs Jahre später, das Problem der Evidenz zum Schwerpunkt meiner Zeit im IFK zu machen.

Deltaplan in Wien

Im März 2006 erreichte mich im fernen Bloomington (Indiana) die Nachricht von Karin Harrasser, dass die Direktorenstelle des Internationalen Forschungszentrums Kulturwissenschaften in Wien ausgeschrieben sei. Hans Belting, den ich als einen der großen Kunstphilosophen schätze und dessen Buch über die Bild-Anthropologie mich sehr beeinflusste, hatte vorzeitig gekündigt. Ich hatte Glück. Ab Oktober 2007 durfte ich die Station meiner Berufslaufbahn antreten, die mir die tiefste Befriedigung verschafft hat. Bis zu zweihundertfünfzig internationale Wissenschaftlerinnen und Wissenschaftler bewarben sich jedes Jahr für ein Fellowship, vierzehn wurden von einer unabhängigen Kommission ausgesucht (der ich als Institutschef nicht und überhaupt kein Österreicher angehören durfte, die Furcht vor Vetternwirtschaft war erheblich!), acht von beinahe hundert Bewerbern für ein Junior Fellowship durfte ich zusammen mit Viola Eichberger und Lutz Musner auswählen. Einige Jahre hielt ich den Grundsatz durch, keine Freunde als Fellows einzuladen. Ich wollte mich damit von den familiären Netzwerken der Kulturwissenschaften in Deutschland abgrenzen.

Ein Höhepunkt war für mich die Dissertationswerkstatt mit acht Junior Fellows. Ein schieres Glück unbeschwerten intellektuellen Austausches waren die Sommerakademien in Maria Taferl, in herrlicher Landschaft mit Blick auf die Donau. «Die Macht des Zufalls» war das Thema der ersten, es folgten: «Archive des Bösen», «Übersetzung als Kulturtechnik», «Schwarz-Weiß als Evidenz», «Die Regeln des Spiels» und andere. Dass ich Gelegenheit bekam, inspirierende Zeitgenossen als «Gäste des Direktors» persönlich einladen zu dürfen, ließ mein Herz höher schlagen: Renate Lachmann (Konstanz), Monika Wagner (Hamburg), Oskar Negt (Frankfurt), Hartmut Böhme (Berlin), Inka Mülder-Bach (München), David Sabean (Los Angeles), Jürgen Trabant (Berlin), Christopher Wood (New York), Hans-Jörg Rheinberger (Berlin), Karl-Siegbert Rehberg (Dresden), Eric Santner (Chicago), Eva Geulen (Berlin), Dan Diner (Dresden), John und Jean Comaroff (Chicago), Jacques Le Rider (Paris), Karl-Heinz Kohl (Frankfurt), Christine Abbt (Zürich), Anson Rabinbach (New York), Eva Horn (Wien), Tony Kaes (Berkeley), Céline Trautmann-Waller (Paris), Martin Warnke (Hamburg), Gerhard Neumann (München), Jan-Dirk Müller (München), Gertrud Koch (Berlin), Michael Hagner (Zürich), Cornelia Zumbusch (Hamburg), Steffen Krüger (Oslo), Katja Petrowskaja (Berlin), Peter Geimer (Zürich/Berlin), Hans-Thies Lehmann (Frankfurt), Günter Oesterle (Gießen) ... Man kann es mit dieser Kaskade von Namen so halten, wie ich es bei der Lektüre von Nick Hornbys Roman «High Fidelity» hielt, der gefühlt hundert Namen von Bands und Songs nennt, die Stimmungen der Melancholie, der Angst und des Glücks auslösen sollen – von denen ich aber höchstens zwanzig Prozent kannte. Auf jeden Fall waren meine Gäste alles «Kapazunder», wie man in Wien sagt, Kapazitäten. Sie breiten den Teppich zweier durch viele Fäden miteinander verwobenen Wissenschaftsgenerationen aus. Ich schließe nicht aus, dass eine jüngere Wissenschaftsgeneration in dieser bunten Schar wilder und braver Denker, unter die ich mich gesellte, später einmal die geschlossene Formation eines Denkstils erkennen wird, der endgültig vergangen ist.

Ganz problemlos war mein Anfang am IFK aber nicht. Ich fühlte mich von Widerständen umgeben, die in den vorangegangenen Jahren entstanden waren. Mitgebracht hatte ich für diesen Fall den sogenannten Deltaplan aus den Niederlanden. Es mag etwas zu dramatisch wirken, wenn ich meinen Umgang mit Widerständen am IFK am Modell des Wassermanagements erläutere, aber mein Verhalten erhält so vielleicht plastischere Konturen.

Anlass zur Konstruktion der Deltawerke war die Flutkatastrophe von 1953, bei der im Süden der Niederlande 1835 Menschen und über zweihunderttausend Tiere ums Leben kamen. Es war die größte niederländische Sturmflutkatastrophe der Neuzeit. Um das Land in Zukunft besser zu schützen, gründete die Regierung 1953 die Deltakommission. Ab 1958 wurden die ersten Sturmflutsperren in Betrieb genommen, die gesamte Anlage war nach fast vierzig Jahren 1997 vollendet. Der Deltaplan steht im Gegensatz zum Prinzip eines Abschlussdeichs, wie ihn die Niederlande zur Landgewinnung und zum Küstenschutz 1932 gebaut hatten. Sigmund Freud hatte an diesem starren Riegel, der die Zuiderzee vom offenen Meer trennte, die Beziehung der Ich-Instanzen zum anflutenden Es erläutert. Der Deltaplan setzte an die Stelle starrer Abwehrbarrieren eine Reihe von beweglichen Flutsperren und Schleusen, die die herannahenden Fluten ins Land ließen, kanalisierten und zur Umkehr brachten.

So, dachte ich, war mit Widerständen umzugehen. Ich

folgte also dem niederländischen Wassermanagement (anders übrigens als Harry Mulisch, der in seinem Essay «Das sexuelle Bollwerk. Sinn und Wahnsinn von Wilhelm Reich» den Gedanken durchspielt, ob es nicht sinnvoller wäre, in die Schlammfluten einzutauchen, um sie zu verstehen, statt sie abzuwehren). Es hätte vielleicht nähergelegen, mich an die Maxime aus Graciáns «Handorakel» zu halten, dass «ein schöner Rückzug» auch viel wert sei, oder an den Aphorismus von Ernst Jünger, beim Seilziehen gehe der als Sieger hervor, der einfach loslasse – aber ich hatte nun einmal das niederländische Modell im Kopf, und tatsächlich ließ sich so die von Querelen aufgeraute Situation am IFK rasch befrieden.

Ein Münchner Maler hatte mir einmal gesagt, Berlin sei eine Transitstraße in den Osten, München eine konzentrisch angelegte Residenzstadt im Voralpengebiet. Nun waren wir in Wien und staunten, dass die Stadt fast auf dem «Balkan» lag, sich aber keineswegs als Transitstraße in den Osten begriff. Zum Schutz vor der ungeliebten Transitfunktion hatte sich die Stadt mit Ringen und Gürteln umgeben, wodurch, schien mir, das «Balkanische» (in der ganzen Diffusion des Stereotyps einer Kultur zwischen Europa und einem Orient ohne Schleier und ohne Koran) zu höherer Verdichtung kam.

Als ich kurz nach der Wende einen Wiener Kollegen, der ein glühender Anhänger von Wien als Hauptstadt Mitteleuropas war, am Schwarzenbergplatz traf, stiegen gerade Touristen aus Polen, Ungarn und der Slowakei aus ihren Bussen. Entsetzt wandte sich der Verehrer Mitteleuropas ab: «Jetzt entleert sich das Armenhaus des Ostens in unsere schöne Stadt!» Für viele war «Mitteleuropa» ein Phantom gewesen, das sich aus Joseph Roths «Radetzkymarsch» und Claudio Magris' schönen literarischen Wolken speiste.

Nicht das Disneyland der Ringstraßenarchitektur beeindruckte mich. Es war der regelmäßige Takt der Wiener U- und S-Bahn, der Straßenbahnen und Busse, den ich als Qualität, die sich vom Roten Wien erhalten hatte, als wohltuend erfuhr. Der Verkehr pulsierte durch ein Netz, dessen Stationen seltsame Namen trugen: Erdbrustgasse, Rochusgasse, Leibenfrostgasse, Schlachthausgasse, Kardinal-Nagl-Platz, Ziegelofengasse, Pilgramgasse, Camillo-Sitte-Gasse, Rennbahnweg, Siebenhirten, Floridsdorf, Heiligenstadt, Taborstraße, Taubstummengasse und so weiter und so fort. Vom steten Rhythmus der Wiener Linien umgeben, ergab sich ein Arbeitstakt, in den ich mich gut einfinden konnte.

In die Staatsoper gingen meine Fellows oft, ich dagegen nie. Ich bevorzugte das Theater an der Wien, wo ich mit Karin großartige Barockopern von Rameau oder Händel sah. Höhepunkt meiner Burgerfahrung war die Oper «Mea Culpa», in der Christoph Schlingensief (vom Tod schon gezeichnet, wie jeder wusste, aber keiner sah) die Bühne mit dem Moonwalk betrat. Michael Jackson war am Morgen gestorben. Auch der Auftritt von Gerhard Polt mit der Musikgruppe Biermösl Blosn im Burgtheater war ein Highlight.

Mein Verhältnis zur Wiener Hochkultur ist also kein Ruhmesblatt. Nicht, dass mich Hochkultur nie berührt hätte. Ich habe, noch als Student, Leonard Bernstein als Dirigent in London gehört, später Randy Newman im Concertgebouw Amsterdam, Frank Zappa in der Deutschlandhalle in Berlin und in Brüssel Verdis Oper «Macbetto» zusammen mit Helga, mit der ich auch «Herzog Blaubarts Burg» von

Bartók in Amsterdam sah, wo sie mich darüber aufklärte, dass Mordlust und Liebe in der männlichen Psyche verschmelzen. Auf der Berliner Waldbühne erlebte ich «Die Zauberflöte». «Die Masse befand sich bei der Freilichtaufführung», wie ich einer Freundin schrieb, «in einem wunderbar zerstreuten Zustand, die Toiletten wurden während der schönsten Arien frequentiert, es wurde gepicknickt, und man hockte in Festgarderobe oder Wintersportanorak auf Schlafsäcken, es wurde geraucht ... Was will man mehr. Die Königin der Nacht flatterte in weit entfernten Baumwipfeln, und zum Schluss zog sie ihr Kleid der Finsternis aus und das Kleid der Gattin Sarastros an – ein wunderbarer Personawechsel, wenn man ihn auch umdrehen kann ...»

Ich liebe die stilleren oberen Räume des Wiener Belvedere, wo ich in Seelenruhe die Bilder von Wilhelm Leibl und Ferdinand Georg Waldmüller betrachten kann; Bilder des «Zigeuner-Müller», wie mein Kunstlehrer Achterfeld Otto Mueller nannte, fand ich in der obersten Etage der Albertina, ebenfalls ein Ort der Meditation. Am Kunsthistorischen Museum schätze ich, dass man sich Brueghel vom Sofa aus ansehen darf. Die Ausstellung von Monika Faber über Fotografie und Wissenschaft im 19. Jahrhundert in der Albertina war für mich ein Meilenstein der Fotografiegeschichte; die Ausstellung «Rubens: Kraft der Verwandlung» im Kunsthistorischen Museum, die ich im Dezember 2017 zusammen mit einer Freundin besuchte, war eine Augenweide der Metamorphosen.

Und die Wiener? «Mit Wienern langweilt man sich offensichtlich nie», notierte ich 1989, nachdem ich in Klagenfurt lange mit einem Wiener Kollegen gesprochen hatte. «Es muss aber zuerst geklärt werden, dass man keineswegs auf

Österreicher niederschaut, da Niederschauen vielmehr ganz gegen meine Natur ist; das allerdings hätte ich dem Kollegen nicht sagen dürfen. Sonst schätze ich am Wiener, dass die Gedanken gleich hinter den Zähnen beginnen und die Gesinnung nur als kleiner taktischer Nachschlag hinter der Rhetorik serviert wird.»

Ein Jahr nach meiner Ankunft in Wien hatte ich ein verblüffendes Erlebnis. Zum zweihundertsten Todestag von Joseph Haydn organisierte das IFK zusammen mit der Musikuniversität im Barocksaal der alten Universität eine Festveranstaltung. Festredner sollte Herbert Lachmayer sein, der gleichzeitig in Eisenstadt eine fabelhafte Haydn-Ausstellung kuratiert hatte. Ich kannte ihn noch aus dem Jahr 1986, damals erschien er mir als ein Virtuose, der auf verschiedenen Grenzlinien zugleich balancierte. Anregend in jedem Fall. Ich prägte mir einen Spruch von ihm ein, an den er sich selbst selten hielt: «Energien bezieht man aus der Bremse, Herr Lethen.» Seine Mozart-Ausstellung hatte ihm internationale Reputation verschafft.

Zwei Tage vor dem Haydn-Fest trafen wir uns zur letzten Vorbesprechung im Café Landtmann. Lachmayer war am Boden zerstört: Die Mozart-Ausstellung hatte einen Berg von Schulden hinterlassen, und er fühlte sich über Nacht von Wiens High Society gemobbt, wie der Hochstapler Graf Strapinski in Kellers Geschichte «Kleider machen Leute». Sein Auftritt schien bedroht; aber ich kannte die Wiener nicht. Die Veranstaltung wurde in verschiedene Säle übertragen, die Kammermusik war exzellent, Minister Hahn sprach – und dann kam Herbert Lachmayer. Er redete wie immer frei, fast eine Stunde lang, und ich schwitzte, denn es wollte kein Ende nehmen. Als es dann doch zu Ende war, erhob sich der Saal vor Begeisterung, und der Minister ließ es sich nicht nehmen, Lachmayer, zwei Tage zuvor noch der «Bankrotteur», auf der Bühne zu umarmen. Freunden, denen ich davon erzählte, sagten: Ja, das ist Wien, Nestroy hat recht.

Der Kaffee und die Kellnerin Celina im «Espresso», wo ich mich jeden Mittwochmorgen mit Michael Rohrwasser treffe; die Spiele der Champions League in der englischen Kneipe «Lizard» oder mit Jörg, dem Psychoanalytiker, im «Golden Harp» auf der Johnstraße; der Sound im «Wirr»; die besten Minikrapfen im «Blocher» auf der Stiftgasse; die rote Couch im Dienstzimmer des IFK auf der Reichsratsstraße; und Petra Radeczki, die Seele des Unternehmens, in der Rezeption. Es ging mir gut.

Karl und Klaus waren im «Zwerglgarten» in der Piaristengasse und in der «Kindergruppe Amerlinghaus» glücklich untergebracht, später gingen sie zur Waldorfschule Wien West am Saum des Lainzer Tiergartens, ihre Lehrerinnen liebten sie über alles. Caroline sang in einem Chor mit Migrantinnen unter der Leitung eines türkischen Dirigenten am Yppenplatz und übernahm Seminare und Vorlesungen am Institut für Philosophie über Luhmanns Systemtheorie, französische Moralistik, Montaigne, Machiavelli, Kant und Nietzsche. Wir wohnten im achten Bezirk auf der Stolzenthalergasse unter dem Dach mit einer Wohnlandschaft auf rötlichen Lärchenholzdielen und einer Dachterrasse von dreißig Quadratmetern, von der man im Liegestuhl die Sterne über der Stadt betrachten konnte – bis die Wohnung im Besitz der Pensionsversicherungsanstalt unerschwinglich wurde und wir in die Burggasse im siebten Bezirk umzogen.

In meinem Stellvertreter Lutz Musner, der mit dem ersten Direktor Gotthart Wunberg, Gott hab ihn selig, das Institut nach dem amerikanischen Modell eines Center for Advanced Studies auf Erfolgsspur gebracht hatte, traf ich auf einen Wissenschaftler, der den harten Kern der britischen Cultural Studies verteidigte und so ein Gegengewicht zu den deutschen Kulturwissenschaften bildete, die sich zu jener Zeit auf Diskurse der Erinnerung konzentrierten.

Die britischen Cultural Studies waren in Birmingham aus einer Entfremdungserfahrung von Wissenschaftlern entstanden, die aus der Arbeiterklasse stammten. Raymond Williams oder Stuart Hall waren dem Oxbridge-Milieu der britischen Klassengesellschaft ausgesetzt gewesen. Ausgangspunkt ihrer Forschung war das Erstaunen, dass den Kultivierten jegliches Wissen darüber fehlte, wie das Leben der *ordinary people* tatsächlich vor sich ging. War zu Anfang in Birmingham vor allem der Konflikt von Arbeiterkultur und elitärer Nationalkultur ausschlaggebend, so spielten im weiteren Verlauf die gesellschaftlichen und kulturellen Marginalisierungserfahrungen von Minderheiten und Migrantinnen, von Frauen und sexuell Diskriminierten eine wesentliche Rolle. Die kritische Auseinandersetzung mit Marginalität, Diskriminierung und den damit korrespondierenden Selbstbildern bildete den Schwerpunkt der Cultural Studies. Er bestimmte ein Credo, das Lawrence Grossberg in Anlehnung an Stuart Hall formulierte: Cultural Studies wollten zu einem besseren Verständnis der Machtbeziehungen zwischen populären Kulturen und der herrschenden Kultur führen. Die Birmingham School verband die Überzeugung, ein solches Wissen könne die Menschen instand setzen, die Machtbeziehungen zu verändern. Ihre Projekte waren politisch; sie zogen sich nie auf ein neutrales Reservat rein ästhetischer Betrachtung zurück.

Das konnte man von den deutschen Kulturwissenschaften, die sich an theoretischen Größen wie Aby Warburg, Walter Benjamin und Georg Simmel orientierten, nicht unbedingt behaupten. Ich empfand sie eher als eine schwebende Strömung. Umso wichtiger war es für mich, dass der Widerhaken der britischen Cultural Studies in den Tagungen des IFK immer spürbar blieb.

Mit dem Schwerpunkt «Kulturen der Evidenz» wollte ich erst einmal wieder den Blick auf die Wirklichkeit ermöglichen. Das hört sich seltsam an. Das Rätsel löst sich erst auf, wenn man sich vor Augen führt, dass jahrzehntelang Vortragende der Kulturwissenschaften bei Erwähnung der «Wirklichkeit» mit ihren Fingern Anführungszeichen angedeutet hatten. Keiner sollte auf die Idee kommen, dass hier wirklich von Wirklichkeit gesprochen werde. «Ontologie» galt als Todsünde, die niemand begehen wollte. Die Wirklichkeit sollte ein Hintergrundrauschen bleiben, vor dem sich die Konstruktionen der Medien abhoben. Konsens war, dass alle Phänomene ein Ergebnis kultureller Codierung sind. Der Ansatz war produktiv, insofern er Machart und Material der Medien erkennen ließ. Doch die Einebnung der Phänomene in die Diskurslandschaft der Konstruktionen vergaß die Gewissheit von und die Sehnsucht nach einer Wirklichkeit hinter dem Schirm der Konstruktionen. Und sie vergaß den Stoff, mit dem die Medien ihre künstlichen Wirklichkeiten fabrizieren: die

Leidenschaften, physiologischen Zustände, Nervenreize, Müdigkeiten und Sehnsüchte.

Insofern richtete sich der Schwerpunkt «Kulturen der Evidenz» polemisch gegen die Vorherrschaft des Poststrukturalismus. Es gibt eine handliche Formel, die den Widerspruch erklärt: «Evident ist, was einleuchtet, weil es aufscheint.» Dahinter verbirgt sich eine fundamentale Wende. Die Objekte sind nicht nur als von der Wahrnehmung «adressierte» vorhanden, sie strahlen ihrerseits aus, bieten Widerstand und haben ihre Tücken. Dem hielt der Sprachwissenschaftler und Freund Ludwig Jäger, der im Lauf der Jahre zu meinem wichtigsten Antipoden wurde, entgegen, dass alle Schauplätze der Evidenz mediale Bühnen seien, auf denen das Wirkliche nicht unvermittelt in Erscheinung treten könne. Die Auseinandersetzung endete mit dem Eingeständnis, zumindest die Sehnsucht nach Evidenz anzuerkennen, als einen Wunsch nach Rückgewinnung der Schwerkraft der Dinge in der stets dünner werdenden Atmosphäre der Digitalisierung.

Als ich die Rede vom «Realen» noch mit der Rückbindung an vorgängige Naturbedingungen verband, war klar, dass ich nicht die Hauptströmung der Kulturwissenschaften vertrat. Ich ging davon aus, dass die Natur dem Menschen vorgegeben ist. Die Erforschung dessen, was die Natur aus dem Menschen macht und der Mensch mit der Natur, trieb mich um. Mit dem Verdacht des «Biologismus», den ich damit erregte, konnte ich leicht umgehen. Werke wie Konrad Lorenz' Buch «Die Rückseite des Spiegels» über die Naturgeschichte des Denkapparats, Arnold Gehlens Hauptwerk «Der Mensch», Nikolaas Tinbergens Tierverhaltensforschung oder Rudolf Bilz als Paläontologe waren in den

Kulturwissenschaften seinerzeit nicht zu Hause, ich wollte sie einbürgern. In einem Brief an Erhard Schüttpelz in Siegen schrieb ich: «Ist es die genuin deutsche Flucht vor ‹Ontologie›, die als Schwungrad die Karriere der Medientheorie befördert hat? Ist es die Instabilität des ‹Essentialismus›, der allem zugrunde liegt, oder nur die Wiederholung des Neukantianismus, für den alles symbolische Konstruktion ist? Auf jeden Fall beobachte ich, dass, kaum ist das Stichwort ‹Evidenz› ausgegeben, sich das Blatt zu wenden beginnt.»

Auf der letzten Seite meines Buchs «Der Sound der Väter» notierte ich einen Satz von Gottfried Benn, um den mein Denken seither kreist: «Der menschliche Leib ist ein metaphysisches Massiv, aus ihm steigen die Geheimnisse, ohne ihn keine Freiheit und kein Fluidum, ohne ihn keine Erkenntnis, in ihm allein entwickelt der Tod sein Feld.» Mit diesem Wahlspruch blieb ich vorerst ein fremder Vogel im Reich der Kulturwissenschaften. Kopfschütteln, als ich Evidenz, Biologie und das Reale ins Spiel brachte, Empörung, wenn ich gelegentlich anmerkte: «Das hat die Natur so eingerichtet», während es doch eigentlich die Natur des «Neoliberalismus» gewesen sein sollte. Unnachgiebige Abwehr, als ich einen Adventskranz im IFK aufhängen wollte. Das hatte noch gefehlt!

Das Programm «Kulturen der Evidenz», das ich dem IFK verschrieben hatte, klingt in seiner Polemik gegen den Poststrukturalismus und mit dem politischen Bezug zur Birmingham School allerdings martialischer, als es dann in der Umsetzung war. An dem Konzept einer Konferenz über die Geschichte der Stoa lässt sich ablesen, wie ich dem Unternehmen die Wucht des Kämpferischen nahm. Schon mein Deltaplan am IFK entsprang einer stoischen Haltung, von deren Geschichte ich allerdings nur eine vage Ahnung hatte. Die Lehre der Stoa musste entschieden mehr enthalten, als das niederländische Wassermanagement hergab. Also entwarf ich zusammen mit Justus Fetscher aus Mannheim den Grundriss einer Stoa-Konferenz: Im Brennpunkt sollten stoische Haltungen in der westlichen Kultur vom 17. bis ins 21. Jahrhundert stehen.

Die «Moderne», die etwa mit der Französischen Revolution einsetzt, bildet ein grelles Panorama stoischer Haltungen aus, mit denen riskante Situationen zu bewältigen waren. Sie dienten der Abwehr oder der Balancierung der so befreienden wie verunsichernden Dynamik des Lebens, das sich mit der Industrialisierung ungeahnt beschleunigte. In dem Maße, in dem die individuellen oder kollektiven Erwartungen von der Dynamik der Modernisierung erschüttert wurden, entwickelten die in ihr agierenden Subjekte einen Fächer von kulturellen Gesten und Masken, mit denen sie ihr Leben unter Kontrolle behalten und Respekt erwerben wollten. Das 19. Jahrhundert, als historischer Zeitraum der industriellen Arbeit und der szientifisch-technischen Naturbeherrschung, erzeugte mit mechanischem Fleiß und zuweilen selbstzerstörerischer Objektivität Idealtypen der Naturwissenschaftler und Mediziner, die bei ihren Operationen stoisch gleichmütig agierten.

Im Gegensatz zum römischen Stoizismus, der zu einem kontemplativen Leben anleiten wollte, wird die stoische Haltung jetzt zum Moment des Arbeitsvollzugs, Teil des beruflichen Habitus. Auch Künstler zeigen sich nun demonstrativ spröde gegenüber dem Publikum, von dem sie abhängig sind. Den Schwankungen des populären Geschmacks begegnen sie mit einer kühlen *impassibilité*, die sich mit Hilfe von Praktiken der naturwissenschaftlichen Arbeit (der Schriftsteller als Chirurg) gegen innere wie äußere Anfechtungen immunisieren will. In der jungen Disziplin der Soziologie setzt sich dieser Habitus ebenso durch.

Was sich aber als Askese der Wissenschaftlerinnen und Wissenschaftler, der Künstlerinnen und Künstler ausnimmt, als Zurücknahme des Selbst, Einschränkung und Leugnung der Affekte und der Einbettung des Subjekts als ein Ding der Körperwelt, ist zugleich narzisstisch. Man genießt es, die Ungerührtheit zur Schau zu stellen. Damit zieht man eine doppelte Aufmerksamkeit des Publikums auf sich: eine, die die affektive Kälte dieser Haltung fasziniert, und eine andere, die nicht aufhören mag, nach minimalistischen Zeichen der Doch-Bewegtheit, nach Wärmeressourcen zu suchen. Es darf nicht sein, dass das «Naturrecht auf Wärme» (Plessner) ohne Not preisgegeben wird.

Nicht wenige Genres heutiger Medienkultur (vom Italowestern bis zu den «Terminator»-Filmen) leben von den

Varianten stoischen Gleichmuts. Sie aktualisieren die Opposition von Empörung und Hartherzigkeit, Panik und Gleichgültigkeit. Man trifft sie in der Arbeitswelt und im Forschungsbetrieb an. Sie ist spürbar als zur Schau getragene Indolenz im sozialen Nahraum oder als ingenieurshafte und militärische Kälte in den historischen Avantgarden zwischen 1910 und 1940.

Zeigte dieses – leicht von der «Dialektik der Aufklärung» gefärbte und weitgehend von Justus Fetscher erfundene – Konzept vielleicht sogar einen Rückzug in eine ungerührte ästhetische Betrachtung der Geschichte, die gänzliche Abkehr von der Tradition der Birmingham School an? Inzwischen hatte mich der Gedanke der Unverfügbarkeit der Geschichte so geprägt, dass mir ein stoischer Rückzug angemessen schien; zumindest begleitete mich diese Idee schon seit der Zusammenarbeit mit Kittsteiner. Während ich mich in die Stoa zurücklehnen wollte, schloss Kittsteiner sich in seinen letzten Lebensjahren der globalisierungskritischen Bewegung Attac an.

Im Juni 1981 hatte ich zusammen mit Kittsteiner auf dem Internationalen Georg Büchner Symposium in Darmstadt einen Vortrag über die «Gleichgültigkeit zur Geschichte in Büchners ‹Woyzeck›» gehalten. 2008 lud ich Kittsteiner zu meiner ersten IFK-Konferenz über die «Unanschaulichkeit der Geschichte» ein. Er hielt dort einen Vortrag mit dem Titel «Konkretionen der Zeitgeschichte» und las Auszüge aus dem ersten Band seiner Deutschen Geschichte, die auf fünf Bände angelegt war. Diejenigen, die mit einer Erläuterung seiner Idee der «Stabilisierungsmoderne» gerechnet hatten, überraschte er mit Erzählungen des Söldners Peter Hagendorf, dessen Aufzeichnungen aus dem Dreißigjährigen Krieg im Jahr 1625 beginnen. Statt ein theoretisches Modell vorzuführen, begab sich Kittsteiner in das Gestrüpp eines Überlebenskampfes in den unübersichtlichen Niederungen des Gemetzels, in denen jeder Sinn abhandengekommen war.

Kittsteiner gelang es während der Konferenz, mit Egon Flaig eine günstige Stehkarte in der Wiener Staatsoper zu ergattern (in der ersten Pause wurden frei gebliebene Sitzplätze in Beschlag genommen, so hatte er immer einen guten Platz am Rande der Hochkultur). Sechs Wochen später, an einem Montagmorgen um zehn Uhr, rief Egon Flaig mich an, um mich vom unerwarteten Tod des Freundes am 18. Juli 2008 zu benachrichtigen. Er war mit sechsundsechzig Jahren gestorben. Ich fand es ungerecht, dass ich ihn überleben sollte. Um elf Uhr bat mich die FAZ, einen Nachruf zu schreiben. Gott sei Dank gab mir die Redaktion nur drei Stunden Zeit, sonst wäre ich an dieser Aufgabe gescheitert.

Eigentlich hatten wir beide vorgehabt, uns in hohem Alter in ein meernahes Kloster zurückzuziehen, als Arbeitsasyl. Dass ich stattdessen 1998 eine neue Familie gründete, hat er mir nie verziehen. So hatte sich die Kühle der Entfremdung zwischen uns geschoben. Kontaktaufnahmen lehnte er in seinen letzten Jahren ab, er wollte in Ruhe seine Deutsche Geschichte beenden. Hortense von Heppe sorgte nach Kittsteiners Tod dafür, dass sein Nachlass von der Viadrina in Frankfurt an der Oder übernommen wurde und dass der Hanser Verlag den fast fertigen Band «Die Stabilisierungsmoderne. Deutschland und Europa 1618–1715» veröffentlichte. Die «Gleichgültigkeit der Geschichte» hat uns beide über die Spanne von fast dreißig Jahren verbunden.

Die Ausgangsthese unseres «Woyzeck»-Vortrags und des später publizierten Essays von 1981 klingt noch immer magistral: Es sei Georg Büchner in seinem «Woyzeck» gelungen, eine von optimistischer Geschichtsphilosophie und Theologie leergeräumte Landschaft zu entfalten; damit sei ein Vakuum entstanden, das bis heute einen unwiderstehlichen Sog auf Sinnversteher ausübe. Die Interpretationen des Dramas liefen sofort auf Hochtouren: Die Theologen registrierten mit Genugtuung, dass es keine Fluchtpunkte und Sinnzentren am bloß historischen Horizont gibt (der Held kämpft nicht für das Fernziel einer sozialen Utopie). Darum schafften sie den «Verborgenen Gott» aus der Vertikalen herbei. Die Agnostiker erbauten sich an der «metaphysischen Leere», die den Blick auf das irdische Jammertal zurücklenkt, in dem sie entweder den Keim der Revolte aufspürten oder - philanthropisch herabgestimmt - die Vorzüge einer sanften Psychiatrie oder milden Justiz zu schätzen lehrten. Beide Auslegungen lockten schließlich eine Spielart des «schwarzen Populismus» hervor, der sich von der absoluten Fremdheit einer Figur der Unterschicht verzückt zeigt, die sich in keiner rationalen Sprache des Bürgertums, weder der juristischen noch der psychiatrischen, definieren lässt und sich auch dagegen sperrt, marxistisch vereinnahmt zu werden.

Von diesen Sätzen ist nach fast vierzig Jahren keiner veraltet. Die Rettungsmanöver, mit denen der Mörder aus seiner Sinnverlassenheit geholt werden soll, sind nach wie vor zuhanden. Heute traktiert man mit ihnen die sprachlos «Subalternen» der Geschichte.

Büchner holte seinen Helden vom Tribunal - zunächst ganz wörtlich, er holt ihn aus den Gerichtsakten der medizinischen Gutachter. Indes, er hält sich nicht an die forensischen Alternativen, weder plädiert er für die Zurechnungsfähigkeit im Geist einer Moralphilosophie noch für die Unzurechnungsfähigkeit des Helden aufgrund seiner physiologischen Beschaffenheit. Da keine Instanz der Gnade die Klage über die Sinnverlassenheit vernehmen kann, ist die Welt ohne dingfest zu machendem «Täter» nicht besser dran als mit einem solchen. Schon in Büchners Vormärz-Zeit konnte die Selbstgewissheit, vom «Sturm» der Geschichte ergriffen auf ein ungewisses Ziel hinzutreiben, in jedem Augenblick kippen in die Angst, überhaupt kein Ziel der Geschichte zu haben. Die Generation des Vormärz kannte bereits die Angst, in unhistorische Räume zurückzufallen.

Siebenundzwanzig Jahre nach dem «Woyzeck»-Vortrag trafen Kittsteiner und ich uns also im IFK, um über die «Unanschaulichkeit der Geschichte» zu diskutieren und unsere Thesen an der Historienmalerei, dem Dokumentar- und dem Spielfilm, der Militärgeschichte und dem Dokudrama zu überprüfen. Der Kunsthistoriker Peter Geimer, dessen Band «Ordnungen der Sichtbarkeit» mich stark beeinflusste, hatte mit mir den Plan zu dieser Tagung entworfen. Die Resonanz war beträchtlich, das Aufgebot der Mitstreiter eindrucksvoll: Inka Mülder-Bach sprach über Musils Notiz aus dem Ersten Weltkrieg «So sieht also Weltgeschichte in der Nähe aus; man sieht nichts»; Karl Schlögel fragte nach den Grenzen der Erzählbarkeit am Beispiel der Säuberungsprozesse in Moskau 1937; Monika Wagner charakterisierte das zeitgenössische Geschichtsbild an Bildern von Anselm Kiefer; Valentin Groebner konzentrierte sich auf Mittelalterinszenierungen; Marian Füssel führte Schlachtenrepräsentationen im 18. Jahrhundert vor; Egon Flaig fragte, ob begriffene Geschichte überhaupt anschaulich sein könne; Anton Holzer stellte die Authentizität von Robert Capas Foto vom «Fallenden Soldaten» aus dem Spanischen Bürgerkrieg in Frage; Ewout van der Knaap untersuchte mediale Strategien in Alain Resnais' Dokumentation «Nacht und Nebel»; Judith Keilbach problematisierte Methoden des Reenactment in Film und Fernsehen; und Kittsteiner sprach, wie gesagt, über «Konkretionen der Zeitgeschichte».

Wenn ich die Namen der Vortragenden und ihre Themen wiederhole, kann ich mich eines Schwindelgefühls nicht erwehren, wie es mir bei kulturwissenschaftlichen Konferenzen oft passiert ist. Im Brennpunkt stand für mich aber ein anderes Thema. Der junge Kunsthistoriker Jan von Brevern hielt einen Vortrag über ein Bild von Carl Rottmann aus dem Jahr 1849 mit dem Titel «Schlachtfeld bei Marathon». Es hängt heute in der Alten Nationalgalerie in Berlin.

Mitte des 19. Jahrhunderts war die antike Schlacht bei der Ortschaft Marathon, in der 490 v. Chr. die zahlenmäßig unterlegenen Griechen die Perser besiegten, zum Geschichtszeichen eines historischen Wendepunkts erhoben worden, an dem sich das Schicksal Europas entschieden haben soll. Auf Rottmans Gemälde dagegen keine Spur der Schlacht: Zwischen dem Phantom des Geschichtszeichens «Marathon» und der physischen Gegenwart einer gleichgültigen Landschaft klafft eine Lücke. Von der Historienmalerei hätte man anderes erwarten können: den Pfeilregen der Perser, die Formation der athenischen Truppen und ihre brennenden Schiffe – all das war von Herodot eindringlich beschrieben worden. Stattdessen ein Erinnerungsort, an dem es nichts zu sehen gab.

Das Gemälde zeigt eine Landschaft, die wie ein Kippbild zwischen gespenstisch abwesendem Schlachtfeld und öder Ebene changiert. Die Landschaft löst sich auf, wird unscharf, weil sich der Blick auf die Ebene der Gegenwart und derjenige auf das Schlachtfeld von 490 v. Chr. nicht gleichzeitig scharfstellen lassen.

Wenn man all das hört, blickt man sich hohläugig an. Das ist es, was von uns bleiben wird: Die Gleichgültigkeit der Natur verschluckt die menschlichen Geschicke.

Auf die Frage, was Kulturwissenschaft eigentlich sei, hatte ich eine ausweichende Antwort gefunden: Das IFK sei ein Forum, auf dem verschiedene Disziplinen in Austausch gebracht werden können. Diese Auskunft klärte allerdings wenig; denn es gab keine gemeinsame Sprache des Austausches zwischen den Geistes- und den Naturwissenschaften. Als die ETH Zürich eine Professur für Kulturwissenschaft ausschrieb, kam es bei den Bewerbungsvorträgen zu einer grotesken Situation: Einer der Bewerber wollte zum Energiebegriff des 18. Jahrhunderts forschen, worauf ihm einer der anwesenden Physiker zurief, der sei doch längst veraltet. Besser erging es dem Favoriten, Joseph Vogl, der ein Projekt zum Zweiten Hauptsatz der Thermodynamik vorschlug. Der Wissenschaftshistoriker Michael Hagner machte ihn darauf aufmerksam, dass er es mit Physikstudenten im fünften Semester zu tun bekomme, die Max Plancks «Vorlesungen über Thermodynamik» mit ihren mathematischen Formeln «wie das kleine Einmaleins» beherrschten. Hagner: «Da stehen Sie als Geisteswissenschaftler aber im Hemd da.» Darauf Vogl: «Wer sagt Ihnen denn, dass ich nicht auch im Hemd eine gute Figur mache?» Geistesgegenwärtig wie Thomas Gottschalk, fanden die Naturwissenschaftler und kürten ihn als Nummer eins.

Im Laufe der Jahre wurde die Situation in den Kulturwissenschaften durch die neue Strömung der «künstlerischen Forschung» noch unübersichtlicher. Sie wurde aus angelsächsischen und skandinavischen Universitäten importiert, und ich reagierte darauf eher verhalten konservativ. Eine erste Gelegenheit, meine Haltung zur neuen Strömung näher zu bestimmen, erhielt ich, als ich von der Universität der Künste Berlin aufgefordert wurde, die Frage «Was wissen die Künste?» zu beantworten. Ratsuchend wandte ich mich an den österreichischen Philosophen Josef Mitterer, der zufällig im Institut war. Er erzählte mir, er habe diese Frage einmal einem britischen Künstler gestellt, dessen surrealistische Gemälde es bis in die Tate Modern geschafft hätten. Der habe ihm geantwortet: «That's your problem!»

Diese Reaktion gab mir zu denken. Zwar sind Kunst und Wissenschaft keine separaten Domänen, sondern unterschiedliche Dimensionen in einem gemeinsamen kulturellen Raum, aber die Antwort machte deutlich, wie man sich wechselseitig ent- oder belastete. Auf jeden Fall brachte die neue Strömung produktive Unruhe in die Kulturwissenschaft, die sich nun fragen musste, was für sie selbst denn Forschung sei.

Ich sah mich in der Wissenschaftslandschaft um und traf auf Forschungszentren, die sich der Untersuchung des Wissens in den Künsten widmeten. So gab es in Florenz eine Forschungsgruppe mit dem Titel «Das wissende Bild». Es ging ihr beispielsweise um die Rolle von Handzeichnungen und Notizblättern bei der theoretischen Erschließung eines naturwissenschaftlichen Problems. Auch Naturforscher beginnen oft damit, ihre Ideen in Kritzeleien, Kurven und rhythmischen Linien auf Papier zu bringen. Untersucht wurden im Florentiner Zentrum also ästhetische Formen der Wissenserzeugung in den Wissenschaften. Claus Zittel, der die Arbeitsgruppe leitete, erbrachte etwa den Nachweis, in welchem Ausmaß Illustrationen in den Schriften, die nach dem Tod von Descartes veröffentlicht wurden, von einer mechanistischen Anthropologie des Maschinenmenschen ausgingen, die Descartes' Denken fremd war, aber die Rezeption der cartesianischen Denkbilder so beeinflussten, dass sich vor allem in Deutschland ein Feindbild von Descartes herausbilden konnte.

Am Helmholtz-Zentrum in Berlin wurde die Zeitschrift «Bildwelten des Wissens» herausgegeben. Hier wurde untersucht, wie Bilder in Arbeitsprozessen und Laborpraktiken als Modelle fungieren und als Instrumente gehandhabt werden, die «Fakten» mitschaffen. Bildgebende Verfahren und Reproduktionstechniken können modellbildend sein, weil sie sich ästhetischen Konventionen anpassen. Das Problem solcher Verfahren in den Naturwissenschaften markierte also eine Schnittstelle zwischen den «zwei Kulturen» der Natur- und der Geisteswissenschaften.

Wie problematisch dieser Ansatz der Forschung ist, wurde 2008 bei einem Vortrag am IFK deutlich, dessen Diskussion für einen jungen Kulturwissenschaftler beinah fatal ausgegangen wäre. Gegenstand des Vortrags waren Bilder der Molekularforschung. Der Vortragende, von Haus aus Kunsthistoriker, wies nach, in welchem Ausmaß bildgebende Verfahren von ästhetischen Konventionen bestimmt werden. Nun hatten sich tatsächlich gleich drei Wiener Molekularbiologen zum Vortrag eingefunden, was nicht oft passiert. Ihre Reaktion war drastisch: Die Bilderklärungen des Kunsthistorikers seien Unsinn. Das vom Vortragenden projizierte Bild vom Inneren einer Zelle habe die Form einer Pyramide, die Schatten werfe. Wie aber könne es in einer Zelle zu schattenwerfenden Gebilden kommen, wenn es dort kein Licht gebe? Ebenso irreführend sei das Bild aus der Genforschung, auf dem Tausende kleine hellerleuchtete Fensterchen wie eine Hochhausfassade in Schanghai aussahen. Dies sei keine statische Figuration, so die Molekularbiologen, kein Bild, das man sich an die Wand hängen könne, sondern die Momentaufnahme eines Rasters, das, wieder in den Computer eingespeist, in langwierige Rechenprozeduren übersetzt werden müsse, um schließlich in aufschlussreiche Zahlenkolonnen zu münden.

Das sah für unseren Kulturwissenschaftler nicht gut aus. Schließlich hatte er einen rettenden Einfall: Er habe, hielt er dagegen, die gezeigten Bilder den Lehrbüchern der Mikrobiologie entnommen. Eine kurze Atempause der naturwissenschaftlichen Kritiker, der ein kleinlautes Eingeständnis folgte: Man müsse verstehen, dass auch sie zuweilen sinnlich wahrnehmbarer Gestalten bedürften, und seien es Pyramiden, die Schatten werfen, obwohl sie wüssten, dass die Wahrheit ihrer Wissenschaft eher in schattenlosen Zahlenkolonnen zu Hause sei. Die Bilder seien autodidaktisch zu verstehen, der Sehnsucht nach plastischen Gebilden dürfe man von Zeit zu Zeit nachgeben, in Arbeitspausen, um Atem zu holen.

Diese Situation war lehrreich, doch bei nächster Gelegenheit stolperte ich wieder in die große Dunkelheit der *artistic research*. 2009 stieß ich in einer Ausstellung von Diplomarbeiten der Universität für angewandte Kunst Wien auf eine Installation: Fünf große weiße Leinensäcke, vier davon hingen schlaff an der Wand des Kellergewölbes, der fünfte blähte sich zuweilen auf, um bald wieder zusammenzusacken. Das Ganze blieb mir ein Rätsel, bis die Urheberin, eine schlanke Russin mit blonden Zöpfen, auftrat und verkündete: «Wir Sowjetbürgerinnen lieben die Kunst und die Mathematik. Ich habe Versicherungsmathematik studiert. An dieser Wand sehen Sie vier schlaffe Säcke. Sie bilden die letzten Börsenkräche ab. Der fünfte Sack ist mit neuen Datenströmen der Chicagoer Börse verbunden. Deren Bewegungen habe ich in Strömungen der Luftzufuhr abgebildet. Sie sehen, da bewegt sich augenblicklich was.» Mich hatte schon gewundert, dass die Künstlerin sich 2009 als «Sowjetbürgerin» vorstellte. Der Sinn der Installation war mir nach ihren Erläuterungen auch noch nicht recht klar.

Nachdem ich erfahren hatte, in welches Wespennest der Disziplinen mich die Frage nach dem Wissen der Künste brachte, veranstaltete ich eine kleine Umfrage unter den Fellows des IFK. Der Fototheoretiker antwortete auf die Frage, was die Künste wüssten, lakonisch: «Nichts!» Der Wissenschaftshistoriker fand eine elaboriertere Antwort: «Es ist das Privileg der Künste, nicht wissen zu müssen.» Die Dritte meinte: «Wissen scheint mir einfach der falsche Begriff zu sein, wenn es darum geht zu beschreiben, was die Künste produzieren.» Markierten diese Urteile eine eher kritische Haltung gegenüber der Strömung der *artistic research*, so konterte eine Kunsthistorikerin aus Bern beherzt: «Ich denke, dass die Herauslösung der Ästhetik aus der Rolle des Anderen, das in keiner wissenschaftlichen Kategorie zu fassen ist, nicht mehr angemessen ist. Die Anlehnung an die Wissenschaften entspricht der aktuellen Arbeitspraxis von Künstlern besser als das Raunen von der Kunst als dem unaussprechlichen, von keinem Wissen einzuholenden Kreativen.»

Trotzdem fand ich es wichtig, eher das Bewusstsein für die Differenz zwischen Kunst und Wissenschaft zu schärfen, als sie dunkel zu verschmelzen. Die Spannung sollte nicht nachlassen. Das war auch das Ergebnis einer Konferenz über Fritz Langs Film «M – Eine Stadt sucht einen Mörder», der von einem Kreis von Experten analysiert wurde. Tony Kaes aus Berkeley leitete die Konferenz. Ein Verwaltungsexperte betrachtete die Papierarbeit des Polizeiapparats in raucherfüllten Räumen der Berliner Kripo, ein Militärhistoriker die Atmosphäre der Stille in den Stummfilmpassagen als Resonanz nicht bewältigter Kriegserfahrung, ein Rechtshistoriker die Schwäche des republikanischen Rechtspositivismus, eine Prothetikforscherin die Rolle der Handprothese in der Zwischenkriegszeit, eine Filmwissenschaftlerin den Vergleich zum *courtroom drama* Hollywoods, ein Kunsthistoriker die Funktion der eingefrorenen Standbilder in den Montagen, ein Psychoanalytiker die Wiederholungsschleifen des Films und schließlich ein Experte der Jewish Studies die missliche Bedeutung des jüdischen Schauspielers Peter Lorre in seiner Rolle als Triebtäter. Ein Kunstwerk wie «M», so zeigte sich, zog magnetisch die Wissenschaften an. Jede entschlüsselte einen Aspekt des Films. In keinem dieser Aspekte ging der Film auf, sie bildeten aufschlussreiche Tangenten. Der Film stellte sich als Rätsel aus, vom präfaschistischen Rumor des Jahres 1931 umgeben.

Ich kam zu dem vorläufigen Schluss, dass bei den erwähnten Wissensergründungen der Künste immer eine Übersetzung in ein anderes Medium oder in einen anderen Diskurs stattgefunden hatte. Jedem Anspruch auf Wissenschaftlichkeit der Künste lag ein Konzept der Transkription zugrunde – das hatte ich mit den Jahren vom Sprachwissenschaftler Ludwig Jäger gelernt.

Auch diese Überlegungen trugen nicht zu einer endgültigen Klärung des Problems bei. Ich sollte an der Universität der Künste Berlin drei Fragen beantworten: Welche Bedeutung haben künstlerische Schaffensprozesse für die Forschung? Inwiefern basieren Kunstinstallationen auf Forschung? Können Künste neues Wissen «generieren»? In der Hoffnung, einer Antwort auf diese Fragen näherzukommen, folgte ich einer neuerlichen Einladung der Universität für angewandte Kunst Wien. Gezeigt wurden die Diplomarbeiten des Sommersemesters 2010.

Unter den Arbeiten der Klasse Fotografie traf ich auf einen transparenten Bildschirm im Format von 2,50 Meter mal 1,80 Meter, auf den ein Film von drei Minuten und achtunddreißig Sekunden im Loop projiziert wurde: «1. Februar 2010, Rom, Starenschwärme über Roma Termini, Beginn der Dämmerung».

Die Faszination für Schwärme ist alt. Die Schwarmforschung hat Konjunktur, weil ihre Erkenntnisse Übertragungen vom Biologischen ins Politische der Massenpsychologie, vom Technischen ins Soziale erlauben. Schwärme, so las ich später, sind zu komplexen Koordinationsleistungen fähig: Sie zeigen Verhaltensweisen, die sich nicht von der Fähigkeit der Einzelexemplare ableiten lassen. Aufgrund der schieren Menge von Bewegungsdaten, die Schwärme liefern, verzweifeln die Labore. Vielleicht können die im Schwarm herrschenden Gesetzmäßigkeiten in Zukunft mit Hilfe von leistungsstarken Computersimulationen besser beschrieben werden.

Ich lernte, dass es eine Geschichte der Schwarmforschung gab, in deren Verlauf verschiedene theoretische Modelle aufgestellt worden waren. Eines dieser Modelle überzeugte mich besonders – wahrscheinlich, weil es den «Verhaltens-

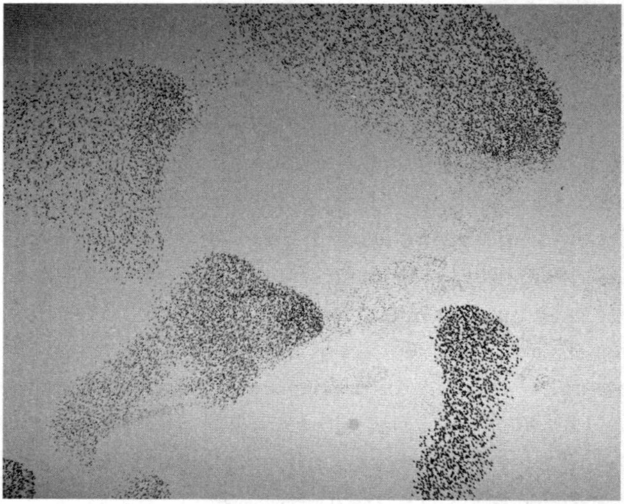

lehren der Kälte» entsprach, die sich durch eine Vorliebe für oberflächlich-mechanische Erklärungsmuster auszeichnen. Im Jahr 1929 glaubte der Meeresforscher Albert E. Parr, das Geheimnis der Schwarmbildung im Sinne der Neuen Sachlichkeit gelüftet zu haben: Er erblickte im Schwarm das Ergebnis psycho- und physiomechanisch integrierter, automatisch ablaufender Reaktionen. Die Anziehung und Abstoßung der Einzelexemplare verlaufe über Sichtkontakt, parallele Ausrichtung und einen einheitlichen Abstand. Bei diesem basalen psychomechanischen Gleichgewicht spiele der Rand des Schwarms für die Stabilität der Formation eine entscheidende Rolle. Er sorge für die regelmäßige Verdichtung der chaotisch erscheinenden Bewegung.

Parrs Modell löste soziologische Analogieschlüsse aus. Leider aber hat die Schwarmforschung diesen Erklärungsversuch längst verworfen. Der Reduktionismus des Modells, hieß es, werde der Komplexität des Phänomens nicht gerecht. Schwärme erschienen hier lediglich als cartesianische Tiermaschinen, als Kollektivautomaten, die lokale Bewegungsinformationen verarbeiteten, was falsch sei – mir selbst hatte das Modell genau deshalb eingeleuchtet.

Inzwischen arbeitet sich die Schwarmforschung an konkurrierenden Computersimulationen ab. Die Schwarmforschung aus dem Jahr 1929 ist endgültig falsifiziert, kann aber immerhin, vom Fortschritt der Wissenschaften überrollt, als museales Stück im Archiv weiterhin faszinieren. Daher rührt die Attraktivität der Wissenschaftsgeschichte: Sie führt uns in Räume alter Wissensbestände, die gegenwärtig bleiben wie die Gegenstände im Depot eines Museums, die unerwartet wieder ausgestellt werden können. Die zeitgenössische Schwarmforschung ist dagegen aufgrund ihrer mathematischen Kunstsprache nur einem engeren Kreis von Experten verständlich. Erst in einer Kette von Übertragungen werden ihre Resultate anschaulich und können in den allgemeinen Wissenshorizont eingebürgert werden.

Partizipieren die Künste an dem engen Kreis der Forschung, oder operieren sie in einer zugänglicheren Sphäre des Wissens, wo sie avancierte Forschungsergebnisse in das Reich sinnlicher Anschauung übersetzen?

Im Fall des Staren-Ensembles am Himmel über dem römischen Hauptbahnhof verwandelte sich die Kunstinstallation nicht im Handumdrehen in einen Beitrag zur Schwarmforschung. Der junge Künstler erhob nicht den Anspruch, seine Installation in einer Biblio- oder Videothek des Wissens zu archivieren. Er präsentierte kein Modell und erläuterte kein Experiment, wodurch er sich der Widerlegung entzog. Stattdessen zeigte er Wahrnehmung als Wahrnehmung. Was aber heißt schiere Anschauung?

Wenn in den Untersuchungen, die der amerikanische Schwarmforscher Parr an Fischschwärmen anstellte, die Ränder der riesigen Meerwasserbassins eine Grenze bildeten, die die Beobachtungen relativierte, so waren es hier die Ränder der viereckigen Leinwand, die die Wahrnehmung begrenzten. Das Naturphänomen wurde quadriert und auf eine Fläche projiziert. Neben die technische Codierung der Aufnahmen traten andere Kunstgriffe. Um die Trennung von der Wissenschaft zu unterstreichen, gab der Künstler seinem Werk den Titel «Auspizien»; er verband den Schwarm mit dem Ritual römischer Kulturbeamter, den sogenannten Auguren, die an der Flugroute und den Schreien der Vögel die göttliche Zustimmung zu einer geplanten Handlung ablasen. Es war deshalb vorgeschlagen worden, die Leinwand mit den Starenschwärmen in einer Börse aufzuhängen. Hinzu kam die Tonspur, das kehlige Geräusch einer rollenden Kugel in einem Holzkörper, das an einen Roulettetisch erinnerte und die Regellosigkeit akustisch unterstrich.

In den Starenschwärmen über Rom konnte man die Reibung eines Kunstwerks mit anderen Wissensformen, in diesem Fall der Schwarmforschung, geradezu spüren. Warum Kunst und Wissenschaft verschmelzen, wenn ihre Differenz so atemberaubend ist?

Im März 2016 endete mein Vertrag als Leiter des IFK, Thomas Macho übernahm die Fackel mit Bravour. Reinhard Kannonier, Rektor der Kunstuniversität Linz, der das IFK inzwischen angeschlossen war, bot mir an, in den nächsten Jahren an seiner Universität zu unterrichten. Drei Seminare im Semester; ein neues Abenteuer begann mit der Herausforderung, Teilnehmerinnen aus den Studiengängen Malerei, Experimentelle Gestaltung und Bildhauerei, Zeitbasierte Medien, Grafikdesign und Fotografie, Keramik oder Kulturwissenschaft zu unterrichten. Der Titel meines ersten Seminars lautete: «Was heißt authentisch?»

Zum zwanzigjährigen Bestehen des Internationalen Forschungszentrums Kulturwissenschaften gaben wir 2013 unter der Federführung von Viola Eichberger und der Obhut der genialen Artdirektion von Tina Frank das Buch «Katalog der Unordnung» heraus. Darin verfolgten wir die Unordnung in der Finanzwelt, in den Depots der Museen, auf Pieter Brueghels Wimmelbildern, in Fisch- und Vogelschwärmen. Ein weiterer Schauplatz war das Atelier des Malers Francis Bacon. «Er mag da ausgesehen haben wie ein eingesperrtes wildes Tier, das in seinem Käfig seine Wege geht, zwischen Abfällen und unverdaulichen Resten», schreibt László F. Földényi. Welche Mühsal für die Museumsleute, das Chaos von Bacons Atelier im Londoner Stadtteil South Kensington mit siebentausend Objekten (zerrissene Landkarten, Flaschen, Kartons, aus Büchern herausgelöste Blätter, zerknüllte Zeitungen, misslungene Leinwände ...) in Schachteln zu verfrachten, um es in Bacons Geburtsstadt Dublin in dreijähriger Arbeit wieder «authentisch», das heißt der Ordnung in diesem einzigartigen Chaos folgend, aufzubauen.

Elektrisiert hat mich ein Kommentar von Wolfram Pichler zu einer kleinformatigen Radierung von Francisco de Goya. Sie trägt den Titel «Schreckliche Ereignisse im Zuschauerraum der Arena von Madrid und Tod des Bürgermeisters von Torrejón». Auf Goyas Blatt ist, ich folge dem Kommentar von Pichler, eingetreten, was das Rund der Arena ausschließen sollte: Der Stier ist über das Geländer gesprungen und wütet nun auf der Tribüne. Die trügerische Neutralität des Zuschauens wird vehement gestört. Der Wiener Kunsthistoriker resümiert: «Der Kampf hat aufgehört, ein Schauspiel zu sein. Alles hat sich verkehrt. Seit der Stier in den Zuschauerraum eingedrungen ist, gibt es dort keine Zuschauer mehr.» Auf der Bühne ist Panik ausgebrochen. «Einen Körper allerdings hat der Raptor gewaltsam isoliert und auf die Hörner genommen» – vielleicht handelt es sich um den Bürgermeister von Torrejón?

Am Rande des Tribünengeländers ist der Kopf einer weiteren Figur zu sehen. Sie steht innerhalb, aber am Rand der Arena und blickt so tatenlos wie entgeistert auf die Tribüne hoch zu dem Stier, der nur wenige Meter von ihr entfernt ist. Ist es der Torero? Der vermeintliche Regisseur des Rituals ist zum Zuschauer des Geschehens geworden, in das er aus dem Abseits nicht eingreifen kann. Ein Ausschnitt der Welt, gefüllt mit Kontingenzen. Nichts ist in dieser Radierung sinnvoll gefügt. Darum wird es, so Pichlers Fazit, auch «keinen Betrachter mehr geben, der sich einbilden dürfte, er behielte den Überblick».

Der Verdacht, ich würde mich selbst als denjenigen sehen, der in Gestalt des überflüssigen Toreros aus einer leeren Kampfarena die chaotische Situation so tatenlos wie entgeistert verfolgt, liegt vielleicht nahe. Wie kann ich ihn zerstreuen? Mir bot sich Goyas Radierung als ein Spiegel an, auf dem man die Unübersichtlichkeit in den Jahren nach 2015 erkennen konnte. Vielleicht reicht es schon zu konstatieren, dass es in dieser Zeit kaum einen politischen Betrachter gab, der von sich hätte behaupten können, dass er den Überblick nicht verloren hat, und auch kaum einen, der die Selbstgewissheit hätte ausstrahlen können, es gehe ihn nichts an.

Nach der auf den ersten Blick unüberschaubaren «Flüchtlingswelle» im Frühsommer 2015, von der nur ein kleiner Ausläufer von Hunderten den Wiener Westbahnhof, etwa tausend Meter von unserer Wohnung entfernt, erreichte, kam auch der Roman «Das Heerlager der Heiligen» von Jean Raspail in unser Haus. Die Handlung des Romans ist in eine Stimmung des Alarmismus eingebettet: Aus heiterem Himmel landen hundert Schiffe an der Südküste Frankreichs, «beladen mit einer Million Einwanderern». Familien mit Frauen und Kindern, angelockt vom Versprechen eines gelobten Landes. Die Stärke der Migranten liegt in ihrer Zahl. Nicht nur Frankreich, das ganze Abendland sieht sich bedroht. Die Fremden zurückschicken? Sie in Lager sperren? «Auf allen Ebenen – der universellen Ethik, der Regierungen, der zivilisatorischen Erwägungen und vor allem seinem eigenen Gewissen – stellt man diese Fragen.»

Der Roman zieht meine Frau in seinen Bann und überzeugt sie von der Gefahr des «Großen Austauschs», ein Zentralwort des Alarmismus, mit dem der französische Rechtsextreme Renaud Camus die Gefahr der Islamisierung an die Wand malt. Ich sehe in Raspails Tagtraum der Überflutung dagegen das abgründige Bild einer wiederkehrenden Kolonialschuld, mit der sich Frankreich seit Jahrzehnten plagt. Zu meinem Schrecken wendet sich Caroline über Nacht den Neuen Rechten zu, bald bewegt sie sich in Kreisen der Identitären Bewegung. Freunde und Bekannte sind entsetzt. Allerdings taucht meine Formulierung vom Wandel «über Nacht» die Kette der Ereignisse in mystisches Dunkel. Aber tatsächlich hatte sich ihre Wendung zur politischen Rechten nicht lange angebahnt, sondern fand innerhalb weniger Monate statt. Ich kann den Verlauf, obwohl ich doch von Anfang an dabei war, kaum rekonstruieren. Vielleicht – eine Möglichkeit – begann es bei Gesprächen mit dem Koch der Waldorfschule, dessen Arbeit sie später übernehmen sollte. Die beiden verständigten sich über das Grauen des «Dschihad». Die Islamphobie wurde dann durch Slavoj Žižeks Bestseller «Blasphemische Gedanken. Islam und Moderne» verschärft und durch die Autorität dieses Autors nobilitiert. In den Zeitschriften «Tumult» und «Sezession» fand sie die Artikel, nach denen sie suchte. Hier traf sie auf eine Gruppe von Rechtsintellektuellen, die ihre Sympathien weckten. Im Internet hörte sie einen Vortrag von Martin Lichtmesz über Raspail. Von nun an publizierte sie kontinuierlich in der «Sezession», 2017 veröffentlichte sie dann zusammen mit Lichtmesz «Mit Linken leben».

Von Carolines Rechtswende waren alle entgeistert, weil sie jahrzehntelang im klassischen sozialliberalen Milieu beheimatet war. Mit siebzehn war sie auf dem besten Weg zur Marxistin, mit achtzehn riet ihr der Vater, für die Grünen in Mölln zu kandidieren. Ökologie war die Religion des Elternhauses gewesen, die Wahlentscheidung für «Rot-Grün» stand für uns beide nie in Frage. Zwischen 2011 und 2014 organisierte sie zwei Nachbarschaftsgärten im 8. Wiener Bezirk. Einige Semester arbeitete sie als Lehrbeauftragte für Philosophie an der Universität Wien. Sie war gewissermaßen «gottlos» groß geworden, doch auf der Suche nach tieferen Gründen, die sie in der akademischen Philosophie nicht fand, ließ sie sich 2011 katholisch taufen.

Die großen Themen ihrer Dissertation: Kants Moralphilosophie aus dem Blickwinkel der französischen Moralistik und im Licht der Systemtheorie, hatten zwei Jahrzehnte keine Rolle gespielt. Jetzt, am Wendepunkt, wurde all das dem Vergessen entrissen und mit Gedanken der Konservativen Revolution, wie Armin Mohler sie in seiner Dissertation von 1949 dargestellt hatte, auf unheimliche Weise verschmolzen. Als sie 2020 gefragt wurde, welche Bücher entscheidend zu ihrer Wende beigetragen hätten, stellte Caroline diese Liste zusammen:

- Niklas Luhmann, Die Realität der Massenmedien
- Martin Lichtmesz, Die Verteidigung des Eigenen
- Manfred Kleine-Hartlage, Die liberale Gesellschaft und ihr Ende
- Heimito von Doderer, Die Dämonen
- Rudolf Steiner, Soziale und antisoziale Triebe im Menschen
- Simone Weil, Schwerkraft und Gnade

Das ist eine irritierend heterogene Lektüreliste, kaum denkbar, dass sich daraus ein eindeutiger politischer Impuls ableiten ließe. Aber mit solch exzentrischen Kombinationen intellektueller Quellen muss man im neurechten Denken rechnen.

Zu ihrem Leitthema wurde die Frage, wie sich Geschichte ohne Intervention moralischer Kategorien denken ließe. Mohler, ein Idol der Neuen Rechten, wurde ihr Kronzeuge in der Beurteilung der Nachkriegsgeschichte der Bundesrepublik, und aus dieser Ecke erfolgte dann auch der Bannfluch, der direkt gegen mich gerichtet war: Das Denken der Achtundsechzigergeneration und ihrer «Schuldkultur», so hielt sie mir entgegen, sei nichts als das «Ergebnis der amerikanischen Gehirnwäsche 1945». Das war ein Satz von Caroline, der mir den Atem nahm. Es war also nicht so, dass in der BRD alte Rechte im Justizapparat die Aufklärung über die Verbrechen des NS-Staates extrem verzögert hatten, sondern sie war den Deutschen gleich nach Kriegsende in Form des Schuldbewusstseins eingeimpft worden; die Deutschen seien Opfer, die «am Nasenring» des ihnen künstlich eingetrichterten Schuldbewusstseins (so hatte es Mohler formuliert) in die Schuldkultur der BRD geschleppt worden seien. Für Caroline hatte sich in der Revolte der sechziger Jahre (für Neurechte der eigentliche Zivilisationsbruch des 20. Jahrhunderts) ein durch Moral verzerrter Blick auf die Geschichte durchgesetzt.

Das sind Parolen, deren Geschichtsvergessenheit mich niederschlägt. Lebensgeschichten werden damit ausradiert, die Rolle von Täter und Opfer vertauscht. Im Kapitel über den «Mythos der sauberen Wehrmacht» habe ich in diesem Buch berichtet, was ich davon halte. Hier geht es um Geschichtsfälschung, aber sie glaubt daran. Ein Riss, der schwer zu kitten ist.

Die Streitgespräche begannen 2015 mit der Haltung zum Problem der Massenmigration. Während ich Merkels Willkommenspolitik befürwortete – Fremde waren in der deutschen Geschichte bis dahin selten willkommen geheißen worden –, meinte Caroline, die Empathiefähigkeit des Einzelnen werde im Dienst einer geopolitischen Strategie in einem infamen Ausmaß ausgenutzt. Sie erzählt, dass sie auf einem zerrissenen Plakat, das an einem Stromkasten der Burggasse klebt, eine Losung gesehen habe, die sie zu scharfem Widerspruch reize: «Es gibt keinen Flüchtlingsstrom, sondern vielfältige Individuen.» Für sie verberge sich darin die Scheinheiligkeit der Willkommenskultur. Der Kollektivsingular «Flüchtling», erklärt sie bei einem Podiumsgespräch in Amsterdam, zu dem sie als «Vordenkerin» der Neuen Rechten eingeladen ist, lasse zwei Bedeutungen zu, die abwechselnd aktualisiert würden: Einmal sei es das Kollektiv der Flüchtlinge dieser Welt, ihre Zahl sei unermesslich. Ein andermal würden Einzelschicksale aufgerufen, der Fall des syrischen Mädchens mit seiner Fluchterfahrung und seinem Trauma. Es sei eine moralische Strategie «der Linken», beide Bedeutungen zu überblenden. Man inszeniere das Einzelschicksal, das zwar real existiere, aber sofort stellvertretend für Millionen stehe. Für die Migranten treten aus ihrer Sicht Institutionen, Akademiker, Bischöfe, NGO-Aktivisten auf den Plan, die die Menschenrechte erbittert gegen jeden verteidigten, der es wage, für die Regulierung der «Migrationsströme», für «Obergrenzen» und «Grenzen» überhaupt zu plädieren.

Da jeder in seinem Leben schon persönliche Begegnungen mit weitgereisten Fremden und ihren Kindern erfahren und diese ganz natürlich als individuelle Begegnungen positiv erlebt habe, seien wir leicht zu berühren. Aber die Zahl von Millionen Migranten, so Caroline, könne nicht mehr sinnvoll auf das Schicksal Einzelner heruntergebrochen werden. Das rhetorische Manöver der Linken, das Einzelschicksal für die Gesamtheit sprechen zu lassen, werde zum Ansatzpunkt für moralische Erpressung. «Nicht die Fremden sind das Böse, sondern die unregulierte Masseneinwanderung und deren moralische Hypostasierung als höchstes Gut der Gesellschaft.» Wanderungsbewegungen in historisch großem Stil seien nicht per se schlecht. Sie fürchte aber ihren

Gebrauch als geopolitisches Instrument, um die sogenannten Aufnahmeländer zu destabilisieren und das «Wesen des Volkes» zu zerstören.

Sie spricht tatsächlich vom «Wesen des Volkes». Ich halte dagegen, dass das abstrakt klinge, aber direkte Auswirkungen auf das Verhalten gegenüber einzelnen Migranten habe. Das Flüchtlingskind sei aus ihrem Blickwinkel kein Flüchtlingskind mehr, sondern eine allegorische Figur der «Flüchtlingsindustrie». Mit Allegorien braucht man kein Mitgefühl zu haben. Das Mitleid unterliegt damit einem ethnisch begründeten Sparsamkeitsprinzip, es hat den Radius einer Großfamilie.

Caroline schließt sich weitgehend der Argumentation an, die Fritz Breithaupt in seinem Buch «Die dunklen Seiten der Empathie» darlegt. «Das Gefühl moralischer Empörung, von dem man immer glaubte, es diene der sozialen Gerechtigkeit, also dritten Personen, dient in Wirklichkeit oft der Rückversicherung eigener Moralität», schreibt sie in ihrer Rezension des Buchs. «Eigene Schuldgefühle spielen die viel größere Rolle als der objektive Zustand des Opfers, dem die herausgekehrte Empörung gilt.»

Später wird Caroline das Problem der Empathie in der Politik unter der Überschrift «Abstraktion und Einfühlung» auf der Internetseite des Magazins «Sezession» noch einmal durchspielen. Kein Zweifel, sie steht auf der Seite der Abstraktion, während ich mich im Fall der Flüchtlinge gar nicht erst entscheiden muss.

Um ihren Gedanken von der Notwendigkeit der Abstraktion zu unterfüttern, beruft sich Caroline auf Rudolf Steiner. Der habe in einem Vortrag über «Soziale und antisoziale Triebe im Menschen» 1918 bemerkt, «daß in jeder

Begegnung der andere Mensch gewissermaßen bestrebt sei, mich einzuschläfern. Seine Nähe lähmt meine Denktätigkeit, ich will mich nur noch mit ihm verbinden. Die Gegenwartspsychologie nennt dies Empathie. Eine gewisse Hilflosigkeit bemächtigt sich meiner, weil ich ihm zuhöre, mich in ihn einfühle, auf seine Seite gezogen werde, ob ich will oder nicht. Das ist der Normalfall der Interaktion, der ‹soziale Trieb› im Menschen macht, daß dies geschieht. Mit einem inneren Ruck kann ich mich davon losreißen, aufwachen.»

Den inneren Ruck will Caroline mit Steiner vollzogen haben. Sie zieht daraus die Konsequenz: «Wer Geschichte denkt, denkt nicht in individuellen Geschichten.»

Die Steiner-Passage, die von seinen Anhängern vollkommen ernst genommen wird, hat für mich groteske Züge. Idealisiert das Gemeinschaftsdenken, um das sich das rechte Denken dreht, nicht gerade den Schlafzustand kommunikativer Nähe? Will es nicht den «Ruck», den Kälteschock abstrahierenden Denkens, den jeder als Rechtssubjekt eines Staates auf sich nehmen muss, um jeden Preis vermeiden? Oder ist die Erkenntnis von Feindschaft der Ruck, auf den es Caroline ankommt? Unzählige Male haben wir über die beiden Seiten der Empathie gestritten. Das Problem des Verhältnisses von Politik und Nächstenliebe ist in der politischen Philosophie der letzten Jahrhunderte von Karl Marx' Kommentar zur Pariser Kommune bis Merleau-Pontys «Humanismus und Terror» ausgiebig durchdacht worden, Kautsky und Lenin haben darüber debattiert. Dostojewski hat der Empathie in seiner Erzählung vom Großinquisitor ein Grab im Eis gegraben. Arnold Gehlen hat das Problem in «Moral und Hypermoral» provozierend aktualisiert.

Seit Carolines plötzlicher Wandlung von 2015 sind einige Jahre vergangen. Damals hatte der «böse Lenker» der Globalisierung für Rechte noch ein Gesicht, es sollte George Soros sein, der die Flüchtlingsströme dirigiert habe. Sein Name wich aber schnell einer namenlosen Instanz: Es müsse, so die Neue Rechte, eine schwer greifbare Elitenstruktur der Globalisierung geben, die den Prozess der Migration als profitträchtige Dynamik fördere, ohne ein bestimmtes Endziel im Auge zu haben.

Verschwörungstheorien verzichten nicht auf den Gestus, dunkle Machenschaften lückenlos aufzuklären, gleichzeitig rufen sie zur Gespensterjagd auf. Die Geschichte wird dämonisiert, aber die Panik entbehrt empirischer Grundlagen. Jetzt sollen es nach Ansicht der Neuen Rechten die unsichtbaren Strukturen und Greifarme eines «deep state» sein, die selbst den exzentrischen amerikanischen Präsidenten Trump zurückhalten, seine Verheißungen wahrzumachen.

Es ist nicht immer leicht, den Gedankengängen der Rechtsintellektuellen zu folgen, wenn sich bei ihnen theologische Elemente der Gnosis und Apokalypse, Züge von Spenglers Kulturmorphologie und Carl Schmitts Staatstheorie mischen. Auffällig ist, dass, wenn sie über die Geschichte nachdenken, die Zeiträume, mit denen sie rechnen, bestürzend klein sind. Im Zeitraffer entwerfen sie Zukunft und Vergangenheit. Das bringt sie dem Mythos eines Ursprungs so nahe wie dem des Untergangs. Dabei kann sich ihre Rede vom ursprungsnahen «Wesen des Volkes» auf keine historische Gestalt des Volkes berufen. Überhaupt ist der größte Störfaktor für die neurechte Vorstellung vom «Volk» das unruhige Mischwesen der Bevölkerung. Caroline hält an dem Gedanken fest, dass eine «relativ homogene» ethnische Einheit des Volkes anzustreben sei; rätselhaft bleibt, wie sie sich eine «Entmischung des Volkes» konkret vorstellt. Sie denkt nicht in politischen Maßnahmen. Der «Ethnopluralismus» der Neuen Rechten (nach dem Motto: Wir achten jede Rasse, nur sollte sie an den Ort zurückkehren, an dem sie ursprünglich beheimatet war) bahnt Wege zur «ethnischen Säuberung», deren Schrecken uns jüngst die Balkankriege vor Augen geführt haben.

Als ich 1966 Adornos «Negative Dialektik» las, strich ich mir darin Sätze an, die kurzen Prozess mit der Idee des Ursprungs machen: «Die Kategorie der Wurzel, des Ursprungs selbst ist herrschaftlich, Bestätigung dessen, der zuerst drankommt, weil er zuerst da war; des Autochthonen gegenüber dem Zugewanderten, des Seßhaften gegenüber dem Mobilen.»

Jürgen Kaube hat sich in seinem Buch «Die Anfänge von allem» auf die Suche nach verschiedensten Ursprüngen begeben: den Anfang des aufrechten Gangs, der Sprache, der Religion, des Kochens, der Stadt, des Staates oder der Monogamie. Er fragt, ob ein Anfang überhaupt für alles Weitere prägend sein kann. «Denn seit Darwin», schreibt er, «haben wir Begriffe dafür, dass die zivilisatorisch bedeutsamen Dinge nicht fertig aus der Hand eines Erfinders entspringen und sich auch nicht einer problematischen Situation als deren Lösung verdanken – sondern in geduldiger Vorleistung zufallsbehafteter Schritte davon abhängen, dass kleine Veränderungen hier und da und unter Nutzung unfassbar langer Zeiträume irgendwann zu einem sichtbaren Unterschied führen, der nachträglich als Ursprung gedeutet werden kann.»

Wem bei der Arbeit der Paläontologie, der Archäologie,

der Ur- und Frühgeschichte der Geduldsfaden reißt, ist geneigt, zu mythischen Erzählungen zu greifen, die einen Anfang setzen. Diesem Vorgehen unterliegt auch die leichtfertige Rede vom «Volk» der Germanen. Während die Erforschung der Ethnogenese im mitteleuropäischen Raum nur einen Tumult von Stämmen und Banden zu erkennen vermag, machen es sich die Neuen Rechten einfach. So gehen Mythologen immer vor. Sie ersparen sich die langwierige Erschließung einer Vergangenheit, die in rätselhafte Dunkelheit führt, und ersetzen sie durch eine Erzählung vom Lichtpunkt des Beginnens. Es ist eben ungleich anstrengender, die Mythen zu zerstören und der detektivischen Arbeit der Spurensuche nachzugehen, auch nach sozialen Rätseln, als kurzerhand das Wunschbild einer ethnischen Einheit mit einem Ursprung zu versehen. Wozu auch Caroline neigt. Hier beginnt unsere Dissonanz und bricht unsere Diskussion regelmäßig ab. Sie lässt sich von mir nicht überzeugen. Für sie sind es keine rationalen Argumente, sondern Schuldbewusstseinsargumente, Lesefrüchte aus der Zeit der Besatzung, nicht wildes, sondern umerzogenes Denken.

Das Kältebad der Entzauberung mythischer Erzählungen ist zwar kein Lebenselixier. Aber ich habe unter dem Einfluss von Sándor Ferenczi, Bertolt Brecht, Ernst Jünger, Arnold Gehlen und Helmuth Plessner diesen Kälteschock als Voraussetzung für die Entwicklung des Wirklichkeitssinns begriffen, während ich bei Max Weber gelernt habe, dass die Entzauberung die Wiederkehr der Götter nicht verhindern kann. Nicht einzusehen, warum ich jetzt noch in das mythische Wärmebad des Ursprungsdenkens eintauchen sollte, das so desaströse Spuren in der deutschen Geschichte hinterlassen hat.

Rechtsintellektuelle vermeiden stets, den Punkt auszumalen, an dem ihre «metapolitischen Reflexionen» in politische Praxis umschlagen. Meine Devise war schon in den «Verhaltenslehren der Kälte» Merciers Satz aus Büchners «Dantons Tod»: «Geht einmal Euren Phrasen nach, bis zu dem Punkt, wo sie verkörpert werden.» Brecht fand, dass der Übergang von der radikalen Parole zur Körperwelt dargestellt werden müsse. Auf der Bühne des Theaters lässt er ihn in Sterbeszenen enden. In seiner Lebenszeit hat der Dichter einen solchen Umschlag der politischen Parole, der er selber anhing, in die schmutzige Praxis mehrmals erfahren. Jedes Mal war er aufs Neue überrascht. Der Macht des Zufalls sind Propheten nicht gewachsen.

Aufgrund der politischen Position von Caroline wurden unsere Söhne aus der Waldorfschule ausgeschlossen. Auch wenn wir in fundamentalen politischen Fragen nicht übereinstimmen – ich liebe die Familie mit ihrem Pulsschlag des Daseins, dem Glück und den Mühen der Erziehung. Der Konflikt soll sie nicht zerreißen.

Vom Brand der Kathedrale

Am 15. April 2019 erscheint gegen neunzehn Uhr auf meinem Bildschirm die Meldung der «Neuen Zürcher Zeitung», dass Notre-Dame brennt. Bald sehe ich auf Videos Flammen und Rauchwolken, spätabends dann heißt es resigniert, man müsse mit der völligen Zerstörung der Kathedrale rechnen. Der Brand habe, wie man am nächsten Morgen liest, «die Welt in Schockzustand» versetzt – mich lässt er kalt. Meine Gleichgültigkeit löst Empörung bei meiner Frau aus. Ich denke nach.

Ein Geschichtszeichen – im Sinne Immanuel Kants, der die Französische Revolution aus dem fernen Königsberg als solches deutete – wird der Brand nicht sein. In einem Geschichtszeichen tritt Geschichte an einem historischen Wendepunkt als ein nicht zu steuernder Prozess zutage. Den Brand als Geschichtszeichen zu deuten gäbe ihm immerhin einen Sinn und würde von der Annahme erlösen, er sei zufällig bei Reparaturarbeiten entstanden. Dass sofort Verschwörungstheorien ins Kraut schießen, ist nur allzu menschlich. Zufälle sind Einfallstore magischer Weltdeutung, in der alles in ein Kausalnetz verwoben ist.

Ich erinnere mich an eine Stelle aus Friedrich Dürrenmatts Roman «Das Versprechen», den ich im ersten Bonner Semester 1961 gelesen habe. Dort belehrt ein Kommissar einen Kriminalschriftsteller: «In euren Romanen spielt der Zufall keine Rolle, und wenn es nach Zufall aussieht, ist es gleich Schicksal und Fügung gewesen; die Wahrheit wird seit jeher von euch Schriftstellern den dramaturgischen Regeln zum Fraße vorgeworfen. Schickt diese Regeln endlich zum Teufel. Ein Geschehen kann schon allein deshalb nicht wie eine Rechnung aufgehen, weil wir nie alle notwendigen Faktoren kennen, sondern nur einige, meistens recht nebensächliche.»

Jede Art von Erzählform (der Theologen wie der Historiker, der Unterhaltungskünstler wie der Therapeuten) versucht, Zufälle mit Sinn zu verknüpfen; wenn ausnahmsweise etwas Sinnloses zugelassen wird, hat es den Sinn, den Realitätsgehalt der restlichen Fiktion herauszustellen. Ein Kriminalschriftsteller darf sich nicht im Nebel der Ungewissheiten verlieren. Es sei denn, er erhebt den Anspruch, Kunst zu produzieren, um statt Spannung noble Langeweile zu verbreiten.

Aber ich lenke mit den Überlegungen zum Zufall von der Enttäuschung ab, dass mich der Brand von Notre-Dame kaltgelassen hat. Es wäre zu billig, meine Gleichgültigkeit zu veredeln, indem ich behaupte, darin einen Ausdruck des Stoizismus zu erkennen. Das Bilderbuch «Der Glöckner von Notre-Dame» habe ich meinen Kindern mit großer Rührung vorgelesen – am Abend des 15. April fürchtete ich immerhin, die steinernen wasserspeienden Dämonen, die Chimären, könnten durch den Brand in Mitleidenschaft gezogen sein.

Am Mittag des 17. April treffe ich mich mit der Französisch-Übersetzerin Claudia Hamm im Café «Das Möbel» auf der Burggasse. Sie kann in meiner Reaktion auf den Brand keinen Snobismus erkennen, hält aber, anders als ich, das Entsetzen in den Medien nicht für ein Symptom transatlantischer Bigotterie.

Ich erzähle der Übersetzerin, dass ich das von ihr ins Deutsche übertragene Buch «Limonow» verschlungen habe. Eduard Limonow, der Held von Emmanuel Carrères Romanbiographie, Gründer der Nationalbolschewistischen Partei Russlands, ist eine exzentrische Figur, die Abfolge seiner Lebensstationen ist schwindelerregend. Limonow sucht bei jeder Wendung der Geschichte die Sphäre des politischen Existenzialismus auf: Erst in Lebensgefahr spürt er das Reale. Seine Jugend verbringt er als Kleinkrimineller, in Charkow und Moskau avanciert er zum gefeierten Undergrounddichter. Er lebt in New York und in Paris, wo er seine Erfahrungen als abgebrannter, aber partyfeiernder Dandy-Autor in autobiographischen Skizzen veröffentlicht, die in Paris große Resonanz auslösen, während sich in New York niemand dafür interessiert. Den russischen Titel «Das bin ich, Editschka» empfiehlt ihm sein französischer Verleger, um das Buch später in «Der russische Dichter mag lieber große Schwarze» umzubenennen: Limonow erzählt darin vom Sex mit einem Afroamerikaner in einem New Yorker Sandkasten. Auf Deutsch erscheint das Buch unter dem Titel «Fuck Off, Amerika». Doch der Erfolg ist für den Punk kein Ruhekissen. In den Balkankriegen kämpft er als Freiwilliger auf Seiten der Serben. Mit seiner Nationalbolschewistischen Partei schließt er sich der Bewegung Neues Russland an, er landet im Gefängnis und schließlich im Arbeitslager, aus dem er als inzwischen berühmter Autor vorzeitig entlassen wird. Limonow agiert im Russland Putins als einer der führenden Köpfe der Opposition, mehrmals bewirbt er sich als Präsidentschaftskandidat. Seine politische Haltung oszilliert zwischen extrem rechts und extrem links – immer in Abgrenzung zum Establishment und mit der ästhetischen Geste der Gegenkultur.

Es ist mir unbegreiflich, warum ich mich mit Carrères Limonow identifiziere und warum ich - normalerweise ein langsamer, zerstreuter und oft vom Schlaf überwältigter Romanleser - die vierhundert Seiten in wenigen Tagen auf Reisen, im Hotel und nachts unter der Leselampe in der Burggasse verschlungen habe. Das Buch ist in meine Träume eingedrungen, eine Episode daraus, die in der Steppe spielt, erschien in düsteren Farben: Es ist Nacht, ich ruhe auf einem dunkel-warmen Pferderücken, neben mir Nomaden. Sie beobachten aus etwa dreißig Metern Entfernung, wie zwei Pferde ihre sterbenden Fohlen betrachten. Es muss ein Ritual sein, bei dem der Fremde ungeladen Zeuge wird. Plötzlich dreht sich eines der Fohlen auf den Rücken und streckt alle vier Beine von sich. «Es ist tot», murmeln die Beobachter auf den Nachbarpferden. Schon kommt eine Gestalt wie Janoschs Tigerente, gelbschwarz gestreift auf Holzrädern, und zerrt das zweite, noch lebende Fohlen an einen anderen Ort, weit weg vom Sterbeort des Bruders.

Wahrscheinlich habe ich mich in die Stimme der Übersetzerin verliebt, deren Sprache wie glasklares Wasser strömt. Wie sollte ich durch die Figur Limonow den Hass vieler Russen auf Gorbatschow, die Reserve gegenüber Solschenizyn oder den Spott über den Emigranten Brodsky begreifen, ebenso wie die anhaltende Anziehungskraft der stalinistischen Sowjetunion für viele Menschen im Land? Zwanzig Millionen Tote im «Großen Vaterländischen Krieg», zusätzlich wohl bis zu zwanzig Millionen Opfer der Säuberungen - das sollte sinnlos gewesen sein? Der Sprung ins kalte Wasser der freien Marktwirtschaft, die nur die ökonomische Selbstverwirklichung des Einzelnen zu versprechen schien – sollte das die Kompensation für all die Opfer sein?

Eine Frage, die selten einer stellt, meint Claudia Hamm, die als Dreizehnjährige mit ihren Eltern aus der DDR ausgewiesen wurde. Die Westler hätten nie verstanden, aus welchen Motiven das Experiment der sozialistischen Staaten begonnen worden sei, welchen Kälteschock die neue Situation verursacht habe und welche Wut die Kenntnislosigkeit der Kolonisatoren, die die Ostsozialisierten als Verlierer der Geschichte stempeln, immer noch erzeugt.

In einer Rezension des Limonow-Romans habe ich gelesen, die Geschichte dieses «Politirren» sei hinreißend, es verstöre nur, dass sich der «parfümierte Autor» aus dem russlandfernen Frankreich dazwischenschiebe, sodass der russische Condottiere den Glamour westlichen Dandytums erhalte. Das Olfaktorische, sagt die Übersetzerin, habe sie bei den Treffen mit dem Autor nicht gestört. Es sei nicht auszuschließen, dass die Depression, die Carrère im Griff halte, Quelle der Faszination sei, die von seinem Werk ausgehe. Außerdem wäre Limonow ohne den parfümierten Autor für uns nicht zu haben gewesen.

Warum, frage ich mich, sind die toxischen Autoren der Gegenwart solche Brocken an Depression wie Slavoj Žižek, Boris Groys, Emmanuel Carrère oder Michel Houellebecq? Was Žižek 2011 sagte, trifft auch auf Limonow zu, der sich bei Demonstrationen in Moskau immer an die Spitze stellte, weil es dort gefährlich war: «Revolutionäre müssen geduldig auf den (meist sehr kurzen) Moment warten, in dem das System offensichtlich versagt oder zusammenbricht. Dieses kleine Zeitfenster müssen sie nutzen, die Macht an sich zu reißen, die in diesem Moment sozusagen auf der Straße liegt und greifbar ist, und diese Macht dann festigen, repressive Apparate aufbauen usw., sodass es, wenn die Verwirrung vorüber und die Mehrheit ernüchtert und vom neuen Regime enttäuscht ist, zu spät sein wird, um es wieder loszuwerden, weil es bereits fest verankert ist.» Die erforderliche Geduld kann man dem ewigen Punk aus Charkow nicht nachsagen.

Da mich immer noch meine hartherzige Reaktion auf den Brand der Kathedrale bekümmert, kommen wir wieder darauf zu sprechen. Claudia Hamm tröstet sich damit, dass das schöne Handwerk der Steinmetze in den nächsten Jahren liebevolle Aufmerksamkeit erfahren wird. Ich wundere mich, dass ein Kind der DDR so kühl mit dem «Untergang des kulturellen Erbes» umgehen kann. Es seien keine Menschen verbrannt, so die Übersetzerin pragmatisch, nur der Dachstuhl und der kleine Turm seien verloren.

Warum konnte ich mich nicht auf die Höhe der Reaktionen in der Presse aufschwingen? In einem Kommentar der «Süddeutschen Zeitung» hieß es: «Ein Werk ist der Kulturlandschaft der Menschheit abhandengekommen, ein Bezugspunkt aus der kollektiven Weltwahrnehmung verschwunden. Zurück bleiben, wie damals nach dem Einsturz der Zwillingstürme in New York, eine Wunde und eine Verstörung.» Anders aber als nach 9/11, als zumindest für einen Augenblick Sprachlosigkeit herrschte, war das Phänomen diesmal im Bruchteil einer Sekunde codiert. Genauer, die kulturelle Codierung hatte sogar die Schrecksekunde überholt: Ein «zentrales Dokument der Stein gewordenen abendländischen Kunst» zerbarst, das war schon klar, bevor man die «Wunde» spürte und der Schmerz einsetzen konnte. Die Trauer musste sich erst durch viele Symbolschichten hindurcharbeiten, um die Betrachter des Spektakels als «Abendländer» zu berühren.

Dass nichts so schwer zu ertragen wäre, wie wenn der Brand der Kathedrale purer Zufall gewesen sein sollte, ein Fehler oder eine Unachtsamkeit bei den Restaurationsarbeiten, notierte ich am Morgen des 16. April. Die Bedeutungsleere des Zufalls übt eine magnetische Anziehungskraft auf Welterklärungen aus – und so wurde der Brand von Notre-Dame für Rechte schnell zum «Wendepunkt Europas». Entweder wurde die allgemeine Bestürzung als Zeichen für die hohe Sensibilität der Europäer gedeutet, die in der Katastrophe begriffen hätten, dass das Abendland zerbrechlich ist. Oder der Brand wurde gar als vorhersehbares Attentat gewertet, das den «Großen Austausch» der Kulturen in aller Sichtbarkeit einläuten könnte. Im ersten Fall geht es darum, die europäische Einheit zu vitalisieren, im zweiten Fall soll das christliche Europa besser vor dem Ansturm des politischen Islam geschützt werden.

Als eine Woche nach dem Brand darauf hingewiesen wurde, dass die Kathedralenform ursprünglich aus den Kirchenbauten Syriens und Ägyptens stamme, deren Kenntnis Menschen von Wallfahrten und Kreuzzügen mit nach Europa brachten, war der Schock multikulturell abgefedert. Viele Religionen hatten ihren Anteil am Gebäude. Hinzu kam die Asylfunktion, die Victor Hugo der Kathedrale in seinem Roman «Der Glöckner von Notre-Dame» zugeschrieben hatte. «Mit einer Rückbesinnung auf die Aufgabe, ein schützender Mantel für Bedürftige zu sein, könnte Notre-Dame sogar zu einem internationalen Symbol menschlicher Beziehungsweisen werden», hieß es in der «Frankfurter Allgemeinen Zeitung» zwei Wochen nach der Katastrophe. Damit war das Bedeutungsloch des zufälligen Brandes optimal gefüllt. Welche Sinnleere musste herrschen, um den Brand zu einem Brennpunkt abendländischer Orientierung zu machen und ihn auf den unterschiedlichsten Feldern der Politik zu instrumentalisieren?

Meine Überlegung zu Zufall und Sinngebung löst im Hause entschiedenen Widerspruch aus. Caroline, die sich als «anthroposophische Katholikin» versteht, sieht das ganz anders: Wenn ein Geschehen in eine vorgelagerte Heils- oder Untergangserzählung eingebettet sei, höre es auf, Zufall zu sein. Magisches Denken mache aus Nichtwissen, von dem wir stets umgeben sind, kausale Ketten.

Gemessen an dem philosophischen Disput, ist Carolines Fazit ernüchternd lapidar, wenn auch nicht unvorhersehbar: Sie schließe Brandstiftung nicht aus. Cui bono? Sie nütze in jedem Fall dem Antichrist und denen, die Unruhe und Chaos stiften wollten, um sich als globale Ordnungsmacht anzubieten. Eine Geheimdienstoperation allerdings, wie sie bei 9/11 nicht auszuschließen sei, halte sie für unwahrscheinlich.

Mich interessiert, wie Martin Lichtmesz, ihr identitärer Mitautor des Buchs «Mit Linken leben», reagiert hat. In einem Beitrag auf der Internetseite des Magazins «Sezession» bezeichnet er den Brand als «Menetekel». Ein Symbol für die Lage der französischen Nation, ja Europas. «Der Verlust von Notre-Dame gleicht einem Verlust eines Stücks unserer Seele, ja unseres kollektiven kulturellen Körpers», klagt Lichtmesz. Die Zivilisation hänge an einem seidenen Faden. Sie sei nach einem Wort Rivarols «nicht weiter von der Barbarei entfernt als das glänzendste Eisen vom Rost».

Die Zerstörung von Notre-Dame markiere eine «epochale Zäsur». Sie sei ein unheimliches Zeichen «der triumphierenden Anwesenheit des Widersachers».

Ein Grund, die apokalyptischen Suaden verschiedener Couleur zurückzuweisen, ist die Erinnerung daran, dass in Europa zwischen 1914 und 1945 in großem Maßstab der Versuch der Zerstörung und Selbstzerstörung unternommen wurde. Wenn Lichtmesz den Satz von Rivarol zitiert, die Zivilisation sei «nicht weiter von der Barbarei entfernt als das glänzendste Eisen vom Rost», blendet er aus, dass das Eisen der Zivilisation im 20. Jahrhundert so viel Rost angesetzt hat, dass sein Glanz kaum noch wahrzunehmen ist.

Das Reale der Identität

Theodor Haecker hatte die «Tag- und Nachtbücher», die mir Onkel Paul zum Abitur geschenkt hatte, von 1939 bis zu seinem Tod 1945 geschrieben. Onkel Paul hatte das Buch des Katholiken im inneren Widerstand, wie ich einer Bleistiftnotiz entnehme, 1947 gekauft, gleich nach seinem Erscheinen. Heute, am Schreibtisch auf Usedom, fallen mir zwei Eintragungen auf, die Haecker in meinem Geburtsjahr 1939 seinem geheimen Tagebuch anvertraute:

«Es ist erschütternd, wie das Denken stirbt. Einer kann sagen, daß der Mensch selber veränderlich sei, der Deutsche aber sei ewig. Er ist durchaus nicht imstande, den Schluß zu ziehen, daß dann sicherlich der Deutsche kein Mensch ist.»

«Man kann annehmen, daß die Deutschen, bewußt und unbewußt, alles tun werden, um ungefähr alles, was heute gesprochen, geschrieben und getan wird, so rasch wie möglich zu vergessen. Erinnerungen an eine Schuld lasten, sie sind ‹lästig›. Wo der Mensch kann, wirft er sie ab. Aber ob es gelingt, da hat Gott auch noch mitzusprechen.»

Die «Deutschen», das war für Haecker noch ein unproblematisches Wort.

War es Provokationslust oder Selbstvergewisserung? Im Oktober 2018 hielt ich im Haus der Kulturen der Welt einen Vortrag über «das Reale der Identität». Albrecht Koschorke und Karin Harrasser hatten zur Konferenz «Concerning Matters and Truth. Postmodernism's Shift and the Left-

Right-Divide» als Abschlusstagung des Konstanzer Graduiertenkollegs «Das Reale in der Kultur der Moderne» eingeladen.

Einige Monate zuvor hatte ein Artikel von Koschorke in der «Neuen Zürcher Zeitung» die Spannung, mit der der Kongress erwartet wurde, erhöht. Die Redaktion versah ihn mit der Überschrift: «Die akademische Linke hat sich selbst dekonstruiert. Es ist Zeit, die Begriffe neu zu justieren.» Die postmoderne Mode der Destruktion habe, so Koschorke, Substanzen des Daseins auszulöschen versucht und damit einen Hohlraum geschaffen, in den jetzt Theorien der ethnischen Identität einströmen könnten. Die Redaktion der NZZ wies vorsorglich darauf hin, dass die Demontage der europäischen Denktraditionen nur im Rahmen einer gefestigten liberalen Gesellschaft hatte vollzogen werden können. Koschorkes These leuchtete mir ein, wenn ich auch daran zweifelte, inwiefern die schwierigen Philosophien «postmoderner» Denker wie Jean-François Lyotard oder Gilles Deleuze überhaupt in den Lebensraum der Gesellschaft hatten eindringen können. An den deutschen Universitäten waren sie eine Randerscheinung geblieben, die meisten Disziplinen hatten sie gar nicht berührt, kaum eine Spur davon in der Rechtswissenschaft oder in der Geschichtsschreibung.

Da aber in den Kulturwissenschaften das «Reale» ebenso umstritten war wie die «Identität», konnte man erwarten, dass ich mit dem Vortrag über «Das Reale der Identität» in gefährliches Fahrwasser geraten, vielleicht sogar in Gewässern des Populismus fischen würde. Ich wiederum rechnete damit, an diesem Ort auf einen akademischen Gemeinplatz zu treffen, den ich in dem Buch «Die Rätsel der Identität» von Vincent Descombes treffend charakterisiert fand: Im modischen Diskurs sei, so Descombes, Identität multipel, instabil und im Fluss. In jeder neuen Situation sei sie, den Umständen entsprechend, neu aushandelbar. Wir unterscheiden uns zwar von anderen, sollten dabei aber nicht vergessen, «dass im Grunde schon jeder, je nach Umständen und Anlässen, von sich selbst verschieden ist». Das Selbst wird in ein Spiel mit vielen Möglichkeiten ausgelagert. Keine Spur der Herkunft, ethnische Bestimmungsgründe sind ins Reich des schlecht Gedachten verwiesen. Ein sonderbar ästhetischer Reiz geht von der Vorstellung aus, Identität sei eine Montage aus Puzzleteilen des Nichtidentischen.

Aus weltbürgerlichem Blickwinkel sind identisch nur Fremde, deren Fremdheit beschützt werden muss. Kein Grund zum Alarm, beruhigt uns ironisch Vincent Descombes: Es gelte, gelassen in die Komplexität der Welt einzutauchen und Veränderungen unserer Lebensmilieus durch Globalisierung und Migration nicht als Bedrohung, sondern als Bereicherung zu begreifen. Sie gehören zu den Puzzleteilen, aus denen unsere Identität besteht. Eines scheint dem französischen Soziologen gewiss: Den «echt» Liberalen zeichnen immer mehrere Identitäten aus, seine ethnische ist nicht nennenswert.

Descombes bemerkt das nicht ohne spöttischen Unterton. Er betrachtet die «Diskurslage» der Identität in den Sozial- und Geisteswissenschaften skeptisch und zuweilen belustigt. Man könne mit dem Wort «Identität» einfach zu viele Sprachspiele spielen. «Identität» sei eine Kategorie, die schon in kleiner Dosierung intensive Bedeutung erzeuge, aber gleichzeitig sehr gut auf eine möglichst große Anzahl von Beteiligten übertragen werden könne, ergänzt der Historiker Valentin Groebner aus Luzern, während Dan Diner überlegt, ob der Begriff nicht ohnehin ein «Schwundbegriff» sei; er trete geradezu inflationär in historischen Situationen auf, in denen das damit Gemeinte bereits am Verschwinden sei. Vielleicht sei er nur eine Art rhetorischer Plombe, die eine sich ausbreitende Leerstelle schließe. Die dem Begriff zugrunde liegende Erfahrung des Selbstverlustes verleite zur Halluzination von Drohszenarien, in denen sich das Selbst zu behaupten hat. Der Schwund des Begriffs «Heimat» könnte ähnlich begründet sein.

Der Sinn von «Identität» lasse sich, ergänzt ein analytischer Philosoph, streng logisch sowieso nicht erklären. Ohne diese logische Unschärfe, werfe ich ein, habe der Begriff «Identität» keine Lebenswelt, keine Geschichte und könne politisch auch nicht aufgeladen werden; in welcher Lebenswelt gehe es schon streng logisch zu. Antike Komödien, so Descombes, hätten die Ungereimtheiten der Identitätslogik schon vorgeführt. Sie lässt sich leichter im Licht der Komödie abhandeln, in die auch eine Autobiographie schnell abgleitet.

Einer gewissen Komik entbehrt auch nicht das Paradox, mit dem ich ein paar Jahre zuvor die Identität oder vielmehr Nichtidentität der 68er-Generation erhellen wollte. Der Anlass war eine Begegnung mit Klaus Hartung, einem der klügsten Geister der Studentenrevolte, damals Experte in Sachen Schelling, Balzac, früher Marx und später Marcuse. Auf der Veranstaltung 1997 in Berlin, auf der wir der militanten Besetzung des Instituts für Germanistik im Jahr 1967 gedenken wollten, gerieten wir in ein Streitgespräch über die «Substanz» unserer Generation.

Hartung beklagte, dass sie das «Potenzial», das in ihr gesteckt hatte, nicht restlos verwirklicht habe. Mir fiel darauf spontan die folgende Formel ein: «Die historische Konstellation hat mehr aus uns herausgeholt, als drin war!» Das sei doch paradox, meinte Hartung und erinnerte an die Zeit, in der wir noch an die Klassenidentität des Proletariats glaubten und an die Sprengkraft ethnischer Identitäten aller Befreiungsbewegungen von der Dritten Welt bis zu den Black Panthers in den USA. Im Rückblick misstraute ich dem «Potenzial» meiner Parteigenossen, von dessen ungehinderter Entfaltung vielleicht Schlimmes zu erwarten gewesen wäre. Was wäre ohne die Verwerfungen unserer Lebensläufe durch die politische Tektonik jener Zeit aus uns geworden? Haben nicht, fragte ich, die Widerstände, auf die unsere Rebellion traf, die Trägheiten, mit denen sie sich abfinden musste, die gestoppten Bewegungsimpulse und ihre Absorbierung in den Notwendigkeiten des Alltags, unsere Exklusion und unsere unfreiwilligen Auslandsaufenthalte mittlerweile zu einer zwar fragilen, aber lebbaren deutschen Welt geführt? Die politischen Theorien des Umsturzes bildeten doch nur das Treibholz auf einer Strömung, die eher von der Popmusik und den Lebensstilexperimenten ausging. Der «utopische Überschuss», falls es ihn gab (ich hatte die Exzesse nie so empfunden), floss in die psychotischen Parallelwelten der RAF und in Experimentalräume der Künste ab – oder wurde in den Apparaten der K-Gruppen kaltgestellt.

Meine These löste das Paradox «Die historische Konstellation hat mehr aus uns herausgeholt, als drin war» allerdings nicht auf. Denn wo kein Potenzial war, konnte nichts herausgeholt werden. Ich muss dabei an Helmuth Plessners Aufwertung der Öffentlichkeit als «offener Möglichkeitshorizont» gedacht haben; auch daran, dass wir uns, wie

Plessner sagt, in der Fremdheit symbolischer Praktiken und der Sphäre der Entfremdung verlieren müssen, um uns zu finden. Erving Goffmans Untersuchungen über das Individuum im öffentlichen Austausch waren ein weiterer Orientierungspunkt, auch Maurice Halbwachs' Überlegungen zum «Kollektiven Gedächtnis», das in Gefäßen der Umwelt gespeichert wird und sich von Mal zu Mal situationsbedingt wie ein Puzzle zusammensetzt, hätte ich heranziehen können. Mit Sicherheit war ich von Jakob von Uexkülls Umweltlehre beeinflusst, die davon ausgeht, dass jedes lebende Subjekt ein durch tausend unsichtbare Fäden mit einer ihm gemäßen Umwelt verbundener Organismus ist. Dass das Unbewusste im Äußeren liegt, könnte ich auch von David Riesmans Buch «Die einsame Masse» gelernt haben; der innere Navigator führt zu oft in die Irre, wir navigieren wie Riesmans «Radartyp» in Strömen der Entfremdung.

Ziemlich spät glaubte ich, des Rätsels Lösung in der Hand zu haben. Ich fand sie in Walter Seitters Buch «Menschenfassungen». Darin wird die «innere Unbestimmtheit» des Menschen, von der Plessner gesprochen hat, näher bestimmt: Sie bildet «Räume für Invasionen von Außenheiten», «Unterdruckkammern, die Hochdruckmassen anziehen». «Der Innenraum des Wissens ist der Ort, an dem alles – und nicht zuletzt das Unwirkliche – gegenwärtig sein kann. Der Innenraum ist der Sprechraum, in dem alles repräsentiert werden kann – nicht zuletzt das Absente. Die innere Unbestimmtheit bildet zusammen mit dem Bestimmungszwang die Voraussetzung dafür, dass der Mensch für ‹Einfälle› von außen hochanfällig ist. So anfällig, dass da wieder Reglementierungen und Selektionen eingerichtet werden müssen, soll die Überschwemmung nicht total werden.»

Hatte ich die verschiedenen Stationen meines Lebens als «Unterdruckkammer» passiert? Stimmt das Bild überhaupt, oder entsprach es nur meiner Neigung, das Leben in physikalischen Bildern begreifen zu wollen, die typisch für die «kalte persona» meiner «Verhaltenslehre der Kälte» ist? Und wie war der Umstand zu erklären, dass wir im Mittelpunkt auf uns einwirkender Kräfte standen, während uns «Lust auf Welt» in die Ferne zog, weg von dem Trichter, in dem wir als deutsche Kinder gefangen waren? Ein Parallelogramm der Kräfte: Wir lebten von Einfällen, die uns von Ursprung, Herkunft und Milieu wegschleuderten. Die Abwesenheit der Herkunft erzeugte Unterdruck, der ferne Hochdruckmassen der Vorstellung eines freieren Lebens in der Fremde anzog. War Unterdruck-Identität ein kollektives Phänomen zweier deutscher Generationen? Erklärt sich daraus, warum gerade die Frankfurter Schule eine so engagierte Anhängerschaft bei den zwischen 1938 und 1950 Geborenen gewinnen konnte? Heimatlosigkeit als Unterdruck auf beiden Seiten? Möglicherweise gehörten wir zu einer Generation der «traditionsunfähig Gemachten», wie Peter Handke in seiner «Kindergeschichte» vermutet.

Einige Jahre später, zum Zeitpunkt des Vortrags im Haus der Kulturen der Welt, war mir die Formel «Die historische Konstellation hat mehr aus uns herausgeholt, als drin war» problematisch geworden: Sie entfernt die Spuren einer vorgängigen Herkunft und lässt einen Hohlraum entstehen. Heute finde ich sie sogar unheimlich; sie hat etwas mit den Verhaltenslehren der Kälte zu tun, geeignet für eine Generation, die zum einen glaubte, keine Herkunft zu haben, und deren Zukunft zum anderen, wie Heinz Bude einmal sagte, darin zu liegen schien, sich durch die Vergangenheit der Väter- und Mütterwelt hindurchzuarbeiten.

Ich stelle mir, wenn ich mir die Formel von der leeren Mitte des Behälters unseres Lebens plastisch vergegenwärtige, einen Trichter vor: Auf dessen Grund lagert das Kindheitserlebnis der Vibration in Luftschutzkellern während der Bombenangriffe 1944, das Phantom der V2 am Himmel über Jünkerath in der Schneeeifel; die Tränen der Mutter, als sie vor dem Volksempfänger im Keller eines Hotels in Oberwesel vom «heldenhaften» Tod des Führers hörte, während sie meinen vier Jahre älteren Bruder versteckte, um ihn vor dem Einsatz mit der Panzerfaust zu bewahren. Die Nässe der Stollen in den Schieferbergen, in denen wir Zuflucht vor Fliegerangriffen suchten, ist im Gedächtnisspeicher ebenso enthalten wie der Anblick der erschöpften Soldaten auf ihrem Rückzug im Frühjahr 1945. Die Angst vor amerikanischen Tieffliegern über einer Badestelle; die GIs als unwürdige Angler, die Handgranaten in den Rhein warfen, um tausend silbrige Fischkörper abzuschöpfen, und das Geräusch der schaukelnden rostigen Barkassen am Rheinufer. Nach dem Krieg die Ruderalflächen als Spielplätze, Trümmergrundstücke mit der krautigen Vegetation von Disteln, Brennnesseln, Holunderbüschen samt verbogener Heizungsrohre und Ziegel- oder Betonbruchstücken. Der Kontakt mit Brennnesseln erzeugte eine entscheidende Grundempfindung der Kindheit (hellgrün geerntet, waren sie als leicht gepfefferter Spinat sogar lecker, und «Kettenstich», Löwenzahn, als Salat fast akzeptabel). Sandseife, mit der unsere Haut in den letzten Monaten vor der Kapitulation des deutschen Heeres abgeschmirgelt wurde, und dann das organerweiternde Glücksgefühl, im Schaum der Palmolivseife zu baden, die wir von den amerikanischen Soldaten bekommen hatten. Die lange Abwesenheit des Vaters, der 1947 gut genährt aus der englischen Kriegsgefangenschaft zurückkehrte und, von der Mutter nicht ernst genommen, sondern toleriert, unter dem Balkon in der Rubensstraße 39 in München-Gladbach die Restbestände von Filzstumpen zu Herrenhüten presste und appretierte, um mühselig seine Existenz als kleiner Huthändler wieder aufzubauen. Der Hass auf Freimaurer und Bolschewiken, der von der Kanzel der St.-Barbara-Pfarrei gepredigt wurde, 1957 der Schock des Films «Nacht und Nebel», die Irritation durch Bilder des Ungarnaufstands, die nächtlichen Trainingsläufe, bei denen der jugendliche Sportler meditieren lernte. Zwei exzentrische Kunstlehrer, die einen Spalt zur modernen Kunst öffneten. Die Ausdünstungen einer Funktionselite, die eine Kontinuität des Machtkomplexes verbürgte ...

Von diesem Grund aus konnte sich ein Ich-Gefühl, aber keines der nationalen Identität entwickeln. Auch mit dem Widerstand im Nationalsozialismus konnten wir unsere Selbstachtung nicht begründen; das wäre die einzig würdige Form gewesen, sich in die Tradition der Deutschen einzugliedern. Die Überlebenden des Widerstands spielten in der Politik der Nachkriegsjahre keine Rolle. Ihre Kinder waren als «Kinder der Verräter» vom Wiederaufbau der BRD ausgeschlossen, sie durften ihren Part erst sehr spät in der Erinnerungskultur versäumter Möglichkeiten spielen.

Unmöglich schien es, unser «Selbst als etwas zu erleben, das Kontinuität besitzt», wie Erik Erikson es vom Gefühl personaler Identität verlangt. Das Individuum, so Erikson, bewegt sich nie durch einen leeren Raum, es erwirbt «seinen Sinn von vorhergehenden Milieus». Ich ging dagegen davon aus, dass wir selbst erst das Milieu schufen, aus dem heraus wir mit kaum spürbarem Gepäck ins Leben starten konnten. Folgerichtig schloss ich mich 1963 der Diagnose an, die Alexander Mitscherlich in seinem Buch über die «vaterlose Gesellschaft» den Deutschen gestellt hatte: «Wir haben keine ausreichende Verhaltenslenkung durch eingeborene Steuerung ererbt.» Da wir uns, was die Verhaltenssteuerung betrifft, auf nichts Ererbtes berufen konnten oder wollten, mussten Verhaltenslehren als Außenhalte her. Sie waren, um im Bild zu bleiben, das Geländer, an dem man sich am oberen Rand des fast leeren Identitätstrichters festhalten konnte.

In den «Verhaltenslehren der Kälte» hat diese Ansicht eine handliche Form gefunden. Die Frage der Identität kommt darin entschieden zu kurz. In Plessners Schrift «Grenzen der Gemeinschaft» aus dem Jahr 1924, der die «Verhaltenslehren» in weiten Teilen folgen, werden viele Gründe zugunsten einer pluralen Identität benannt, denen ich mich anschloss. Ich hatte in dieser Grenzschrift meine Lebensdevise gefunden: «In Nichts kann der Mensch seine Freiheit reiner beweisen als in der Distanz zu sich selbst.»

Logisch betrachtet, ist der Satz eine Ungereimtheit; denn niemand ist von sich selbst verschieden. In der Welt, die Plessner 1924 vor Augen stand, sollten soziale Interaktionen ohne Selbstfindung auskommen. Spielformen der Konvention sollten den Austausch der Individuen von dem Anspruch, man selbst, also «authentisch» zu sein, entlasten. Der Mensch sollte sich in der «Öffentlichkeit» der Gesellschaft, in der das Leben in all seinen Schattierungen von Fremdheit und Vertrautheit «fluktuieren» kann, realisieren. Das Wesen des Menschen entfaltet sich nicht aus dem Innern einer Identität, sondern im Außen des Horizonts seiner Handlungsmöglichkeiten. Plessner wartete mit einem Katalog von Verhaltensregeln auf, es fehlte nur der Raum, in dem sie hätten realisiert werden können. Plessners Verhaltenslehre war im Wortsinn utopisch.

Nach dem Zweiten Weltkrieg wurden Plessners Kategorien wieder aufgenommen. Seine Maskentheorie fand Eingang in die Theorie der sozialen Rolle, in der die Identität aufgeht. Im Symbolischen Interaktionismus bezeichnet das Wort «Identität» ein «soziales Etikett», das die anderen dem Individuum aufgrund seiner Rolle zuweisen. Ein dramaturgisches Modell des Lebens – «wir alle spielen Theater», wie Erving Goffman befand. Das Ich-Bewusstsein des Einzelnen setzt sich wie ein Puzzle aus verschiedenen Rollenzuschreibungen zusammen.

Biographisch ist das leicht nachzuvollziehen. Während meiner Jahre in Utrecht spielte ich die Rolle des «deutschen Essayisten», wie mich der Leiter des Forschungsinstituts, Douwe Fokkema, voller Verachtung – er kam von Popper her – bezeichnete. Dabei beherrschte ich die niederländische Sprache zeitweise so gut, dass man mich für einen Belgier hielt, was auch nicht günstig war. Politisch galt ich seit den «Verhaltenslehren» als Grenzgänger. Und die Beamtin des Ausländeramts im elften Wiener Bezirk Simmering merkte an, als mir bestimmte Papiere fehlten: «Als Auswanderer müssen Sie schon wissen, was nötig ist.» Auch das noch, ein deutscher Migrant! Statt zu verzweifeln, ging ich in der Neustiftgasse im siebten Bezirk zum Kieser-Training und nahm, sobald ich den ganz in Grau, der Schweizer Universalfarbe des Normalismus, gehaltenen Trainingsraum betrat, eine Kieser-Rücken-Identität an, betrachtete die Population an den Geräten und dachte: *Morituri te salutant* – die Todgeweihten grüßen dich.

Vielleicht ist eine gewisse Unfassbarkeit der Identität typisch für all jene, die in den Strudel eines Umbruchs hineingerissen werden? Wer die Akteure auf eine einzige Identität verpflichtet, will die Geschichte stilllegen.

Nach der Rückkehr vom Symposium im Berliner Haus der Kulturen der Welt sah ich auf Netflix Christopher Nolans Film «Dunkirk». Während Hitlers Panzerverbände im Mai 1940 unaufhaltsam vorrücken, sitzen etwa 370 000 alliierte Soldaten im nordfranzösischen Küstenort Dünkirchen in der Falle. Unterstützt von Fliegern der Royal Air Force und zahllosen zivilen Yachten, Fährschiffen und Fischkuttern, denen es gelingt, die Mehrzahl der Truppen nach England zu evakuieren, wird das militärische Desaster in letzter Sekunde vermieden. Im Cockpit eines britischen Abfangjägers glaubte ich plötzlich, der Sturzkampffliegertestpilotin Melitta von Stauffenberg leibhaftig zu begegnen. Sie verfolgte in einem Supermarine Spitfire einen Kampfbomber der deutschen Luftwaffe. Akustisch untermalt war die Szene mit dem steten Ticken einer Uhr als Mantel der Bedrohung, was die Identifikation mit dem Menschen im Cockpit forcierte. Die Fischer und Freizeitkapitäne waren die «unerwarteten Helden», von denen Richard Overy auf dem Berliner Workshop gesprochen hatte. Glücklichere Nation, was Identifikation betrifft, dachte ich und legte mich schlafen.

Strombad

Zu guter Letzt zerstreut sich das Leben auf entlegene Baustellen.

Der Blick von der sechzehnten Etage des Allgemeinen Krankenhauses, wo die Augenheilkunde untergebracht ist, gleitet über das Häusermeer Wiens bis an den Saum des Wienerwalds. Drei Stunden Wartezeit sind einzukalkulieren, in denen die Gangarten der Ärztinnen und Ärzte studiert werden können: Mit offenen weißen Kitteln schreiten die Ärzte, als ob sie durch flaches Wasser waten müssten; die Ärztinnen dagegen laufen eher schräg gegen die Witterung gestellt, wie es einmal bei Kleist heißt, mit minimal vorgebeugtem Oberkörper. Währenddessen warten etwa zwanzig Patienten in der Wartezone Gelb darauf, aufgerufen zu werden. Anders ist es im ambulanten Operationsbereich, wo man auf die «intravitreale Medikamenteneingabe in den Glaskörper», vulgo die Spritze in die Pupille, wartet. Hier hat man den Eindruck, sich in einem Skulpturengarten zu befinden: Massive Krankenschwestern in blauen Kitteln walten still ihres Amtes, das gibt Vertrauen. Denn der Arzt, der die Injektion vornimmt, ist immer ein anderer, zu befürchten wäre ein nervöser Typ, den die schon bis Mittag verabreichten dreißig Spritzen erschöpft haben.

Der Glaskörper ist inzwischen von einer bosnischen Schwester dreimal betäubt worden. Der Abschied vom matriarchalen Skulpturengarten fällt schwer. Der dunkelhaarige Arzt mit Mundschutz macht nicht viel Federlesen; die

Welt dreht sich nach dem Einstich einmal um ihre Achse; das war's schon, der Arzt war perfekt, er wird sich an den Patienten nicht erinnern.

Für den Rest des Tages kann man sich aufs Augenlicht nicht verlassen; ich verbringe ihn mit Karl, Klaus und Caroline im Strombad Kritzendorf. Trotz der Hitze hat die Donau höchstens fünfzehn Grad. Man lässt sich mit der Strömung fünfzig Meter treiben, bevor man leicht unterkühlt anlandet. Das serbische Restaurant serviert gegrillte Hähnchenbrust oder Cevapcici mit Ajvar. Ein erfüllter Tag.

Am nächsten Vormittag die Verteidigung der Doktorarbeit von Fani Gargova. Der Titel ihrer Arbeit lautet: «The Central Synagogue of Sofia: Westernization, Urban Change, and Religious Reform». Gargova war Junior-Fellow am IFK, als ich das Institut noch leitete, ich habe ein Gutachten geschrieben, der Experte für Synagogenbau in Europa ist per Skype aus Paris zugeschaltet.

Es geht um den Bau der Zentralsynagoge in Sofia in den Jahren 1905 bis 1909, ein Raumereignis der jüdischen Gemeinschaft, in das viele Faktoren einflossen. Der architektonische Entwurf und die Bauarbeiten waren heftig umkämpft und wurden zu einer Form der Identitätssuche. Nationale Identität war in Sofia ohnehin eine Großbaustelle.

Da die Architektur der Synagoge Merkmale des Orientalismus aufweist, musste sich Gargova mit Edward Saids umstrittener Theorie befassen. Said geht davon aus, dass der Westen die Fremdheit des Orients imaginiert und der Orient wiederum eine «Selbst-Orientalisierung» vollzieht. Dieses Problem erhält in Gargovas Arbeit politische Brisanz, insofern das Konzept des Orients auch die Wahrnehmung der jüdischen Bevölkerung beeinflusst. Der orientalisierende Stil, der unverkennbar die Zentralsynagoge prägt, grenzt sich zugleich von der lokalen islamischen Architektur ab, indem er sich an das Vorbild des westlich-modernen Türkischen Tempels in Wien anlehnt. Als «echt» bulgarisch gelten ohnehin nur die christlichen Teile der Bevölkerung.

Gargova demonstriert die verschlungenen Wege der Identitätssuche souverän. Später erklärt sie uns, dass sie ihre Sicherheit bei der Präsentation dem Boxtraining verdanke, das sie vor der Prüfung absolviert habe.

Vor der Begutachtung dieser Arbeit bin ich eigentlich nur durch Agatha Christies «Mord im Orient-Express» in Tuchfühlung mit diesem Problemkreis gekommen. Tatsächlich fuhr der Orient-Express auch während des Baus der Synagoge durch Sofia, er sicherte die Westanbindung der Stadt, ein kosmopolitisches Unternehmen, versteht sich, wie jede Öffnung hin zum Westen. In der Neuverfilmung hat, wie es heißt, nicht wie in der Buchvorlage eine Schneewehe den Orient-Express «im jugoslawischen Nirgendwo» zum Stehen gebracht, als man die von zwölf Messerstichen durchbohrte Leiche an Bord entdeckt; der Blitz hat in einen Gipfel eingeschlagen, und mit der losgesprengten Lawine rasen die Zuschauer talwärts, direkt vor die Lokomotive.

Glückliche Zeiten, in denen Detektive auf verschlungenen Wegen die Identität des Täters eindeutig feststellen konnten.

Der letzte Doktorand in meinem Leben wird der Game-Art-Künstler Leonhard Müllner sein. Titel seiner Arbeit: «Fahnenflucht auf digitalem Kriegsgebiet». Müllner untersucht, welche Eingriffe und Modifikationen Kriegscomputerspiele ermöglichen. Kann man in die militärischen Erzählungen und ihre Bühnenbilder auf dem Computer in friedlicher Absicht intervenieren? Der Versuch stößt auf Widerstände der Programmierung, die verschiedene Weichenstellungen der Erzählung zulässt, aber die Möglichkeit einer pazifistischen Wende nicht einräumt. Dennoch gelingt Müllner und seiner Medienguerilla «Total Refusal» (mit Robin Klengel und Michael Stumpf) eine «medieninterventionistische Appropriation» des berühmten Kriegsspiels «Tom Clancy's The Division», indem er Bewaffnete zu Fremdenführern umpolt, die den Betrachter durch New York führen und dabei den Schusswechsel mit Feinden umgehen. Statt an der Schießerei teilzunehmen, bleiben sie vor markanten Gebäuden stehen, um deren Geschichte zu erzählen. Das Experiment wurde mit erfreulicher Resonanz auf verschiedenen internationalen Filmfestspielen von der Berlinale über Graz bis nach St. Petersburg vorgestellt. Jetzt muss Müllner das Experiment nur noch beschreiben, nicht leicht für einen Künstler. Vielleicht gibt es sie doch, die «künstlerische Forschung».

Im Juni und Juli droht wieder ein Hitzesommer, der im steinernen siebten Bezirk Wiens nicht leicht auszuhalten ist. Die Freibäder sind ein Segen. Ich fahre mit der Familie ins Angelibad an der Alten Donau. Bei anhaltend großer Hitze werden Algenmähmaschinen auf dem Fluss eingesetzt, jetzt verhaken sich die Füße noch nicht in den Schlingen unter der Wasseroberfläche. Früher schreckte mich hier die Sirene, die um neunzehn Uhr das Ende der Badezeit ankündigte und mir in Erinnerung an den Luftschutzalarm in den letzten Kriegsjahren durch Mark und Bein ging. Jetzt beendet nicht mehr die Sirene das Badevergnügen, sondern das Lied «Badeschluss»:

Badeschluss, es is vorbei
Wo da Tag die Nacht begrüßt
Badeschluss, es is vorbei
Weu da Andere kan Andern vermisst

Die Wiener Band «5/8erl in Ehr'n» hat den Song allen Wiener Freibädern zur Verfügung gestellt. Befragt nach den Reaktionen auf das neue Badeschluss-Signal, konstatiert ein Badegast: «Mir ist das persönlich egal, weil ich gar nicht so lange drin bin, das heißt, ich hör das Lied gar nicht.»

Dank

Einen kurzen Abriss meiner politischen Jahre habe ich 2010 unter dem Titel «Suche nach dem Handorakel» im Wallstein Verlag veröffentlicht. Einige Passagen davon habe ich überarbeitet und übernommen. Ich danke dem Verleger Thedel von Wallmoden für die Zustimmung, diese hier verwenden zu dürfen. Stefanie Höpfner vom Literaturarchiv Marbach arrangierte den Zugang zu Briefen und Fotos aus dem Vorlass, Cris Korner digitalisierte die Bilder. Otto Dibelius überließ mir Briefe aus den sechziger Jahren, Ellen Keusen half mir, die Fotografien meiner Mutter zu verstehen. Peter Bexte und Joachim von der Thüsen beugten sich mit mir über die niederländische Genremalerei, Jakob Moser wachte über den Stoizismus meines Schreibens. Claudia Hamm ermutigte mich, über den Brand der Kathedrale nachzudenken, und Florian Huber konfrontierte mich mit dem skeptischen Blick einer jüngeren Generation auf den Denkstil einer endgültig vergangenen Epoche.

Die Zusammenarbeit mit der Kollegin Karin Harrasser an der Kunstuniversität Linz und die Unterstützung durch deren Rektor Reinhard Kannonier ermöglichten es mir in den letzten Jahren, neben meinen Seminaren Bücher schreiben zu können.

Die Diskussion mit Andreas Munninger brachte mich – wie schon bei der Arbeit an vorherigen Büchern – auf produktiv abwegige Gedanken, seine Literaturfunde waren auch diesmal unverzichtbar. Mein Verleger Gunnar Schmidt war, als er von meinem Vorhaben hörte, sofort dafür eingenommen. Und wie immer hatte ich das Glück, dass mir mein Lektor Frank Pöhlmann half, korrekte Sätze zu schreiben. Ob es mir gelungen ist, die Direktive «Ein Gedanke pro Satz genügt!» meiner Chefin Hildegard Brenner in der «Alternative» umzusetzen, sollen die Leserin und der Leser selbst entscheiden.

Bildnachweis

S. 26, 36, 41, 58, 65, 90, 111: Helmut Lethen / Deutsches Literaturarchiv Marbach
S. 131: Polizeihistorische Sammlung Berlin
S. 177: Helmut Lethen
S. 199: Helmut Lethen / Deutsches Literaturarchiv Marbach
S. 238: Aerophoto-Schiphol
S. 255: University of California Press
S. 267: Helmut Lethen
S. 330: Wikimedia Commons
S. 338: Andrea Cavagna, ISC-CNR